权威·前沿·原创

皮书系列为
“十二五”国家重点图书出版规划项目

U0832475

中三角蓝皮书

BLUE BOOK OF CHANGJIANG MIDDLE REACHES MEGALOPOLIS

长江中游城市群发展报告（2015）

DEVELOPMENT REPORT ON CHANGJIANG MIDDLE REACHES MEGALOPOLIS (2015)

新型城镇化建设

主　编／秦尊文
副主编／彭智敏　张　静

社会科学文献出版社
SOCIAL SCIENCES ACADEMIC PRESS (CHINA)

图书在版编目（CIP）数据

长江中游城市群发展报告. 2015：新型城镇化建设/秦尊文主编.
—北京：社会科学文献出版社，2015. 11
（中三角蓝皮书）
ISBN 978 - 7 - 5097 - 8273 - 6

Ⅰ. ①长… Ⅱ. ①秦… Ⅲ. ①长江中下游 - 城市群 - 发展 - 研究报告 - 2015 Ⅳ. ①F299. 275

中国版本图书馆 CIP 数据核字（2015）第 252153 号

中三角蓝皮书
长江中游城市群发展报告（2015）
——新型城镇化建设

主　　编／秦尊文
副 主 编／彭智敏　张　静

出 版 人／谢寿光
项目统筹／陈　帅
责任编辑／陈　帅

出　　版／社会科学文献出版社·皮书出版分社（010）59367127
地址：北京市北三环中路甲 29 号院华龙大厦　邮编：100029
网址：www. ssap. com. cn
发　　行／市场营销中心（010）59367081　59367090
读者服务中心（010）59367028
印　　装／北京季蜂印刷有限公司

规　　格／开 本：787mm × 1092mm　1/16
印 张：20. 5　字 数：313 千字
版　　次／2015 年 11 月第 1 版　2015 年 11 月第 1 次印刷
书　　号／ISBN 978 - 7 - 5097 - 8273 - 6
定　　价／79. 00 元

皮书序列号／B - 2014 - 386

“中三角蓝皮书”编委会成员

长，副研究员，长江中游城市群研究中心副主任

邓子纲 湖南省社会科学院工业经济研究所副所长，副研究员

陈　斐 南昌大学经济与管理学院经济系副主任，教授，博士

魏博通 南昌大学经济与管理学院经济系副教授，博士

赵　霞 全国青联委员，湖北省社会科学院长江流域经济研究所副研究员

马德富 湖北省社会科学院社会学研究所副研究员

主要编撰者简介

秦尊文　湖北省社会科学院党组成员，副院长，博士生导师，长江中游城市群研究中心主任。中国社会科学院生态文明研究智库资深研究员，科技部特聘专家，中国区域经济学会、中国区域科学协会、中国城市经济学会常务理事。湖北省人大立法顾问，湖北省人民政府咨询委员，湖北省人民政府学位委员会学科评议组成员，湖北省重点学科“应用经济学”负责人，湖北省区域经济学会会长，中国地质大学、中南财经政法大学、中南民族大学、长江大学、江汉大学、湖北文理学院、南阳师范学院等高校兼职教授。《长江中游城市群发展规划》编制专家组组长。

彭智敏　湖北省社会科学院长江流域经济研究所所长，研究员，区域经济学专业硕士研究生导师组组长，长江中游城市群研究中心副主任。湖北省人民政府参事，湖北省区域经济学会副会长兼秘书长，湖北省武汉城市圈研究会副秘书长。

曾万涛　湖南省人民政府发展研究中心区域经济研究处调研员，研究员，博士。著作《中国城市群联市制研究：以长株潭为例》获得长沙市第十三届社会科学优秀成果一等奖，主持的湖南省哲学社会科学基金项目获得中国发展研究奖三等奖，多次获得“洞庭湖发展论坛”二等奖。

陈　斐　南昌大学经济与管理学院经济系副主任，博士，教授，学院学科带头人，区域经济学、数量经济学专业硕士生导师；南昌大学中国中部经济发展研究中心主任助理，专职研究员，中国人民大学应用经济学博士后流动站博士后。主持国家社会科学基金项目、国家自然科学基金项目各一项。

张　静　湖北省社会科学院长江流域经济研究所副所长，副研究员、硕士生导师，长江中游城市群研究中心副主任。近年来主持国家社科基金课题和国家社科基金重大招标项目子课题各一项。湖北省社会科学院首届和第二届青年学术骨干，先后获湖北省社会科学院第一届、第二届李达青年学术奖。

路洪卫　湖北省社会科学院财贸研究所副所长，长江中游城市群研究中心副主任，副研究员，硕士生导师。湖北省社会科学院首届青年学术骨干。

摘　要

城市群是城镇化的高级形态。2014 年 3 月，中共中央、国务院印发《国家新型城镇化规划（2014～2020 年）》；2015 年 3 月，国务院批复《长江中游城市群发展规划》。在京津冀、长三角、珠三角、长江中游、成渝五个国家级城市群中，长江中游城市群率先经国务院批准发布规划，率先从跨区域层面落实《国家新型城镇化规划（2014～2020 年）》。《长江中游城市群发展规划》正式明确了长江中游城市群的范围，涉及 31 个市：湖北省武汉市、黄石市、鄂州市、黄冈市、孝感市、咸宁市、仙桃市、潜江市、天门市、襄阳市、宜昌市、荆州市、荆门市，计 13 个市；湖南省长沙市、株洲市、湘潭市、衡阳市、娄底市、岳阳市、常德市、益阳市，计 8 个市；江西省南昌市、九江市、景德镇市、鹰潭市、新余市、宜春市、萍乡市、上饶市，以及抚州市、吉安市的部分县（区）。本报告以此范围为准，聚焦新型城镇化，作者也来自湖北、湖南、江西三省社科院，以及大学和其他相关研究机构。

全书由总报告、专题篇和城市篇三部分组成。总报告从区域态势、空间支撑、城镇发展、产业动力和发展方式五个层面梳理了长江中游城市群新型城镇化的发展基础与特征，结合问题进行分析，提出了发展定位、发展目标及战略重点，指出了长江中游城市群新型城镇化的实施路径。

专题篇分两类：一类分别以长江中游城市群的几个次区域——武汉城市圈、环长株潭城市群、环鄱阳湖城市群、洞庭湖生态经济区为对象，分析其城镇化发展概况、存在的问题、发展趋势及发展前景，提出对策建议；另一类从整体上研究与长江中游城市群城镇化密切相关的“飞地经济”、生态文明、水资源保护与利用、临空经济区发展等问题。这是符合国家提出的

“以人为本、四化同步、优化布局、生态文明、文化传承”的新型城镇化本质要求的。

城市篇分别介绍了襄阳、宜昌、荆门、黄冈、岳阳、衡阳、萍乡等市在新型城镇化发展方面的成功经验与发展前景，还特别介绍了潜江市通过发展小龙虾产业推动就近新型城镇化的可贵探索及其在长江中游城市群的示范作用，研究了澧县东部新区，对研究区域融合背景下的小城市城镇化具有借鉴和启示意义。长江中游城市群是由30多个城市组成的，每个城市个性化的探索，以及相邻城市间的互动发展，汇成了长江中游城市群波澜壮阔的新型城镇化大潮。

长江中游城市群在已取得成就的基础上，将进一步发挥优势，彰显特色，努力打造全国“两型社会”试验区、全国“四化同步”示范区、中西部“就近城镇化”先行区，建成全国经济新增长极和全国新型城镇化的主战场。

目录

ⅠB Ⅰ 总报告

B Ⅱ 专题篇

BⅢ 城市篇

皮书数据库阅读**使用指南**

总　报　告

General Report

B.1

长江中游城市群新型城镇化发展基础与战略研究

秦尊文　张　静　汤鹏飞*

摘　要：《长江中游城市群发展规划》是《国家新型城镇化规划（2014～2020年）》出台后国家批复的第一个跨区域城市群规划，新型城镇化是长江中游城市群建设的重要主题之一。本报告从区域态势、空间支撑、城镇发展、产业动力和发展方式五个层面梳理了长江中游城市群新型城镇化的发展基础与特征，结合问题分析，提出了发展定位、发展目标及战略重点，建议按照"七个结合"的实施路径推进长江中游城

* 秦尊文，湖北省社会科学院副院长，长江中游城市群研究中心主任，研究员，博士生导师，博士；张静，湖北省社会科学院长江流域经济研究所副所长，长江中游城市群研究中心主任，副研究员，硕士生导师，博士；汤鹏飞，湖北省社会科学院长江流域经济研究所助理研究员，博士。

市群新型城镇化进程。

关键词： 长江中游城市群 新型城镇化 发展路径

2014 年 3 月，国务院印发《国家新型城镇化规划（2014 ~ 2020 年）》；2015 年 3 月，国务院批复《长江中游城市群发展规划》并于 4 月正式公布。城市群是城镇化的高级形态，长江中游城市群率先经国务院批准发布规划，率先从跨区域层面落实《国家新型城镇化规划（2014 ~ 2020 年）》。长江中游城市群将在已取得成就的基础上，进一步发挥优势，彰显特色，努力打造全国“两型社会”试验区、全国“四化同步”示范区、中西部“就近城镇化”先行区，建成全国经济新增长极和全国新型城镇化的主战场。

一 2014 ~2015年长江中游城市群建设进展

（一）政府高层有效推进落实

2015 年 3 月 26 日，国务院发函批复《长江中游城市群发展规划》（简称《规划》），并于4 月 5 日公布；4 月 13 日，国家发改委印发《规划》，并于 16 日召开新闻发布会。这标志着长江中游城市群建设进入了新阶段。

为进一步加快《规划》的落实，湘鄂赣三省高层积极启动对接工作。2015 年 4 月 15 日，湖南省党政代表团到江西考察访问，并签署了《进一步推动湘赣合作框架协议》和《共建湘赣开放合作试验区战略合作框架协议》。4 月 28 日和 5 月 5 日，湖北省党政代表团赴湖南和江西进行考察，并围绕《规划》确定的六大重点任务，与两省在九个方面达成一致合作意见，分别与两省签署了《长江中游城市群战略合作协议》，提出进一步细化合作方案，完善合作机制，加快推进长江中游城市群融合发展、一体化发展。

（二）基础设施建设步伐加快

交通部门积极开展联系。2014 年 9 月 19 日，武汉、长沙、合肥、南昌四市交通部门负责人齐聚武汉，研究启动编制城市群综合交通规划，打造国家级综合交通枢纽，就建立交通运输合作联席会制度、发展规划合作机制、道路运输行政执法协助机制、公路信息交流合作机制等签署协议。2014 年 12 月 4～5 日，湘鄂赣三省十二县市道路交通管理协作组织第五届年会在铜鼓召开，会议提出要相互协作，联防联治，共同维护边界区域的交通安全秩序。2015 年 4 月 23 日，长江中游城市群水运合作联席会在湖北武汉召开，湘鄂赣三省港航部门负责人共同签署了水运合作备忘录，将在规划对接、航道连通、港口合作、企业抱团、安全应急、信息共享、资质互认六大领域加强合作，重点推进长江“645”（武汉至安庆 6 米、武汉至宜昌 4.5 米）深水航道整治和“荆南四河”（松滋河、虎渡河、藕池河、调弦河）整治等系列工程。参加《规划》编制的湖北省社科院专家应邀介绍了《规划》的编制过程及主要内容，并就长江中游城市群水运合作发展提出建议。2015 年 4 月 29 日，长江中游城市群道路运输联席会在武汉召开，赣鄂湘三省运管（客管）部门共同签署备忘录，三省将在构建物流大通道、省际公交、跨省接驳、一卡通、联网售票、小件快运、综合运输、应急联动八大领域进行深度合作。

基础设施项目建设稳步推进。在铁路方面，江西省首条高铁沪昆客专南昌至长沙段通车，武九客专建设加快推进，加强了城市之间的联系。武汉首趟“中欧”班列常态化开行后，邀请长沙、南昌、合肥参与“中欧”铁路国际货运班列项目合作，湖南、江西等邻近省份货源纷纷通过武汉抵达欧洲。高速公路大通道建设强力推进，新建成大广南、杭瑞、武深高速通城至界上段、江南、恩来等高速公路，建成九江长江公路大桥及连接线，新打通至湖南省际高速出口 4 个、至江西省际高速出口 3 个。

同时，湘鄂赣三省将共同出资设立城市基础设施发展基金，共同管理，重点支持城市群重要城市地下综合管廊、海绵城市、污水和垃圾处理等基础设施项目，优先支持采用 PPP 模式建设的项目。

（三）产业合作稳步推进

三省经信部门积极探讨。2015 年 4 月中旬，由工信部牵头，湖北、湖南、江西三省经信部门共同参加的长江中游城市集群产业一体化战略合作论坛在武汉召开，三省讨论了其客观存在的产业发展的结构趋同和相互竞争等问题，达成五项产业一体化战略合作机制，未来三省会以石化、汽车产业为突破口，加强合作。

旅游合作成效显著。2014 年 5 月 18 日，在武汉举行的第七届华中旅游博览会上，鄂湘皖赣四省会举办了长江中游城市群旅游合作主题活动，武汉、长沙、合肥、南昌四个城市的旅游局或旅游协会相关负责人共同为中三角旅行社联合体大联盟揭牌，四省代表现场还签订了《互送百万市民畅游中三角合作协议》，共同推出了涵盖四省主要旅游景区的 35 条优惠旅游线路。2015 年 5 月 19 日，武汉、长沙、南昌、合肥四地旅游部门在“2015 年中国旅游日”活动上，正式推出了“长江中游城市群旅游年卡”，实现 200 元即可全年无限次畅游“中三角”40 多家景区。

协同开展农业科技创新。2015 年 7 月 2 日，湘鄂赣三省农科院在武汉举办了首届“中三角”农业科技创新论坛，组建了湘鄂赣农业科技创新联盟，未来将以三省农科院为平台，在江汉、两湖平原地区水稻大面积保量提质增效生产技术研究与示范，湘鄂赣作物种质资源保护、创新和利用，以及山区旱杂粮高效生产模式研究与示范等 23 个重大科技命题上协同攻关，共同促进区域重大农业科技成果产出和高效转化。

商务合作进一步推进。2012 年 2 月 24 日，湖北省、湖南省、江西省商务部门召开长江中游城市群商务发展第一次联席会议以来，三省商务合作不断深化。2015 年 5 月 19 日，借第九届中博会在武汉举办之机，三省又在武汉召开了湘赣鄂三省暨长江中游城市群商务合作座谈会，会议签署了湘赣鄂共建“中三角”、打造“第四极”商务合作协定。7 月 30 日，三省商务厅在武汉召开了长江中游商业功能区规划编制工作座谈会，商务部市场司、商务部驻武汉特派员办事处派员到会指导。会议还邀请了国务院发展研究中心市场所、商务部研究院、湖北省社科院、湖北经济学院等方面的专家学者参会。参加国家规划编制的湖北省社科院专家应邀介绍了《长江中游城市群发展规划》编制过程并进行了重点解读，汇报了《长江中游商业功能区规划》的前期编研情况。

此外，2015 年 5 月 24 日，赣湘鄂啤酒产品质量检评会在荆门举行，促进了三省啤酒行业的技术进步和产品质量提高；7 月 23 日，江西获批成立了“中三角商品交易中心”，为区域要素市场的发展增添了新动力。

2015 年 7 月 23 日，湖北省委常委会决定，设立总规模为 2000 亿元的省级产业基金，用于推动长江经济带建设和长江中游城市群发展。其中，省级财政初步出资 400 亿元，向金融机构、大型国有企业、知名投资机构等定向筹资 1600 亿元，这 2000 亿元为“母基金”。今后还将以一定方式向社会发布募资需求，吸引更多的金融资本和社会资本参与“子基金”设立，对“母基金”的资本再放大，力争最终达到财政出资资金 10 倍左右的放大效应。①

（四）省会合作深入推进

2013 年 2 月以来，长江中游城市群省会会商会先后在武汉、长沙召开，分别发布了《武汉共识》和《长沙宣言》，四省省会合作取得积极进展。

2014 年 6 月 12 日，“长江中游城市群省会城市第二届科技合作联席会”在长沙召开，总结了首届科技合作联席会确定的工作目标，提出了未来五个方面的任务，要求促进四省省会科技合作向“多元化、常态化、实效化”方向发展。2015 年 2 月 6 日，第三届长江中游城市群省会会商会在合肥举办，围绕“深化合作、共赢未来——新常态下加速长江中游城市群一体化发展”主题，就深化四省会合作进行了深入的协商和探讨，并形成了《合肥纲要》，提出了建立住房公积金异地使用合作机制，构建水上“高速航道”，建立环保“黑名单”制度，严禁黄标车四市相互转籍，社保关系可无障碍跨地区转移接续，共享企业质量信用信息，建立打假联动机制，以及建

① 甘勇：《湖北设立长江经济带产业基金　总规模 2000 亿元》，《湖北日报》2015 年 7 月 30 日。

立招投标异地远程评标系统等重点合作任务。2015 年 4 月 29 日，四省会举办了长江中游城市群四省会人社工作一体化发展第二届会商会，就四市人力资源合作、城镇职工基本医疗保险异地就医即时结算、人力资源网络互联互通等内容达成共识，并签署合作协议。

目前，四城市的住房公积金缴存实现异地互认和转移接续，预计 2015 年底将实现医保跨市异地即时结算。2015 年 4 月 29 日，“第二届长江中游城市群四省会城市联合专场招聘会”在长沙举办，来自武汉、长沙、合肥、南昌的近 200 家企业参会，提供了近 5000 个招聘岗位。

（五）理论研讨广泛展开

2014 年 10 月 23 日，以“弘扬苏区精神，促进区域发展”为主题的第三届湘鄂赣苏区论坛在湖南省平江县举行。来自湘鄂赣三省的 44 个苏区县代表参会，共同探讨如何将苏区历史资源转化为社会发展的经济资源之道。2014 年 11 月 19 日，由湖北省社会科学院、中国社会科学院城市发展与环境研究所等主办的长江中游城市群发展战略研讨会在北京召开，为长江中游城市群建设建言献策。2015 年 4 月 8 日，由中国社会科学院和湖北省人民政府主办，由中国社会科学院城市发展与环境研究所、中国城市经济学会和湖北省社会科学院承办的“长江论坛”在武汉举行，与会专家学者围绕“长江中游城市群发展战略研究”这一主题，就长江中游城市群发展战略定位及对策、独特优势与巨大潜力、生态文明建设战略研究、产业协同发展与升级转型、区域协调发展与对外开放等议题进行了探讨交流。

二　长江中游城市群城镇化现状与基础

（一）区域态势：城镇化进入快速拐点期，战略地位凸显

1. 城镇化进入快速发展拐点期

根据美国城市地理学家纳瑟姆总结西方发达国家城市化演化规律提炼的

"S"形曲线（"纳瑟姆曲线"），城市化过程可分为三个不同阶段，即起步阶段（城镇化率低于30%）、加速阶段（城镇化率为30%～70%）、成熟阶段（城镇化率高于70%）。同时，城镇化率在50%左右时往往速度达到峰值，也就是快速城镇化阶段的一个拐点。纵观世界各国的城市化进程，随着城市化率超过50%，该城市在国家和地区发展的地位会不断提升，城市文明普及最快，城市辐射力最强。但是，50%的城市化率也是城市问题和社会矛盾不断累积进而达到激化失衡状态的关键点，集中表现为公平与效率的失衡，即以公平为导向的社会活动与以效率为导向的经济活动之间的矛盾凸显。

长江中游城市群2014年常住人口城镇化率达55%，略高于全国54.77%的平均水平，城市群范围内的31个城市中有18个城市的城镇化率超过50%。根据"S"形曲线可判断城市群的城镇化进入加速阶段，同时也进入城镇化阶段的一个拐点。因此，可以判断长江中游城市群的城镇化处于加速时期的拐点阶段，机遇与挑战并存。机遇主要表现为长江中游城市群在全国新型城镇化战略格局中的地位将不断提升，武汉、长沙、南昌等中心城市的辐射带动能力将不断增强，城镇化将实现从"量"向"质"的转变；挑战主要表现在城镇化发展水平不均衡，城市病问题凸显，以及城镇化进程中的公平与效率问题突出。

2. 在国家新型城镇化格局中具有重要战略地位

在国家新型城镇化和长江经济带建设的背景下，长江中游城市群在全国新型城镇化战略格局中具有重要的战略地位。《国家新型城镇化规划（2014～2020年）》提出要培育长江中游城市群；2014年9月25国务院出台了《关于依托黄金水道推动长江经济带发展的指导意见》，其中明确提出："以沿江综合运输大通道为轴线，以长江三角洲、长江中游和成渝三大跨区域城市群为主体，以黔中和滇中两大区域性城市群为补充……形成集约高效、绿色低碳的新型城镇化发展格局。"

同时，2014年中央政府工作报告提出，推进以人为核心的新型城镇化，"着重解决好现有'三个1亿人'问题，即促进约1亿农业转移人口落户城镇，改造约1亿人居住的城镇棚户区和城中村，引导约1亿人在中西部地区就近城镇化”。而长江中游城市群作为全国新型城镇化的重要区域，人口密集，内需潜力巨大，市场空间广阔，在解决“三个1亿人”问题中扮演着重要的角色。因此，长江中游城市群积极创新新型城镇化的新思路、新方法、新模式，探索建立中西部地区“就近城镇化”试验区，率先实现农村人口就近城镇化、就近市民化、就近基本公共服务均等化。

（二）空间支撑：城镇空间战略格局粗具雏形，发展水平不均衡

1. “三核五轴多点”的圈层嵌套式空间粗具雏形

在长江中游城市群的大框架下，湖北、湖南、江西分别形成了以武汉、长沙和南昌为核心的武汉城市圈、环长株潭城市群、环鄱阳湖城市群三大区域板块空间发展格局。要在建设长江中游城市群过程中实施“抓大不放小”的策略，既强力推进武汉城市圈、环长株潭城市群、环鄱阳湖城市群“三圈融合”，又保持“三圈”的相对独立，不放弃三省各自的城市群战略。在三省中心地带的幕阜山区，联手打造“绿心”。特别是咸宁、岳阳、九江三市，应把“绿心”保护和发展作为建设长江中游城市群的重中之重（见图1）。

长江中游城市群形成了“两横三纵”的空间开发格局。“两横”，即长江黄金水道、沪昆高铁通道。“三纵”，分别是京广、京九、二广三条发展轴。其中，二广发展轴，就是依托二广高速、焦柳铁路及蒙华铁路，以襄阳、荆门、宜昌、荆州、常德、益阳、娄底等城市为节点的新轴线，意在加强相对薄弱的长江中游城市群西部地区的发展。通过加强“两横三纵”五条轴线的联动功能，长江中游城市群形成了多个大中城市和小城镇的圈层嵌套式的空间结构。

2. 城市群呈现多中心的发展格局

区域多中心是以一个或多个中心城市为核心，由通过集聚与辐射流联系在一起的不同等级、不同功能、不同性质的多区域构成的复杂的、开放的集合体。从目前国家大型城市群的区域空间结构来看，其基本上

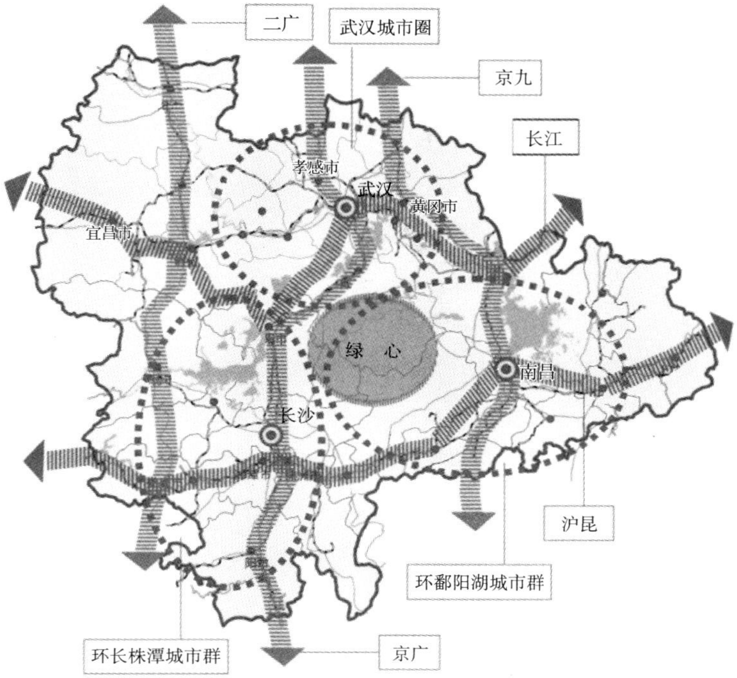

图 1　长江中游城市群空间结构

以“多中心共生模式”格局为主，如长三角的上海、杭州、南京，珠三角的广州和深圳，京津冀的北京和天津，通过多中心共生，实现“核心－枢纽－网络”的复杂网络空间结构，这也是未来区域空间结构演变的趋势和模式。

运用城市中心职能度模型测算长江中游城市群 31 个城市的中心职能等级，武汉（5.76）、长沙（4.26）、南昌（2.99）三个城市排在 31 个城市的前三位，承担着城市群中心城市的功能。从国家批复的武汉、长沙、南昌三个城市的总体规划来看，三个城市也必然是长江中游城市群的中心城市（见表 1）。武汉被定为“中部地区的中心城市”，长沙和南昌被国务院直接定为“长江中游地区重要的中心城市”（见表 1）。因此，武汉、长沙、南昌都是长江中游地区的中心，同为长江中游城市群的核心城市，它们将共同构建多中心共生的发展格局。同时，南昌的中心性相对于武汉和长沙而言，还存在一定的差距。

表 1　国家批复三个省会的城市总体规划的定位

城市	定位
武汉	湖北省省会，国家历史文化名城，我国中部地区的中心城市，全国重要的工业基地、科教基地和综合交通枢纽
长沙	湖南省省会，长江中游地区重要的中心城市，国家历史文化名城
南昌	江西省省会，长江中游地区重要的中心城市，国家历史文化名城

3. 城镇化发展水平的空间不均衡

长江中游城市群城镇化发展水平呈现空间不均衡的特征，武汉 2014 年的城镇化率最高，达 79.36%，黄冈的城镇化率较低，为 42.10%，两者相差 37.26 个百分点。

湖北省范围内城镇化发展水平较高的地区主要是武鄂黄地区，宜昌和襄阳两个省域副中心城市的城镇化率也超过 55%；环长株潭城市群城镇化率较高的地区主要是长沙、株洲和湘潭三个城市；环鄱阳湖城市群的城镇化水平较高地区在空间上的表现较为分散，南昌、新余、萍乡和景德镇的城镇化率超过 60%。

同时，城镇化率较高的城市在空间上主要集中在沿江地区和京广轴线上，是长江中游城市群新型城镇化发展基础较好的重点区域；城市群西南区域的常德、益阳和娄底以及东南区域的吉安、抚州和宜春的城镇化率较低，有待进一步提升。

（三）城镇发展：纺锤形城镇规模体系结构明显，城镇发展步伐加快

1. “两头小、中间大”的城镇规模体系结构

从长江中游城市群的城镇规模体系结构看，“两头小、中间大”的城镇体系规模结构突出。武汉是唯一人口规模过 1000 万人、人口密度超过

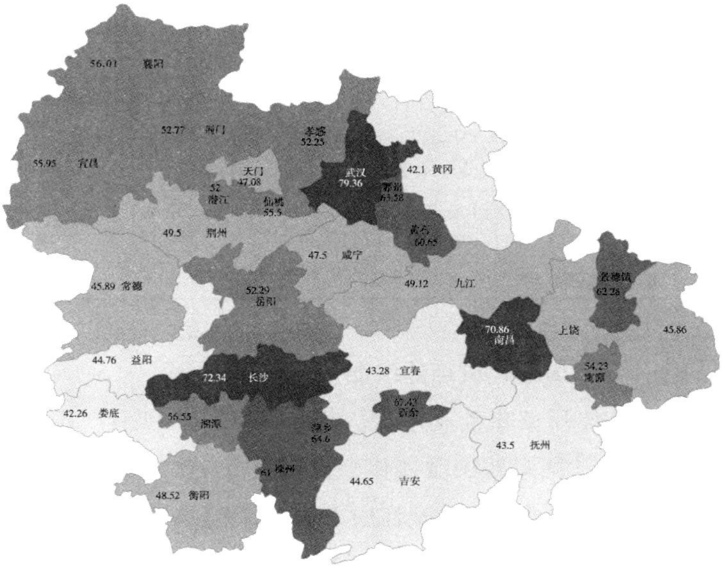

图 2　长江中游城市群各城市 2014 年城镇化率空间分布（%）

注：长江中游城市群仅包括吉安和抚州的部分县、区，基于数据的可获取性，本报告均采用吉安和抚州全市数据。

1000 人/平方千米范围中的城市，500 万～1000 万人的城市有 10 个，200 万～500 万人的城市有 12 个，200 万人以下的城市有 8 个，城镇体系呈现“纺锤形”结构（见表 2）。从人口密度来看，200～500 人/平方千米的城市数量居多，而 200 人/平方千米以下、500 人/平方千米以上的城市数量均较少。

表 2　长江中游城市群 2014 年城市人口规模与密度分布

城市人口规模	包含城市	城市人口密度
1000 万人以上	武汉(1033.8)	1000 人以上/平方千米
500 万～1000 万人	长沙(731.15)、衡阳(730.34)、上饶(668.8)、黄冈(626.25)、常德(583.08)、荆州(574.42)、岳阳(559.51)、襄阳(559.1)、宜春(549.33)、南昌(524.02)	500～1000 人/平方千米

续表

城市人口规模	包含城市	城市人口密度
200 万 ~ 500 万人	吉安(488.12)、孝感(486.13)、九江(480.69)、益阳(439.15)、宜昌(410.45)、抚州(397.66)、株洲(396.1)娄底(385.25)、荆门(288.91)、湘潭(281.3)、咸宁(248.5)、黄石(244.5)	200 ~ 500 人/平方千米
100 万 ~ 200 万人	萍乡(189)、景德镇(162.98)、天门(128.9)、仙桃(118.49)、新余(116.08)、鹰潭(114.76)、鄂州(105.88)	100 ~ 200 人/平方千米
100 万人以下	潜江(95.24)	—

2. 依托国家新型城镇化试点建设加快城镇化步伐

为加快国家新型城镇化发展步伐，2014 年 12 月 29 日，国家发改委等六部委联合印发了《国家新型城镇化综合试点方案》，62 个城市（镇）被列为国家新型城镇化综合试点，长江中游城市群范围内有 7 个试点城市，包括武汉、长沙 2 个省会；鹰潭市、孝感市、株洲市 3 个地级市；樟树市、仙桃市、宜城市 2 个县级市。8 个试点城市将以人的城镇化为核心，以提升质量为关键，围绕人口市民化成本分担机制、城镇化投融资机制、农村宅基地制度、行政管理创新、体制机制改革创新五大重点任务，探索新型城镇化发展模式，引领带动长江中游城市群新型城镇化发展，为全国提供可复制、可推广的经验和模式（见表 3）。

表 3　长江中游城市群国家新型城镇化试点的目标与重点任务

城市	目标与重点任务
武汉	目标：到 2020 年，常住人口控制在 1200 万 ~ 1300 万人，常住人口城镇化率在 84% 以上，户籍人口城镇化率在 75% 以上。重点任务：实施“111 计划”，加快建立农业转移人口市民化成本分担机制；放开市场准入，建立多元化可持续的投融资机制；以产城融合、城乡融合为核心，综合推进行政管理等体制机制创新
长沙	目标：到 2020 年，常住人口城镇化率达 80%，户籍人口城镇化率达 50.1%。重点任务：推进农业转移人口市民化；完善城镇建设投融资机制；创新行政模式，降低行政成本；综合推进体制机制改革创新
鹰潭	目标：到 2020 年，常住人口城镇化率达 62%，户籍人口城镇化率达 45%。重点任务：加快推进“三规合一”；推进信息惠民工程建设；建立农业转移人口成本分担机制；创新投融资机制

续表

城市	目标与重点任务
孝感	目标:到2020年,常住人口城镇化率达62%,户籍人口城镇化率达52%。重点任务:建立农业转移人口市民化成本分担机制;建立多元化可持续的城镇化投融资机制;探索行政管理创新和成本降低的新型城市行政管理模式;推进农业现代化和新型城镇化协调发展
株洲	目标:到2020年,实现60万农业转移人口市民化,常住人口城镇化率达73%。重点任务:建立政府、企业和个人共同分担的农业转移人口市民化成本分担机制;建立多元化可持续的城镇化投融资机制;建立行政管理创新和行政成本降低的设市模式;建立农业现代化与新型城镇化协同发展机制;将东部新城、云龙示范区、清水塘地区作为"综合推进体制机制改革创新"的试点
樟树	目标:到2020年,常住人口城镇化率达60%,户籍人口城镇化率达46%。重点任务:探索农业转移人口市民化成本分担机制;建立多元化城镇化投融资机制;发展农业现代化
仙桃	目标:到2020年,实现15万农业转移人口和其他常住人口在仙桃市城镇落户,常住人口城镇化率达65%,户籍人口城镇化率达63%。重点任务:建立农业转移人口市民化成本分担机制;建立多元化可持续的城镇化投融资机制;推进彭场镇行政管理创新和强镇扩权;积极推进彭场镇"产城融合";探索新型城镇化"多规融合"制度建设;推进农业现代化与新型城镇化协调发展
宜城	目标:到2020年,常住人口城镇化率达56.1%,户籍人口城镇化率达50.1%。重点任务:构建政府、企业、个人共同参与农业转移人口市民化的成本分担机制;探索多元化可持续的城镇化投融资模式;推进生态文明制度建设;推进农业现代化,支撑新型城镇化

3. 县域经济发展态势良好

县域经济是新型城镇化的重要载体，是促进民生改善的根本支撑点。长江中游城市群县域经济在“十一五”期间发展较为缓慢，在全国百强县的名单中仅有湖南省长沙县，而“十二五”期间得到快速发展，长江中游城市群百强县数量由2010年的1个上升到2014年的8个，湖北省宜都市首次进入全国百强县的行列（见表4）。长江中游城市群县域经济的快速发展，是在中国经济结构调整加速、东部沿海一些外向型百强县县域经济发展速度放缓的形势下出现的，也是长江经济带发展深入推进和经济梯度转移的结果。但是，相比于沿海发达地区，长江中游城市群的县域经济发展仍然较为滞后，存在很大的提升发展空间。

表 4　长江中游城市群 2010 ~ 2014 年全国百强县名单

年份	数量	名单
2010	1	湖南省长沙县
2011	1	湖南省长沙县
2012	4	湖南省长沙县、湖南省望城县、江西省南昌县、湖北省大冶市
2013	7	湖南省长沙县(13)、湖南省浏阳市(47)、湖南省宁乡县(56)、江西省南昌县(67)、湖南省醴陵市(86)、江西省丰城市(89)、湖北省大冶市(94)
2014	8	湖南省长沙县(9)、湖南省浏阳市(36)、湖南省宁乡县(50)、江西省南昌县(52)、江西省丰城市(83)、湖南省醴陵市(86)、湖北省大冶市(93)、湖北省宜都市(98)

（四）产业动力：产业基础良好，结构失衡影响城镇化

1. 良好的产业基础为城镇化提供了发展动力

长江中游城市群作为全国重要的老工业基地，具有良好的产业基础，特色优势比较突出，已经形成汽车、电子信息、钢铁、有色冶金、装备制造、石油化工、生物医药等支柱产业，并在光电子、重型机械、重大成套设备制造、汽车、轨道交通设备制造、船舶等行业拥有一批核心技术和关键技术。2014 年，湖北、湖南和江西三省千亿产业数量分别达 10 个、9 个和 9 个（见表 5），这为城市群新型城镇化发展提供了良好的发展动力。

表 5　2014 年湘鄂赣三省千亿产业数量

省份	数量(个)	千亿产业
湖北	10	石化、食品、汽车、机械、电子信息、钢铁、纺织、建材、电力、有色金属
湖南	9	机械、轻工、食品、电子信息、石化、有色、冶金、建材、电力
江西	9	有色、石化、食品、钢铁、纺织、建材、医药、电子信息、汽车

通过考察长江中游城市群的产业区位熵，城市群具备全国竞争力的产业达 15 个（见图 3），高于三省分别具备全国竞争力的产业数量。究其原因，主要是一些产业依托产业综合实力较强地区的辐射带动，实现了城市群产业综合实力的提升。例如，湖北汽车产业集群的区位商达 2. 25，而湖南和江

西该产业的区位商均小于 1，三省开展汽车产业合作，长江中游城市群的汽车制造产业区位商达 1. 24；湖南专用设备制造产业集群的区位商达 2. 54，湖北和江西该产业的区位商均小于 1，三省的合作助推城市群该产业的区位商达 1. 27；同时，三省在废弃资源综合利用产业的合作，也实现了城市群该产业在全国具备竞争优势。

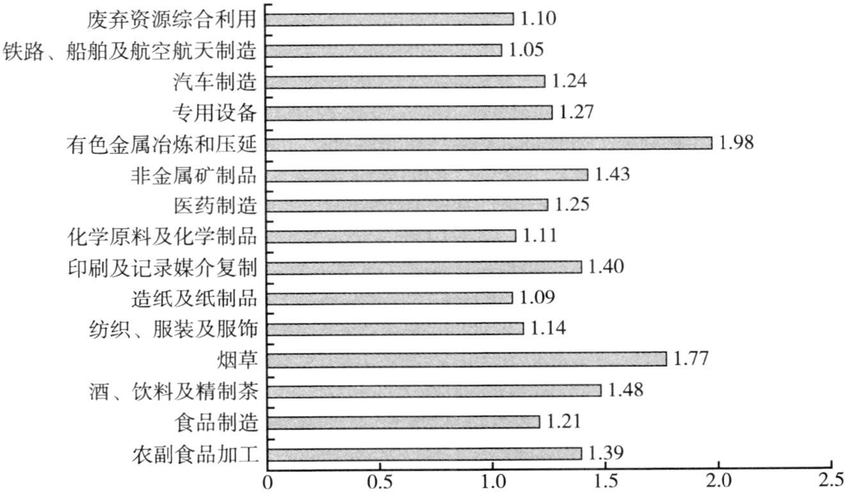

图 3　长江中游城市群区位商大于 1 的产业集群

注：以湖北、湖南和江西三省分类产业产值计算各产业在全国的区位商。

2. 产业结构失衡影响城镇化进程

目前，长江中游城市群城镇化进入中期发展阶段，从发达国家城镇化的发展历程来看，城市体系在此阶段开始加速形成，大中小城市之间逐步调整分工合作，大城市逐步由工业中心向服务中心转变，工业开始向中小城市转移，一些与制造业紧密结合的生产性服务业以及为居民服务的生活性服务业将在中小城市得到快速发展。总体而言，服务业发展水平与城镇化进程密切相关，服务业占 GDP 的比重将随着城镇化的进程逐步提升。

长江中游城市群 2014 年三次产业结构为 10. 2∶52. 4∶37. 4，其服务业的比重过低，吸纳就业人口能力有限，将影响城镇化的进程。同时，城市群工业发展中的重结构失衡、民营经济成长缓慢等因素将导致第二产业吸纳就业的比重下降。若延续现有产业结构，吸引城市群农村地区的富余劳动力向城镇转移将存在一定的困难，若考虑东部沿海地区劳动力资源的回流，则城市群将面临更大的挑战。

（五）发展方式：生态安全地位突出，“两型”促进城镇可持续发展

1. 城市群在国家粮食与生态安全战略格局中地位突出

长江中游地区自古就是中国的粮仓，具有厚实的农业生产基础，是全国农产品资源较丰富、农产品贸易较活跃的地区之一，两湖地区不仅是农产品的盛产地，而且是农产品的重要集散地，为国家农产品安全发挥着重要作用。2008 年，国家出台了《全国新增 1000 亿斤粮食生产能力规划（2009 ~ 2020 年）》，湖北、湖南和江西都承担了较大的粮食增产任务。2009 年 9 月，国务院原则通过的《促进中部地区崛起规划》指出要将包括湘鄂赣三省在内的中部地区建设成全国重要的粮食生产基地。

同时，长江中游城市群在我国生态安全战略格局中具有重要的地位。该区域是我国水资源较丰富、水资源利用类型较丰富的地区之一，拥有长江、汉江、清江、湘江、赣江、信江、抚河等河流和鄱阳湖、洞庭湖、洪湖、梁子湖、东湖等湖泊。同时，其范围内的大别山水土保持生态功能区、三峡库区水土保持生态功能区、武陵山区生物多样性及水土保持生态功能区均为国家重点生态功能区。长江中游城市群地区森林资源丰富，森林覆盖率达 44%，其中江西省森林覆盖率高达 63%，居全国第二，另外，连接湘鄂的幕阜山、湘赣边界的罗霄山北段，形成了一个天然的“绿色心脏”地带，保持其开发性与可持续性是长江中游地区共同的历史使命。

2．城镇空间扩展影响生态功能

近年来，长江中游城市群工业化和城镇化进程快速推进，城市建成区扩展迅速，2006 ~ 2013 年，长江中游城市群城市（市辖区）建成区面积由 2034 平方千米扩展到 3087 平方千米，扩展了近 51.8%（见图 4），其中湖

北范围内城市建成区面积扩展了 45.3%，湖南范围内城市（市辖区）建成区面积扩展了 55.7%，江西范围内城市（市辖区）建成区面积扩展了 58.3%。城镇空间向外拓展迅速，将侵蚀城镇周边的湿地、耕地等生态用地空间，造成湖面、湿地面积缩减，对生物多样性和生态功能等方面造成一定的影响。

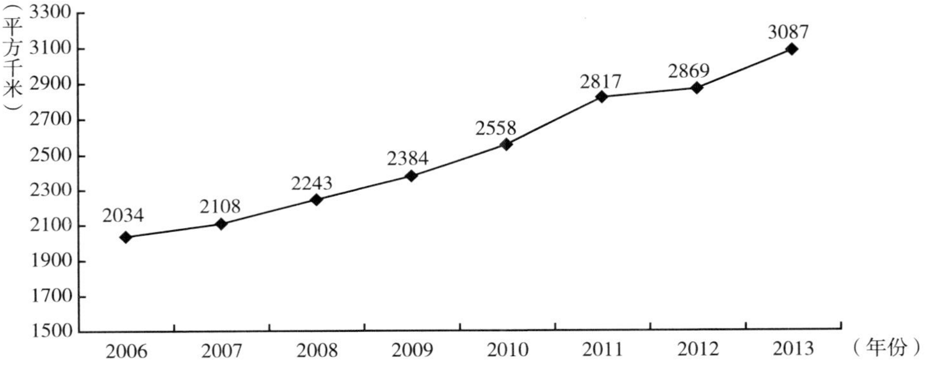

图 4　长江中游城市群 2006 ~ 2013 年城市建成区面积

3. “两型社会”建设增强城镇可持续发展能力

2007 年 12 月，武汉城市圈和长株潭城市群同时获批“两型社会”建设综合配套改革试验区，2009 年 12 月国家批复《鄱阳湖生态经济区规划》。“两型社会”建设和生态发展将成为长江中游城市群新型城镇化的重要主题，有助于提升城镇的可持续发展能力。

武汉城市圈在推进“两型社会”建设中，通过制定有利于经济发展方式转变的各项政策，包括各种资源能源节约的政策、资源回收和综合利用的鼓励政策、排污收费制度等，促进城市的可持续发展。如武汉城市圈建立了 35 个国家级和省级循环经济试点企业、园区，启动了以大东湖生态水网为标识的一批城区湖泊水生态构建示范工程，有效地改善了圈域内水生态环境；建立用地考核标准和配套的激励机制，破解土地制约瓶颈，形成鄂州市农村新社区、咸宁崇阳县集约用地等典型模式。

环长株潭城市群综合运用环境保护机制、产业准入提升退出机制、监管机制和公众参与机制，着力构筑环境友好型产业体系、生态型城镇体系、基础设施体系，建设生态型城市群，出台《湖南省长株潭城市群生态绿心地区保护条例》，率先在全国立法保护城市群生态区。同时，积极开展环境同治、生态同建，促进了城市的绿色发展，长沙、株洲先后被评为全国文明城市，湘潭市成为全国园林城市。

环鄱阳湖城市群围绕保护鄱阳湖“一湖清水”，探索经济与生态协调发展的新模式，持续开展“净水”“净空”“净土”行动，在南昌、新余、景德镇等城市开展了全国节能减排财政政策综合示范城市、资源枯竭型城市转型、“国家城市矿产”示范基地、低碳城市、水生态文明城市等改革试点，城市的生态环境和可持续发展能力不断增强。

三　长江中游城市群城镇化发展中存在的问题

（一）城市群城镇化水平有待提升

长江中游城市群2014年常住人口城镇化率达55%，略高于全国54.77%的平均水平，户籍人口城镇化率为32.3%，常住人口城镇化率与户籍人口城镇化率差距较大。由于区域城镇化发展起步较晚、农业转移人口较多等问题，长江中游城市群城镇化发展水平与长三角、珠三角和京津冀地区相比还存在一定的差距。长三角、珠三角和京津冀地区2014年城镇化率比长江中游城市群分别高13.72个、13个和6.01个百分点（见图5），可见长江中游城市群的城镇化水平有待进一步提升。

同时，长江中游城市群的居民收入水平不高。2014年城市群城镇居民人均可支配收入达25165元，农村居民人均纯收入为12111元，与长三角、珠三角和京津冀地区的城乡居民收入还存在差距（见图6）。但长江中游城市群的城乡居民收入比为2.08，城镇与农村居民的收入差距要小于其他三大城市群。

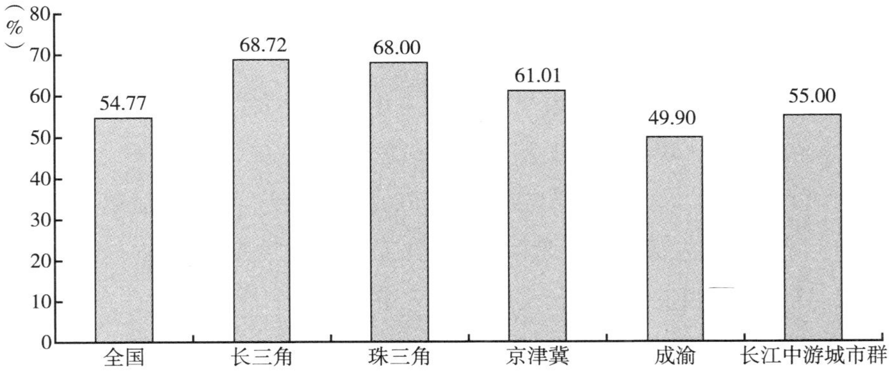

图5　2014年长江中游城市群与四大城市群城镇化率比较

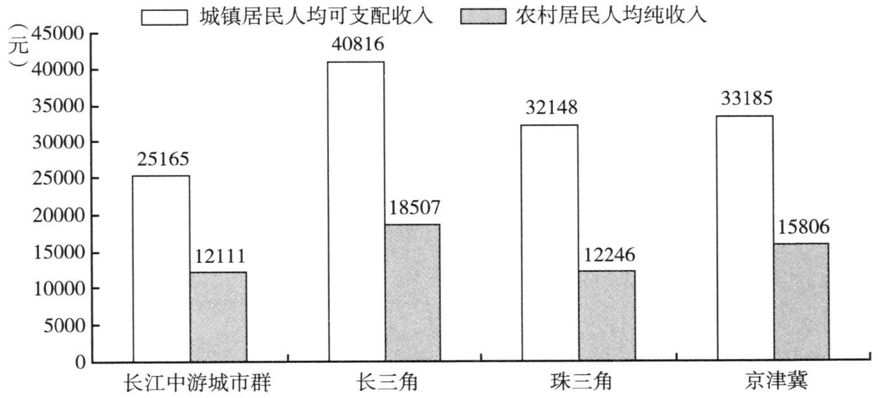

图6　长江中游城市群城乡居民收入与三大城市群比较

（二）人的城镇化滞后于土地的城镇化

2002～2014年，长江中游城市群城市（市辖区）建成区面积由1446平方千米扩展到3087平方千米，增长了1.13倍，而户籍城镇人口增长速度则低于这一水平，明显滞后于城市建成区面积的增长速度。城市群土地城镇化速度快于人口城镇化速度，导致城镇化规模扩大与土地资源不足的矛盾日益突出，耕地数量和质量呈下降趋势。

（三）城镇规模结构与功能定位有待优化

长江中游城市群城镇体系呈现“两头小、中间大”的特征，城市人口规模主要集中在200万～500万人，人口密度集中在200～500人/平方千米，存在断层现象。这不利于各城市之间的协调发展，不利于城镇化的良性发展和可持续发展。同时，该区域城市体系的首位度高达5.88，四省会指数达2.43，具有明显的不平衡等级规模分布特征。

中心城市的辐射带动能力有待提升，武汉、长沙、南昌三个中心城市，自身发展仍处于要素集聚阶段，城市综合服务功能有待提升，对区域的辐射和带动功能不强。此外，长江中游城市群发展中尚未形成合理的城市分工、协作和互补关系，城市功能定位不清晰，部分城市发展存在同质化问题，低水平重复建设仍较普遍，自身优势发挥不够，没有形成具有核心竞争力的城市产业基础和特色。

（四）人口净流出影响农业人口市民化

根据2010年全国第六次人口普查数据，长江中游城市群整体处于人口净流出地区。武汉和长沙由于经济辐射力较强，人口吸纳能力突出，属于长江中游城市群中仅有的两个人口净流入地区，武汉属于净流入10%～20%的城市，长沙属于净流入2%～10%的城市。宜昌、襄阳、株洲、岳阳、萍乡、南昌、九江属于人口净流入流出相对均衡的6个城市，流入流出比控制在2%以内。其余城市均属于人口净流出较大的地区，其中净流出2%～10%的城市达14个，包括黄石、鄂州、湘潭、常德、景德镇、抚州等，净流出10%～20%的城市包括咸宁、天门、荆州、上饶，净流出超过20%的城市包括黄冈、仙桃、娄底3个城市（见表6）。

因此，人口的大量流出给长江中游城市群人口市民化带来诸多问题：一是城市群农村剩余劳动力的外流，不利于区域探索就地就近城镇化；二是区域内就业的农民工虽然逐步成为产业工人，但难以成为真正的城镇居民，无法享有与城镇居民同等的基本公共服务，仍处于“半市民化”状态；三是中小城市的就业承载能力不足，若在沿海发达地区务工的劳动力出现大量“回流”，将使中小城镇面临重大挑战。

表6　长江中游城市群各城市人口流动情况

人口流动类型	城市
净流入10%～20%	武汉
净流入2%～10%	长沙
流入流出比在2%以内	宜昌、襄阳、株洲、岳阳、萍乡、南昌、九江
净流出2%～10%	黄石、鄂州、孝感、潜江、荆门、湘潭、衡阳、常德、益阳、景德镇、新余、鹰潭、宜春、抚州
净流出10%～20%	咸宁、天门、荆州、上饶
净流出超过20%	黄冈、仙桃、娄底

（五）城镇化发展方式不够集约

一是城镇土地利用比较粗放，部分城市“摊大饼”式的扩张使得城镇土地利用的集约化程度较低、城市人均建设用地超标，城市边远地区存在用地低密度、低效率的现象。二是快速城镇化进程中的资源环境面临较大挑战。沿海发达地区先污染、后治理的发展方式不可持续，而长江中游城市群在快速城镇化过程中也出现了一些生态环境问题，如重点流域的水污染防治任务艰巨；重要湖泊和湿地出现不同程度的萎缩和生态退化；城市大气污染防控压力加大；工业污染和农村面源污染治理难。因此，实现生态、经济和城镇的协调发展，将是城市群城镇化过程中面临的一项巨大挑战。三是城市病问题日益凸显。城市群城市管理服务水平不高，城市功能滞后于城市规模扩张，使得城市发展出现了空间无序开发、交通拥堵、公共安全事件频发、环境污染加剧等一系列问题。而小城镇的公共服务设施数量不足、服务质量不高，则影响了城镇发展质量和吸纳人口能力的提升。

四　推进长江中游城市群城镇化的总体思路

加快推进长江中游城市群城镇化进程，应当有正确的指导思想、科学的发展定位、清晰的奋斗目标和明确的战略重点。

（一）指导思想

推进长江中游城市群城镇化进程的指导思想是：以中国特色社会主义理论体系为指导，深入贯彻落实科学发展观，坚持经济建设、政治建设、文化建设、社会建设、生态文明建设“五位一体”的总体布局，大力推进“两型社会”建设，创新体制机制，坚持城镇化与新型工业化、信息化和农业现代化同步推进，充分发挥武汉的龙头作用，促进大中小城市和小城镇协调发展，率先在优化结构、节能减排、自主创新等重要领域和关键环节的改革试验上实现新突破，率先在科学发展、和谐发展、绿色发展、区域协调发展上取得新进展，加快推进长江中游城市群一体化发展，走出一条既强调外延又注重内涵、规模设计科学、职能定位准确、空间布局合理的新型城镇化道路，为打造“全国经济新增长极”提供强力支撑。

（二）发展定位

长江中游城市群推进城镇化，其发展定位是“三区”：全国“两型社会”试验区、全国“四化同步”示范区、中西部“就近城镇化”先行区。

一是全国“两型社会”试验区。国务院批准在湖北、湖南设立“两型社会”建设综合配套改革试验区和在江西建立鄱阳湖生态经济区，就是希望探索一条有别于沿海“先污染、后治理”老路的“两型”发展新径。长江中游城市群要先行制定“两型”法规制度，建立“两型”增长方式，开发“两型”技术，发展“两型”产业并增强辐射能力，引领“两型”消费，传播“两型”文化，探索具有长江中游城市群特色和体现“两型社会”要求的发展道路。

二是全国“四化同步”示范区。以工业化提升长江中游城市群的经济实力，增强以工促农、以城带乡的能力；通过城镇化壮大产业，提升中心城市服务功能，吸纳更多的农村人口在城镇就业生活，努力缩小城乡差别；大力推进农业现代化，增加农民收入，支撑工业化、城镇化的发展；依托信息化，加快“数字城市、智慧城市”的建设，加快工业化和农业现代化的发展步伐，探索“四化同步”的新思路、新方法、新模式。

三是中西部“就近城镇化”先行区。20 世纪 80 年代以来，中西部地区外出务工人员越来越多，形成了蔚为壮观的“打工经济”，既为沿海经济的快速发展及城镇化水平提升做出了巨大贡献，也在某种程度上缓解了剩余劳动力的闲置问题，增加了农民收入，但是也产生了“留守儿童”“留守妇女”“留守老人”等问题。而且，沿海城镇户口对绝大多数农民工而言是“奢侈品”，当他们年老体弱生病时不得不返乡。长江中游城市群要改变这种状况，通过积极发展非农产业、促进基本公共服务均等化来吸引更多人在家门口实现就业，成为中西部地区“就近城镇化”的先行区。

（三）主要目标

以武汉、长沙、南昌为中心，发挥中心城市的规模效应和辐射作用，以周边 8 个大中城市为重点，缓解武汉市的人口和资源承载压力，增强周边中小城市的综合优势，提高中小城市吸引力，逐步形成辐射作用大的城市群，促进大中小城市和小城镇协同共赢发展。到 2020 年，常住人口城镇化率超过 60%，户籍人口城镇化率达 45%。

到 2020 年，长江中游城市群经济社会发展更加协调，经济平稳较快发展，“四化”发展协调性不断增强，产业结构持续优化，战略性新兴产业和高技术产业快速发展，城乡居民收入增长与经济发展同步，率先建成比较完善的科学发展、和谐发展的体制机制，形成比较健全的市场体系、自主创新体系、社会保障体系和公共服务体系，政府公共服务职能不断加强，基本形成城乡一体化、区域一体化发展新格局，基本实现经济发展方式转变、人口资源环境与经济社会协调发展，建设城乡经济繁荣、生态环境优良、社会文明和谐、人民生活富裕，以及在全国具有重要影响力的城市群。

（四）战略重点

现阶段，推进长江中游城市群城镇化进程的战略重点有以下四个方面。

一是有序推进农业转移人口市民化。按照因地制宜、分步推进、存量优先、带动增量的原则，以农业转移人口为重点，兼顾异地就业城镇人口，统筹推进户籍制度改革和基本公共服务均等化。全面放开小城镇和中小城市落户限制，有序放开黄石等城市的落户条件，进一步降低落户武汉的条件，逐步把符合条件的农业转移人口转为城镇居民。加快推进基本公共服务均等化，努力实现义务教育、就业服务、社会保障、基本医疗、保障性住房等覆盖城镇常住人口。

二是优化城市化布局和形态。强化武汉、长沙、南昌与周边城市间的交流与合作，用综合交通网络和信息化网络把大中小城市和小城镇连接起来，促进各类城市功能互补、协调发展。在发挥中心城市辐射带动作用基础上，强化中小城市和小城镇的产业功能、服务功能和居住功能，把有条件的县城逐步发展成中小城市。

三是提高城市可持续发展能力。加快转变城市发展方式，优化城市空间结构，统筹中心城区改造和新城新区建设，有效预防和治理“城市病”。加快产业转型升级，强化城市产业支撑，营造良好创业、创新环境，增强城市经济活力和竞争力。完善城镇基础设施和公共服务设施，提升社会服务和居住服务水平，增强城市承载能力。推进创新城市、绿色城市、智慧城市和人文城市建设，全面提升城市内在品质。完善城市治理结构，创新城市管理方式，提升城市社会管理水平。

四是推动城乡发展一体化。坚持工业反哺农业、城市支持农村和多予少取放活方针，着力在城乡规划、基础设施、公共服务等方面推进一体化。完善城乡发展一体化体制机制，促进城乡要素自由流动、平等交换和公共资源均衡配置。牢牢守住耕地红线，确保国家粮食安全。加快推进农业现代化，建设农民幸福生活的美好家园。

五　推进长江中游城市群城镇化的实施路径

长江中游城市群要实现奋斗目标，完成崇高使命，在推进城镇化过程中进行以下七个方面的结合。

（一）长江中游城市群城镇化与长江经济带战略实施相结合

长江经济带包括云南、贵州、四川、重庆、湖北、湖南、江西、安徽、江苏、浙江、上海 11 个省市，面积超过 200 万平方千米。要使如此广袤、发展水平相差较大的区域成为一个有机的整体，并形成中国经济新支撑带，先“分片”建设城市群，再通过城市群相互对接，是必由之路。[①] 可以认为，是长江三角洲、长江中游、成渝三大城市群串联起了长江经济带。长江中游城市群是长江经济带的重要组成部分，因此要把长江中游城市群的城镇化与长江经济带战略实施紧密结合起来。通过长江中游城市群优化沿江产业结构和城镇化布局，推动长江经济带发展提质增效升级；与长三角、成渝城市群合作，形成优势互补、协作互动格局，努力缩小我国东中西部地区发展差距；与上下游合作，共同保护长江生态环境，引领全国生态文明建设。

（二）中心城市建设与小城镇发展相结合

推动武汉及其他工业化水平较高的大中城市的中心城区功能转型，为小城市特别是小城镇释放更多的发展空间。小城镇要搞好配套发展、特色发展，与中心城市形成功能互补、相互协调的发展格局。

1. 优化中心城市功能

坚持以人为本的发展理念，科学规划城市功能分区，合理构建城市空间结构。以城市居住组团为核心建设城市生活综合体，规划布局市政公用设施和城市商业服务设施。加快公共交通基础设施建设，便利城市居民生活。有

① 秦尊文：《三大城市群串联长江经济带》，《瞭望》2014 年第 36 期。

序发展城市房地产业，促进住宅地产、商业地产、工业地产、旅游地产与当地经济社会协调发展，逐步建立以普通商品住房为主、存量商品住房和租赁住房齐步发展的商品房体系及圈内一体化的住房保障体系。加强教育、卫生、文化、体育等公共服务设施建设，努力建设宜居城市。大力推进环境综合整治，优化城市人居环境。

按照“生态产业化、产业生态化”的要求，加快现代城市功能转型，构建符合“两型社会”建设要求的产业结构和增长方式。倡导生态、文明的生活理念，推广符合“两型社会”建设要求的生活方式和行为模式。解决大城市新区拓展和旧城改造过程中的土地利用与生态保护之间的矛盾，提升城市功能和综合承载能力。

2．加强新型小城镇建设

加快建设重点镇、特色镇。探索不同的小城镇发展模式，合理确定并建设一批经济繁荣、布局合理、设施配套、功能健全、环境优美、富有魅力的重点镇或特色镇。加快改善小城镇基础设施和公用配套设施，增强农村特色产业和人口集聚能力，完善服务农村功能。推进经济发达镇行政管理体制改革。

城际铁路是城市群的快速通道，要充分发挥其对城镇化的促进作用。加快城际铁路“一站一城”建设，即在交通发达的铁路沿线新建35个新型小城镇，吸引大城市的人口疏散和周边农村的人口集中，每座城镇可容纳10万人左右，吸纳总人口可达800万人，一旦建成将为长江中游城市群城镇化贡献8个百分点。

3．提升省会的带动功能

在长江中游城市群新型城镇化建设中，武汉、长沙、南昌不是一般的参与者，而要起到推动者和组织者的积极作用，强化省会自主创新带动功能、对外开放带动功能，在更高层次上为区域合作与发展提供服务。

武汉要推动东湖国家自主创新试验区与城市群内的企业、高校和科研机构的合作，建设国家级重点实验室、工程技术研发中心、新兴产业工业研究院和企业技术中心，研发和转化一批国际领先的科技成果，发挥自主创新示范引领作用，带动长江中游城市群产业结构优化升级。进一步推动东湖国家自主创新试验区在城市群建立“园外园”，加强交流合作，促进知识、技术和人才的双向流动。充分发挥武汉新港、保税物流中心、保税区和在武汉的外资银行、跨国公司区域性总部、外国总领事馆等平台作用，服务长江中游城市群对外开放。尽快推进领事馆区建设，争取更多国家在武汉设立总领事馆，开办签证业务。采取得力措施，吸引更多外资金融机构和跨国公司区域性总部落户武汉。开辟更多国际货运航线，建立完善的江海直达运输体系，提升武汉至欧洲铁路联运的运营水平。

长沙要依托现有国家级开发区和产业基地，提升开放型经济发展水平，充分发挥湘江新示范作用，促进产业高端化发展，增强产业集聚能力，强化科技教育、文化创意、商贸物流等功能，打造中部地区乃至全国重要的先进制造业基地、综合交通枢纽和现代服务业中心，率先建成资源节约型、环境友好型城市和实现全面小康；推动与株洲、湘潭的一体化发展，带动衡阳、岳阳、常德、益阳、娄底等城市发展，辐射洞庭湖生态经济区、湘南承接转移示范区等区域。

南昌要强化科技创新，优化要素集聚，加强文化引领，提升综合交通功能，辐射带动周边地区发展，加快打造重要的先进制造业基地、中部地区综合交通枢纽和现代服务业集聚区。加快昌九新区创建步伐，深入推进昌九景一体化，辐射带动鄱阳湖生态经济区发展。推进（南）昌抚（州）一体化建设，加大与新余、宜春、萍乡的联系力度，带动赣西地区发展。支持信江河谷城镇群建设，带动上饶地区发展。加强与赣州的对接联动，促进与赣南原中央苏区等地区的发展。通过南昌向周边的辐射，带动全省特别是南部地区城镇化水平的提升。

4．推进产业双向转移

引导武汉市将纺织服装、食品饮料、化工、造纸、建材、一般性汽车零部件等传统产业和石化中下游产业逐步向周边城市扩散转移，鼓励周边城市的企业集团总部、研发和营销机构等高端部门向武汉转移与集中布局。鼓励国家级开发区与周边城市共建开发园区。

联合长江中游城市群各地有共建合作基础或意愿的园区，建立园区共建联盟，促进产业梯度转移和产业布局的优化。以重点产业园区为载体，大力支持推进产业对接与合作，鼓励采取“飞地模式”加强园区开发建设合作，探索建立产业合作示范园，共同培育新型产业链和产业集群。

建立长江中游城市群园区共建项目信息库，及时发布园区合作共建相关信息，为城市群园区和企业搭建一个及时、准确、真实、有效的信息平台；统一开展项目宣传推介活动，促进各个园区的招商引资；为部分园区和企业提供项目投资信息，提高园区和企业之间的信息沟通强度，增加投资合作机会。

（三）新型工业化与城镇化相结合

加快城镇化，核心在于实现与产业的融合发展。在长江中游城市群，要更进一步推进新型工业化与城镇化的有机结合。

1. 发展劳动密集型产业

新型工业化要求“人力资源优势得到充分发挥”，正是解决当前我国城市和农村劳动力就业问题的一条良好出路。劳动密集型产业在国家鼓励承接转移产业中列第一位，充分体现了“以人为本”的理念，这一条非常重要。当前我国正在实施产业结构升级，发展高新技术和技术密集型产业，但从全国来讲，又不能只考虑高新技术。中国的特色是人口众多、劳动力密集，如果只考虑发展高新技术，劳动密集型和传统产业不大力发展，既会造成我国人力资源的浪费，又不符合我国当前发展阶段现状。现在，城市有很多下岗职工需要再就业，农村大量剩余劳动力不能合理转移，也是城镇化最终要搬动的巨石之一。当然，各个城市在考虑产业结构时，要实事求是，不能照抄照搬、互相攀比，要根据当地的经济条件、资源条件和具体情况，确定合理的产业结构升级发展道路。比如，武汉市的劳动密集型产业要更多地与技术密集结合起来，其他地方可能要更多地与土地、资金等资源结合起来。

2. 推进开发区与城区统筹建设

借鉴外地经验，将开发区作为长江中游城市群“产城一体化”的重要突破口。产城一体化的出发点就是要改变工业园区的发展模式，把开发区作为一个新的城市来建，而不是作为一个工厂密集区来建。园区内引入更多包括工业服务、生活服务在内的第三产业，并以此吸引人口聚集，撬动城镇化。

根据开发区的不同类型和所在城市的城镇化水平，逐步推进，按照独立新区型、产业主导型、综合功能型三种类型来实施。其中独立新区型开发区，如湘江新区、武汉东湖新技术产业开发区、武汉经济技术开发区，应按照城市的标准来打造，即将开发区打造成中心城市以外的新城；综合功能型开发区位于城市边缘，如昌九新区、武汉临空港经济技术开发区、黄石经济技术开发区、鄂州葛店经济技术开发区、孝感高新技术产业开发区，此类开发区要求合理确定产业用地、居住用地、服务用地的比例，加强产城融合；产业主导型开发区主要以省级开发区为主，建设过程中要以工业用地和生产性服务业用地为主，减少污染和安全隐患。

（四）农业产业化与城镇化相结合

农业产业化是农业现代化的核心，为城镇化提供了强大推动力。

1. 以农业产业化加速农村城镇化

农业产业化把农工商和贸工农结合成一个整体，能加快农业向非农业转化，有利于农业功能的拓展，优化产业结构，促进农村第二、第三产业的发展，农业产业化拉长了农业产业链条，壮大了农村支柱产业，提高了农村工业水平。此外，农业产业化经营还促进了交通、通信、文体、餐饮、旅游、娱乐、信息、金融、保险等产业的发展，产业化带来的生产能力的扩大和生产领域的不断扩大将吸纳更多的农村剩余劳动力，使大量的农村剩余劳动力向产业化链条中的加工、储藏、运输、销售等环节转移，有利于农村劳动力的分流和就地转化，成为农村城镇化的重要动力。

2. 以城镇化服务农业产业化

城镇化发展使一批新兴城镇发展和老集镇焕发新的活力，能够为农民生产生活和农业产业化服务。推进城镇化有利于促进生产要素在城乡之间的双向流动，加快城乡一体化进程。贸工农、产加销一体化的经营模式是联系城乡的纽带，它把农村生产和城市市场联结起来，既保证了农产品的销售，也保证了城市的供应，是城乡间一种现代化流通方式。它在空间上促进了农产品加工业向农村乡镇的扩散，推进了农村工业化，加快了农村小城镇的建设。农村工业在小城镇的相对集中又吸引了城市先进的技术、资金人才设备，促进了城乡之间的经济交融。这种经济联合可以使城乡优势互补，打破城乡分割的传统体制，缩短实现城乡一体化的进程。

3．吸引农业产业化龙头企业进入城镇

随着农业产业化的发展，龙头企业特别是那些资金雄厚、技术先进、市场开拓能力强、带动能力大的龙头企业必须以城镇为依托才能进一步发展。商品性农业的形成和发展需要一系列为农产品交换提供服务的软硬件，龙头企业是农业产业化的中间环节，起着承上启下、组织引导、培植与市场对接的作用。为适应产品多元化的发展需求，必须培育多个龙头企业，形成龙头企业相互竞争的群体效益。由于龙头企业辐射范围广，市场环节多，更需要城镇作为中间服务系统存在和运行的主要载体。城镇具有较为完善的公共设施，交通、通信、商业金融、服务等行业以及教育、文化娱乐、卫生和社会保障等事业不断发展，能够形成较高的人口聚合效应，降低成本，增加收益。只有这样，龙头企业才能不断增强竞争力，做大做强，农业产业化才能顺利推进。

4．在较大规模的农业产业化基地建设新城镇

在长江中游城市群范围内，有一些规模较大的农业产业化基地，它们地处农村，建立了大型加工企业，如潜江市、荆门市、九江市的一些国有农场就存在这种情况，可以推进农产品加工集群建设，就地建设新的小城镇。

（五）信息化与城镇化相结合

信息化是城镇化的提升机和倍增器，是城镇化的经济内容；城镇化是信息化的主要载体和依托，是信息化的空间形式。两者要紧密结合。

1．信息化提升城镇化的综合竞争力

通过信息化提升城镇公共服务能力，是当前乃至今后一个时期的工作重点。过去的城市建设，侧重于发展大城市，导致人口过度集中，配套设施和管理跟不上需求，对交通、环境、就业等造成了很大压力。信息技术可以改变城镇生产生活组织形式，让大中小城市、小城镇、城市群布局更加科学合理。

长江中游城市群的新型城镇化建设和管理，需要充分利用现代化的数据采集、传输、存储、处理和应用手段。例如，北斗卫星导航技术、遥感测绘技术、地理信息技术、实景三维技术、物联网、云计算、IPv6、4G、移动互联网、大数据等，使城镇更加智能化，使城镇中的每个“细胞”更协调、更高效，有利于建设“数字城市群”。

可以考虑搭建长江中游城市群信息化云服务平台。目前长江中游地区有很多城市的信息化建设几乎是零起步，这不可怕，但最可怕的是每个城市、每个小城镇都建设自己的城镇信息化平台，比如开发各自的办公自动化系统、财务管理系统、医院管理系统。如果长江中游城市群建立一个城镇信息化的云，把各种应用软件都传上云，各个政府机构可以根据自己的需求下载。这样，云服务产业也会得到发展，各地政府又节省了大量的资金和时间。

2．利用信息化解决城镇化发展中的难题

一是大力推进电子政务建设，提高城镇社会管理水平，创造良好的投资发展环境。各级政府应将电子政务系统建设和深入应用列入城镇行政管理体系建设的重要内容，建立统一的电子政务应用平台，推进政务公开、政务服务、网络问政的开展，通过网上审批服务系统、数字城管系统等应用，推进城市网格化管理，全面提高城市的社会服务和管理水平，为城镇发展创造良好的投资发展环境。

二是全面推进社区信息化管理，提高城市社会服务水平。要在城镇各个社区推动信息化管理系统的广泛应用，全面动态地掌握社会和居民最新信息，强化基层终端管理服务功能，为社会和谐稳定提供坚实的支撑。

三是应用物联网技术，提高城市交通管理水平。智能化交通管理系统与交通基础设施的共同建设，可以从根本上解决城市交通问题。而且在当下，智能交通管理系统建设与其他交通基础设施建设相比，性价比应该更高。

3．推进城镇化，为信息化打造载体

长江中游城市群要推进城镇化与信息化的良性互动。一方面，通过城镇化为信息化提供广阔的发展空间，使信息化在城镇里发挥作用，从而实现城镇信息化。另一方面，通过信息化提升和整合城镇功能，改善城镇产业、就业结构，提高城镇居民素质，使城镇化在信息中升华，从而实现信息城镇化。当前，信息基础设施建设要与城市基础设施建设并行发展，建设高速宽带传输网络，发展高速互联网；推进电信网、电视网和计算机网的三网融合；提高通信普遍服务水平；确保信息网络安全。

（六）新农村建设与城镇化相结合

新农村建设与城镇化不是对立的，而是统一的、相互促进的关系。推进城镇化不能就城镇论城镇，要与解决“三农”问题紧密结合；推进新农村建设，不是就农业论农业，就农村论农村。必须在统筹城乡发展的前提下，把推进新农村建设与促进城镇化紧密结合起来，充分发挥城市对新农村建设的带动作用和新农村建设对城镇化的促进作用，实现“四化同步”推进。

1．把推进农村新社区建设作为城镇化的新途径

通过建设农村新社区，为农民就地城镇化、就近城镇化提供机会，这应当是长江中游城市群城镇化的方向和关键所在。

一是引导农村人口集聚。采用集体土地置换、集体建设用地使用权流转、村庄撤并等办法，引导自然村及周边行政村的农村人口向农村新社区集聚。按照生产方便、生活宜居、环境优美，以及功能镇、中心村、一般村基础设施相互衔接的要求，统筹推进农村新社区给排水、供电、道路、信息、绿化及垃圾处理、污水处理等基础设施建设，全面改善村庄生态环境和人居环境。通过引导农村人口集聚，努力使城郊、平原地区农村新社区常住人口在3000人以上，山区、丘陵农村新社区常住人口在1500人以上。

二是优化公共服务体系。以村级办公场所、便民服务中心建设为载体，根据农村新社区发展方向与带动范围，结合农民群众需求，统筹建设农村新社区综合服务中心，建立功能齐全的村务活动室、劳动保障服务室、卫生室、老年服务场所、警务室、文化活动场所、广播室、体育健身场所、连锁超市、幼儿园以及“数字兴农工程”和党员活动室（远程教育站）等公共服务场所。引导基层供销社等在农村新社区设立集商品经营、农资供应、农产品收购、农技推广等便民服务功能于一体的基层综合服务社。引导金融机构、电信、电力、邮政、交通运输等部门结合基层综合服务社建设，在农村新社区设立服务站点。

2. 把农村产权制度改革作为推进城镇化的动力之一

借鉴成都、苏州等地的经验，城镇化的文章要从农村做起，积极开展农村产权制度改革。实施农村土地承包经营权、林权、农村住房与宅基地使用权等农村资产的确权登记，实现农村资源资产化、资产资本化、资本股份化、股份市场化，允许其向金融机构抵押融资，按市场规则自由流转。此举可将目前农村“死物”变成活的资本，减轻农民对土地作为最终保障的依赖，实现农民“带资进城”。武汉市的农村产权交易所在习近平总书记视察湖北时受到肯定。下一步，还可选择农业大市和农村劳动力输出大市开展试点。

3. 把农民的培训教育作为推进城镇化的核心内容

农民到城镇能干什么、能否在城镇就业，主要取决于农民自身的素质高低。充分重视农民素质的提高，尤其加强对农村青少年的教育，是建设新农村的迫切需要，也关乎城镇化的水平、农业的持续发展。在推进城镇化过程中，不仅要加强城镇的基础设施建设，提高城镇容纳新市民的能力，而且要强化对“潜在”市民的技能培训，使他们具有脱离土地进城谋生的实际本领。政府要把农民的教育培训作为重要公共产品，积极整合各种教育资源，扩大农村劳动力培训“阳光工程”规模，不断提高农村职业教育质量，增强农民转产转岗就业能力，培养造就有文化、懂技术、会经营的新型农民。

（七）国有企业改革与城镇化建设筹资相结合

盘活国有企业资产，使国有资产资本化，再将其投入城镇化建设和发展，是一条值得探索的新路。

从进一步深化国企改革的角度来考察，现在相当一部分国企市场竞争力不够，税收、就业等社会贡献不明显，理应在“不求所有，但求所在”的原则下主动进行国有资产形态调整，其核心是将国有企业工业性资产转变为金融性资产，将存量资产转换为现金资产。这不仅不会改变国有资产的性质，反而有利于国有资产保值增值，获得比其原来经营方式更高的经济社会效益。所改变的，只是国有资产存在的具体形态而已。

政府可以用变现的国有资产设立城镇化发展基金，也可用来设立战略性新兴产业发展基金等其他产业基金，实现政府的经济目标。我们估计，长江中游城市群约有13000亿元的存量国有经营性净资产。可以通过15年左右的时间逐步退出，盘活现有国有资产，撬动社会资本。通过成立城镇化发展基金，更好地为长江中游城市群经济发展服务。长江中游城市群的国有企业，涉及领域包括金融与担保、投资、工业制造、技术服务、商贸流通、建筑施工、产权交易及招标服务等，其中工业制造、技术服务、商贸流通、建筑施工等非战略性产业可以完全退出，其他行业可以部分有序地退出。如果处理得好，按照1∶4到1∶8的杠杆比例，约13000亿元的存量资产完全可以变为5万亿～10万亿元的现金资产，这部分资产完全可以用来设立城镇化发展基金。

变现国有资产的具体方式有以下三种：一是整体出让。对于效益不佳，而且在战略上准备退出的行业，可以考虑整体打包处理，变现盘活现有国有资产。出让所得收益可设立城镇化发展基金，投入城镇化建设需要的领域。二是出让部分股权，引入战略投资者。对于现阶段部分不宜整体出让的国有资产，可通过公开招标或者产权交易的方式，出让部分股权，在不改变控股权的前提下，引入战略投资者，降低国有股比例，将转让部分的资金用来充实城镇化发展基金。三是合资经营。通过出让部分股权，引入外国资本，吸收国际先进管理经验和管理人才，提高企业效率，实现国有资产的保值增值。将转让所得充实城镇化发展基金，以增加其资本金和扩大现金流。①

通过这些途径，变现盘活现有国有资产，出让所得收益可以投入城镇化建设需要的领域，为城镇化开辟一条来源更广、支持力更强、更具“造血”功能的融资渠道。

参考文献

秦尊文：《第四增长极：崛起的长江中游城市群》，社会科学文献出版社，2012。

魏后凯、成艾华：《携手共同打造中国经济发展第四极——长江中游城市群发展战略研究》，《江汉论坛》2012 年第 4 期。

陈丽媛：《加快长江中游城市群发展——长江论坛会议综述》，《江汉论坛》2015 年第 6 期。

李璐颖：《城市化率 50% 的拐点迷局——典型国家快速城市化阶段发展特征的比较研究》，《城市规划学刊》2013 年第 3 期。

朱俊成：《基于共生理论的区域多中心协同发展研究》，《经济地理》2010 年第8 期。

国务院：《国家新型城镇化综合试点方案》，2015。

① 林放、秦尊文等：《新型城镇化建设与国有企业资产变现——兼谈建立宏观调控的第三手段》，《湖北社会科学》2013 年第 11 期。

专　题　篇

BLUE BOOK

Special Reports

B.2
武汉城市圈城镇化发展现状、问题与对策

路洪卫*

摘　要：武汉城市圈自2007年底获批全国“两型社会”试验区以后，其改革、建设及城镇化发展取得了明显成效，为全国生态文明理念下城镇化的发展起到了先行先试的示范作用。在经济“新常态”下，新型城镇化需要新理念、新思维、新突破，武汉城市圈应深入探索，走大中小城市和小城镇协调发展的城镇化道路。

关键词：武汉城市圈　新型城镇化　就近城镇化

* 路洪卫，湖北省社会科学院财贸研究所副所长，长江中游城市群研究中心副主任，副研究员，硕士生导师。

武汉城市圈包括武汉及黄石、鄂州、黄冈、孝感、咸宁、仙桃、天门、潜江。自2002年武汉市发起组建以来，武汉城市圈在城镇化发展方面，已是湖北省乃至中部地区的发动机。近年来，武汉城市圈城镇化成效比较明显，在长江经济带和长江中游城市群建设的大背景下，应抓住机遇，加快发展。

一 武汉城市圈城镇化发展成效

武汉城市圈在推进城镇化进程中，取得了以下八个方面的成效。

（一）城镇布局明显优化

从城镇化整体水平看，自获批全国“两型社会”试验区以来，武汉城市圈城镇化水平快速提升。2007年武汉城市圈常住人口为2988万人，城镇化水平为46.8%，比全国平均水平高1.8个百分点。2014年武汉城市圈常住人口为3087.1万人，比2007年增加99万人；城镇化水平为59.9%，比2007年提高13.1个百分点，比全国平均水平高5.1个百分点。国际上一般将城镇化进程分为三个阶段：城镇化率在30%以下为初级阶段，在30%～70%为中级阶段，在70%以上为高级阶段。武汉城市圈根据这一标准划分，武汉市进入城镇化高级阶段，其他城市处于中级阶段。

表1 2014年武汉城市圈各城市城镇化水平

城市	土地面积（平方千米）	常住人口（万人）	人口密度（人/平方千米）	城镇化率（%）
武汉市	8494	1033.8	1217	79.36
黄石市	4583	244.92	534	60.55
鄂州市	1594	105.88	664	63.58
孝感市	8910	486.13	546	52.25
黄冈市	17446	626.25	359	42.1
咸宁市	9861	248.92	252	48.68
仙桃市	2538	116.6	459	53.25
潜江市	2004	95.44	476	52.2
天门市	2622	129.16	493	49.23
合　计	58052	3087.1	532	59.9

与此同时，城镇体系结构布局和空间布局明显优化。在武汉城市圈范围内，副省级市、地级市、直管市、县级市和建制镇一应俱全，平均每万平方千米有城镇70个，分布密度是湖北省平均密度的1.6倍。近年来，随着国家长江经济带及长江中游城市群战略、新型城镇化的实施，以及高铁时代、城际铁路的全面到来，武汉城市圈城镇发展空间得到进一步拓展，沿江城镇带和沿高铁及城际铁路城镇带发展迅速，城镇空间布局得到进一步优化。武汉城市圈根据资源环境承载力和未来发展潜力，优化产业布局，形成了高效、协调、可持续的国土空间开发格局，引导和推动了人口和经济向长江、汉江、铁路、公路沿线等生态承载力较强的地带集聚。2015年，武汉市、孝感市、仙桃市三个城市入选国家新型城镇化综合试点。

（二）中心城区正在做强做大

武汉城市圈各市均以中心城区为龙头推进市域城镇化，取得了重大进展。

武汉努力创建国家中心城市，城市功能得到进一步完善。武汉以中心城区为龙头，以东西湖、江夏、黄陂、新洲、蔡甸、汉南6个新城为支撑，全力构建“1+6”城市空间格局。武汉绿色化、网络化、集约化推进新型城镇化。为防止城市无序蔓延，武汉市创新性地提出了“两线三区”（城市增长边界线、生态底线、集中发展区、生态发展区、生态底线区）的空间管制模式，严格控制城市增长边界和生态底线。武汉对外打造“祖国的立交桥”，对内打造“地铁城市”，新城城镇化硬件支撑不断完善。目前，以武汉为中心的“米”字形高铁网形成；中部航空枢纽正在抓紧打造；武汉长江中游航运中心建设全面展开，阳逻港集装箱吞吐量首次突破百万标箱，迈入世界内河集装箱港口第一方阵；轨道交通1号线、2号线、4号线相继建成并投入运营，全国首条穿越长江的地铁在武汉诞生。武汉全力推进建设用地集约节约利用，实施优惠政策引导旧村、旧厂、旧城改造，引导城市内涵式发展。

省十次党代会报告支持黄石实施“大产业、大园区、大城市”战略。

黄石市委、市政府全力建设鄂东特大城市，在前些年越过黄荆山的基础上，在实现了从沿江时代向环磁湖时代转变的基础上，全力推进从环磁湖时代向环大冶湖时代的跨越。规划分三步走：第一步，推进2平方千米的核心区建设；第二步，在大冶湖区域规划建设一座450平方千米的生态新城；第三步，以大冶湖生态新区为龙头，带动大冶、阳新等县市及重点镇发展，最终实现黄石全域同城化。

潜江市实施“四城”同建策略。按照李鸿忠书记提出的“坚持老城、新城、油城、家具城‘四城’同建”的要求，拓展城市规模，提升城市功能。完成了一大批城市基础设施建设，不断改造提升老城区城市功能。通过市场运作方式，推进迁村腾地、农民公寓、主干道路等基础设施建设，加快35平方千米城市新区建设，打造现代、生态、宜居新城。促进油田与地方经济社会的融合，加速产城融合，改造提升油城。大力发展产业城，加快打造形成20平方千米的华中家具产业园、6平方千米的食品加工园和2平方千米的高新技术产业园。通过“四城同建”，加快形成总面积84.5平方千米、人口超过70万人的大城市框架。

天门市构建现代服务业带动城镇化模式，建设“三大商业中心”（东湖商业中心、天门中央商务区、世贸中心），以及“三大城市综合体”（天门新城、世纪城、汇侨城），城市商居功能不断提升。

广水市加快应山城区东扩和广水城区西进，并通过中间的十里街道办事处连接，形成“双城并举、一体双翼”的发展格局，逐步向中等城市规模迈进。

（三）“以产兴城、依城促产”全面铺开

产业发展是城镇建设和发展的物质基础，没有产业支撑，城镇化就成为无源之水、无本之木。武汉市实施新城区规划“顶层设计”，按照“独立成市”理念和城乡统筹的要求，印发了《关于做好全市新城区城镇体系规划编制工作的通知》，各新城区启动了推进城镇化的“顶层设计”工作，推动6个新城区各规划建设一座中等城市规模的现代化新城。

黄石市大力推进新型工业化和农业产业化，增强城镇实力。大冶市进入县域经济全国百强，为湖北省填补连续多年的空缺；全省百强乡镇排名，大冶市下辖的乡镇包揽前三名。环大冶湖新区开始建设，为黄石城镇化打造了新引擎。

鄂州市从 2008 年起，连续 5 年市区镇三级每年筹资 6000 万元支持特色镇完善功能配套，加快培育小城镇主导产业，形成了燕矶镇金刚石刀具、长港镇都市农业、梁子镇旅游休闲、汀祖镇矿产冶金等各具特色的乡镇产业集群。

孝感市坚持“产城融合、双轮驱动”，依托纺织工业发展纺织名镇——汉川市马口镇，依托温泉旅游业发展旅游名镇——应城市汤池镇，依托红色旅游业发展大悟县宣化店镇。

潜江市坚持把工业园区当作产业新城来打造，按照城市建设标准，加快工业园区生产生活设施建设，完善功能服务配套，推进产业兴城，加快华中家具产业园建设，努力打造中国家具产业“第五极”；以潜江经济开发区、江汉盐化工业园、油田矿区为载体，打造“循环化工走廊”，努力争创国家新型工业化产业示范基地，形成城区与产业园区互动支撑、共同发展的局面。

仙桃市积极打造精品乡镇，涌现了彭场无纺布、胡场机械加工、三伏潭禽业、西流河化工等一批特色乡镇工业小区，形成了镇域经济发展的“雁群效应”，破解了乡镇发展的瓶颈，有效地缓解了农村剩余劳动力转移的压力。

（四）生态文明理念融入城镇化建设

武汉城市圈既有良好的山水资源和得天独厚的自然禀赋，也有城镇化建设“扩容提质”给“两型社会”建设带来的严峻挑战。各市不断探索城镇化健康发展道路，把环境保护和生态建设放在优先位置，努力践行生态文明理念，并将其贯穿于城镇化道路全过程。

武汉市确定六大“绿楔”作为武汉生态框架的重要组成部分，即后官湖生态绿楔、府河生态绿楔、武湖生态绿楔、大东湖生态绿楔、汤逊湖生态绿楔、青菱湖生态绿楔，它们从不同方向“楔”入主城区，不仅起到了分隔市郊六大新城组群的作用，而且成为城市源源供应新鲜氧气的重要“风道”。花山生态新城的发展方式被誉为“花山模式”，作为低碳城镇化的样板在全省推广。

黄石市突出生态、彰显特色理念，中心城区规划按照“矿冶名城、山水黄石”的城市定位，充分发挥江湖共生、山水辉映的自然禀赋优势，积极打造山城相融、城水相交、显山露水的山水宜居城市与生态型矿冶新城，小城镇规划依托区位交通、特色产业、历史文化和旅游资源，积极打造产业支撑型、文化旅游型、生活宜居型等不同特色、不同风格的个性化城镇。

咸宁市在武汉城市圈建设之初，就被定为大武汉的“后花园”，早在2004年就提出要建设生态城市。作为全省经济格局中的后发板块，在奋力推进城镇化、跨越工业化鸿沟的进程中，咸宁市坚持生态优先、环境先导，在产业发展上突出绿色、生态、循环，打造低碳城市。努力建设“香城泉都”，旅游业迅猛发展，城市面貌焕然一新。咸宁荣获中国人居环境范例奖、全国最适宜人居城市、中国魅力之城、中国温泉之城、中国十大最具成长创新型城市、首批全国旅游标准化城市等荣誉称号。

黄冈市加强环境保护和生态建设。严格落实节能减排目标责任制，大力实施重点节能减排工程，确保完成省定各项目标任务。坚持调结构、控增量、减存量、提质量，严格审查涉及重金属排放、“两高一资”和产能过剩的行业项目，加强污水和垃圾处理设施建设，加快重点企业环保设施升级改造。稳步推进低碳试点，全面实施清洁水源、清洁空气、清洁土壤三大行动，在武汉城市圈率先推行“河湖库长制”，得到了省环保厅和有关部门的高度肯定。

京山县以生态为本，以文化为魂，因地制宜地打造山水园林县城，走出了一条自然生态型、文化保护型、资源节约型、环境友好型的建设新路，2012年荣获“国家园林城市”称号。

（五）以“全域规划”推动城镇化

鄂州市把城市和农村作为一个有机整体一体推进，构建全域1596平方千米的城乡空间架构和格局，即以主城区为龙头、以葛店开发区及鄂城临空新区等八个沿江滨湖新区为支撑、以特色镇为链接、以新社区为基础的“四位一体”新型城镇体系，强力推动城市交通、供水、供电、信息、供气、市场等基础设施向农村延伸，促进城乡空间融合、功能互补、资源共享。

孝感市按照“全域孝感”要求，把全市8910平方千米作为一个整体进行统筹规划。按照设施配套、生活便利的原则，加快城镇给排水等“六张网”向周边延伸，教育、卫生、社保、文体等“六张网”向农村覆盖。

咸宁市对所有镇和500多个村进行统一规划。以村容村貌整治为突破口，不断优化农村环境，不断改变农村面貌。通过改路、改水、改厕、改厨、改圈，以及通路、通电、通水、通沼气、通信息等“五改五通”，解决农民出行难、吃水难等问题；通过开展“乡村清洁”工程，即每个自然湾建一个垃圾池，定一名卫生保洁园，配一部垃圾清运车，建立乡村环卫的长效机制。

仙桃市进行了彭场镇等4个“镇级市”和沔城镇等13个重点镇、特色镇的控制总体规划修编或控制性详细规划、修建性详细规划编制工作；同时加快500个中心村（社区）的规划编制，修编完成建设规划、整治规划或修建性详细规划，实现规划编制的全覆盖。

洪湖市编制了全域规划，积极构建一个中心城市、两个副中心城镇，以及包括小城镇和新农村集中居住社区的新型城镇化体系，大力培育中心镇和特色镇，增强产业集聚力和辐射力，使其成为接纳农村人口转移的重要节点。

（六）跨区域合作方兴未艾

武汉城市圈各地在城镇化发展进程中，改变了过去一些城市孤立发展、单独发展、分割发展的格局，城市间加强合作，共同推进城镇化。

武汉市与洪湖市合作共建新滩工业园。2012 年 1 月，武汉经济技术开发区与洪湖市人民政府签订合作协议，将新滩工业园从原定的 12 平方千米扩大为近 60 平方千米，主要建设汽车产业园、医药化工产业园、森工产业园、服装工业园和综合配套区，主要配套武汉开发区产业发展。

孝感市坚持“依托武汉、服务武汉、融入武汉、发展孝感”，全面推进汉孝基础设施、产业发展、区域市场、城乡建设、环境保护“五个一体化”建设，城东新区建设步伐加快，临空经济区基础设施建设有序展开，区域性大城市框架逐步拉开。

鄂州市坚持“同城化引领”战略。在主城区，开展与黄冈主城区的同城化发展；在西部地区，葛店开发区与武汉东湖高新区、梧桐湖新区与梁子湖武汉区域、三江港区与武汉新港都成为对接武汉的重要节点；在东部地区，加快花湖开发区等与黄石主城区的融合。

黄冈市大力建设跨区域合作示范区。把黄梅小池、武穴田镇、蕲春蕲州、浠水散花作为黄冈城镇化重心，彰显临江四城战略支点地位，积极推动小池与九江开展跨江跨区合作，田镇与大法寺镇、武穴城区开展城市组团合作，蕲州与八里湖镇、漕河镇开展镇际合作，散花与黄石、鄂州开展市际合作。作为革命老区，黄冈城镇化发展长期滞后，通过狠抓对内对外开放，2014 年其城镇化率为 42.1%，比 2010 年提高了近 9 个百分点。

天门市与仙桃市合作建设天门工业园。该园前身为成立于 2005 年的天门仙北工业园，2010 年初更为现名，位于天门、仙桃、汉川三市交界处，是天门市的“东南大门”。园区交通区位优势明显，紧临汉宜高速公路，汉宜高速铁路横贯园区，并在园区内设立二级客运站点和货运编组站。天门工业园利用区位条件，携手仙桃承接武汉转移项目，以天门、仙桃两市的优势产业为基础，以产业配套和集聚为目的，大力发展食品加工、无纺布、医用卫材产业。到 2014 年末，园区实现工业总产值 64 亿元。

（七）户籍改革逐步推进

2011 年 3 月，武汉《居住证管理暂行办法》正式实施，开始受理人员登记。在武汉实施了十多年的外来人口暂住证制度退出历史舞台，与上海、成都等一起成为全国率先全面实施居住证制度的城市之一。

黄石、鄂州、潜江等城市相继出台了一系列政策和措施，促进农村人口在居住、就业、教育、社保、医疗、基础设施等方面逐步享受与城市人口同样的待遇。这些政策和措施的贯彻实施，促进了人口在城乡间的有序流动。农村人口进入城镇的限制和不公平待遇逐步消除，城镇社会经济的发展对农村人口的吸引力加大，使人口城镇化水平明显提高，城乡结构不断优化。

（八）创新城镇化行政管理机制

一方面，全力推进“扩权强镇”。黄冈市黄梅县积极推进小池行政管理体制改革，实行镇区合一的管理模式；最大限度地下放事权，建立高效灵活的新区运行机制。天门市在岳口开展试点，逐步赋予中心镇部分县市级经济社会管理权限，给予镇政府规划、土地、城管、行政审批、公共财政等部分自主权，以及农村科技、就业和社会保障、公共医疗卫生等公共服务职能。仙桃市彭场镇创新镇级行政管理体制，成立了城管综合彭场执法大队，质监站、安监站、消防站已由市直部门派驻专人，市级管理职能实现了向下延伸；财政实行新的分成体制，将镇级一般预算收入增加激励性转移留成比例由50%提高到70%。

另一方面，创新社区管理体制。如潜江市近年来以“数字潜江”为依托，组织并完善市政府门户网站群系统，建成了社会管理综合信息平台，实现了公安、工商、民政、人社、卫生、房管等信息资源的整合共享，大力推进城市社区网格化建设。市网格化管理中心依托市地理电子信息系统，将潜江城区共26个村、居委会划分成126个网格，每个网格配备一名网格员，网格员入户采集的人口、房屋基础信息和上报的事件都会源源不断地被汇集并处理。以人口需求为指挥棒，主动提供服务，增强公众幸福感；以网格员为纽带，加大基层联动管理力度，使社会管理重心下沉，受到老百姓的欢迎。

二　存在的主要问题

武汉城市圈城镇化在取得成绩的同时，也存在一些问题需要认真分析、研究解决。

（一）产业支撑不强

城镇化的过程实质上是城市为农村劳动力转移创造就业岗位的过程。脱离了产业支撑，城镇化只会成为一句空话。虽然各市已形成一些支柱产业和骨干企业，但除武汉市以外，大部分地市经济发展水平不高，缺乏有竞争优势的产业集群，服务业发展层次较低、发展滞后，支撑城镇化的产业基础不牢，城镇吸纳农业转移人口就业作用不强。常住人口和户籍人口相比，除武汉净流入200多万人外，其他八市全部为净流出，净流出320多万人。小城镇既是城乡之间的纽带和桥梁，又是大中城市发展的基地，是推进城镇化的重要载体。目前，武汉城市圈有城镇400多个，大中城市数量少，小城镇数量多。县城规模一般在10万~20万人，90%的建制镇少于3万人。而专家认为，小城镇较合理的经济规模是常住人口在5万人以上。过小的城镇规模，城镇基础设施不能满足城镇发展的基本需求，难以发挥产业集聚、人口集中的作用，难以有效带动农村经济和农业现代化的发展。

（二）城镇发展联动功能不足

武汉城市圈部分城市在城市格局的规划和建设上比较“大气”，具有一定的超前性，这有利于长远发展和整体建设。但部分城市存在铺摊子、摊大饼现象，在产业发展、基础设施建设、楼宇建造等方面节约集约程度不高。一些城市的软件建设显得滞后，交通拥堵、环境污染等“城市病”逐渐出现，城市管理水平有待提升。

武汉城市圈各城市形成了比较完备的功能体系，自我发展和调节的能力较强，这有利于提高综合服务水平和应急处置能力；但在“大而全、小而全”的模式下，一些城市与周边城镇的协调互动不足，优势互补、联动发展的潜力没有充分发挥；与周边农村的联系互动不够，以城带乡、共同发展的功能没有充分发挥，难以实现优势互补、联动发展。

在交通、社保、通信等一体化的重要考量因素上，武汉城市圈与先行城市群都有不小差距，这也是调研中各市集中反映的问题。城市圈城际铁路、城市圈环线高速公路建设步伐亟待提速。江汉平原货运铁路应尽早推动。与武汉城市圈同时获批的长株潭城市群通信设施早已实现同城化，武汉城市圈通信同城化尚需实质性推进。

（三）农民市民化仍存在诸多障碍

城镇化建设是一个全面的、系统的、复杂的工程，涉及户籍管理、劳动就业、社会保障、子女入学、土地流转等各个方面，但目前全国和全省层面的配套政策不够完善，鼓励和激励的政策较少。以户籍制度为例，名义上2004年湖北省就取消了城镇居民与农村居民的区别，但实际上还是有很大壁垒。社会保障实现市级统筹都很困难，更不用说省级统筹、全国统筹。

现行教育、医疗、卫生、社保、住房等方面的城乡差别依然存在，给农民市民化造成了诸多障碍。目前，基本公共服务全面惠及农村进城人口的制度体系没有真正建立，农民工及其家属在就业、教育、医疗卫生、社会保障、保障性住房等方面与城镇户籍居民待遇相差甚远。地方政府缺乏为农民工提供公共服务的相应财力，中央财政缺乏相应的支持激励政策。在当前的财政体制、社保体制、医疗体制、教育体制、户籍制度等改革没有完全到位的情况下，大量的流动人口带来的财政、就业、公共管理等方面的困难和问题更为突出。

（四）对农民权益重视不够

在武汉城市圈广大农村，人口大量外出谋生，其结果是农村紧迫需要的资金、人才、知识和市场需求大量向城市集中，造成农村发展的“空心化”。在城镇化、工业化和现代化迅速发展过程中，农村文化和农业文明受到了巨大的冲击，一些地方大搞迁村腾地，一些农民“被上楼”，原有农村人文景观、自然风貌、文化传统、生活习惯以及道德观念正在急剧改变。在武汉城市圈快速城镇化过程中，如何保护和传承优秀的农村文化和璀璨的农业文明，也是当前城镇化和农村发展面临的急迫问题。

（五）城镇化发展投融资困难

城市建设的资金需求日益提高，但是武汉城市圈各城市财力不足，投融资功能还较弱，制约着城镇化的发展。由于货币政策逐步收紧和财政增收困难，各市推进城镇化的资金缺口越来越大。而根据城镇化的一般规律，武汉周边 8 市处在城镇化中级阶段，该阶段是最需要政府投入资金的时期。

从实践来看，武汉城市圈城镇化发展中存在的上述困难和问题，具有一定的普遍性。尤其是城镇化发展中面临的一些体制机制、理念问题，在我国城镇化发展中具有共性。当前，从武汉城市圈看，经济社会发展进入一个新时期，城镇化发展也进入新阶段，必须直面当前的问题，立足经济和社会的需求，更新观念，转变方式，促进城镇化健康发展。

三　着手解决武汉城市圈城镇化的重大问题

（一）通信尽快同城化问题

这是武汉周边 8 市反映最为强烈的问题。武汉城市圈自 2007 年获批全国“两型社会”试验区以来，一直宣称要推进通信一体化，但到现在仍未取得实际进展，不利于降低圈内的生产、生活成本，在圈内广受诟病。

目前，很多地区以实施跨行政区通信一体化为抓手加速推进区域一体化，已经为我们做出了示范，技术上不存在任何困难。2006 年 9 月 16 日，西安、咸阳两市实现了通信并网共用“029”区号；2009 年 6 月 28 日，长株潭成功实施了升位并网工程，三市电信固定电话同时升至 8 位，区号统一为“0731”；2010 年 8 月 28 日，沈阳、抚顺、铁岭 3 个城市实现升位并网，共用“024”区号；2012 年 9 月 24 日，广东广佛肇三市通过资费、服务、网络一体化的方式，实现区域通信一体化；2013 年 10 月 26 日，开封固定本地电话升至 8 位，并入郑州市固话网络。此外，宣布推动通信一体化的地区有：山西省太原 - 晋中、贵州省贵阳 - 遵义 - 安顺、云南省滇中城市群、福建省厦漳泉大都市区。圈内城市间降低直至取消长途费和漫游费，将会大大降低商务和社会交流成本，缩小中心城市和中小城市的经济社会发展差距，更惠及人们的生产生活。

基于其他省份大力推动通信同城的实际进展和武汉城市圈干部群众对共用“027”区号的强烈期盼，解决武汉城市圈通信同城问题已没有回避的空间。建议学习湖南经验，由省委、省政府和相关部委协调，着力解决这一问题，以重塑城市圈一体化形象。

（二）交通一体化建设问题

武汉城市圈城镇密集区的形成和成长，很大程度上依赖于交通体系的完善，快速便捷、高效安全、互联互通的交通运输体系是实现城市密集区空间整合的基础。目前，武汉城市圈已初步形成了以武汉为中心、放射状的交通运输体系，但仍不能适应城市密集区发展对交通体系的快速便捷、网络化、综合性的要求。应大力加强城市密集区交通建设，构筑区域综合交通运输体系，以此来加强城市之间的经济交流，引导核心城市将一部分城市功能和产业分散到近郊、远郊以及周边城市，促进周边中小城镇承担核心城市一部分功能，推进武汉城市圈城镇化进程。

武汉城市圈交通体系建设，应进一步加强各地之间的综合协调，在交通设施的布局、走向、等级标准和建设时序等方面协调配合。在铁路方面，进一步加快武汉城市圈城际铁路建设步伐，实现城际交通“公交化”。在公路方面，重点建设连接区域内大中城市、主要港口、机场的高等级公路，重视快速与常速交通线路的衔接与分工。在加强轨道、公路网络化建设的同时，充分挖掘水运、港口和航空潜力，推动区内各机场、港口间的分工协作。进一步优化区域交通系统，建立各种运输方式联运的、快速高效的综合交通运输网络。加强交通枢纽建设，在黄石等地建设一批次级交通枢纽或地方交通中心，进行分工与协作，实现区域交通运输网从“单中心放射式”向“多中心网络式”的转变。同时要以构建大交通为目标，通过铁路、航空、港口、国家主干道以及交通枢纽的建设，加强武汉城市圈与长株潭城市群、鄱阳湖生态经济区、皖江经济带等之间的交通运输联系，形成便捷的现代化对外交通运输网络。

（三）产业一体化发展问题

推进武汉城市圈新型城镇化，须进一步优化产业布局，促进人口的集聚和产业的布局协调。2007 年底获批全国“两型社会”试验区之后，武汉城市圈按照圈域产业布局一体化要求，以园区、开发区为依托，以大企业为龙头，以中小企业配套为支撑，产业一体化取得了较大成效，武汉市的辐射作用得到了一定程度的发挥。但是，周边 8 市普遍对此不满意，认为武汉市的带动作用不够，甚至有与其抢项目、争利益的情况存在。目前，武汉城市圈产业一体化滞后于交通基础设施一体化、区域市场一体化及社会事业一体化。在社会事业一体化方面，省政府推动构建了武汉城市圈科技、教育、文化、卫生、劳动保障、体育等方面 9 个联合体，进行资源整合及联动共享，成效比较明显，深受群众欢迎。

武汉城市圈的产业一体化，关键在于武汉与 8 市的“垂直分工”，即武汉的产业结构要高一些，与 8 市应当形成“垂直”关系，而不是“水平”关系。与长株潭城市群的情况不同，长沙、株洲、湘潭三市产业基本上是“水平”关系，而武汉对周边城市来说产业优势非常明显。武汉要当国家中心城市、建设国际化大都市，应有相应的风范。这一点，武汉应该学习上海。1995 年前后，上海主动让 50 万纺织女工转岗，将纺织产业的发展机会让给周边地区。通过实施“让开两厢，占领中央”的战略，上海高新技术产业和现代服务业上了一个新的层次，同时与周边产业一体化程度进一步加深，区域关系更加协调。

建立健全利益分成机制，对于武汉周边城市企业将总部迁往武汉，或者武汉将一般制造业企业迁往周边城市，应考虑通过财税分配杠杆对产业迁出地给予一定利益补偿，推进城市圈的产业一体化。对于此，具体有五种联动模式：一是“总－分”联动模式，即总部在武汉，分厂、基地在周边；二是“主－辅”联动模式，即主业在武汉，辅助配套业在周边；三是“上－下”联动模式，即产业上游在武汉，产业下游在周边，包括研发、“孵化”在中心城市、产业化成长在周边这种形态；四是“资－地”联动模式，即武汉出资金，周边城市出土地进行产业开发，这在旅游业和高新技术产业方面有很大运用空间；五是“区－园”联动模式，依托武汉的国家级开发区，在周边地区设立工业园，形成跨行政区域的“一区多园”格局。

总之，武汉城市圈的产业一体化，要强化武汉龙头作用，形成圈域内合理的产业发展梯度，明确各市产业发展重点，武汉市以发展现代服务、高技术、先进制造、总部经济等高端产业为主，将纺织服装、食品饮料、化工、建材等传统产业和石化中下游产业逐步向周边城市扩散延伸；武汉周边城市发挥比较优势，突出特色，实现差异发展，形成各自的优势产业。

（四）生态文明一体化问题

武汉城市圈人口、产业和城镇密集，对生态环境干扰大，生态环境问题涉及范围广、影响大，新型城镇化必须走生态文明建设的道路，如果缺乏了生态文明原则，城镇化就只能是旧的城镇化，会遭到人民的反对，并将带来更为严重的社会问题。如果各城市不注意处理好生态环境问题，会导致城市之间的相互污染和整个区域生态环境质量的下降。这一问题在我国东部地区城市群已经表现得十分明显。随着人口、产业的进一步集聚，加强生态环境保护、合理利用资源，对保证武汉城市圈新型城镇化进程尤为重要。

在加强武汉城市圈生态环境保护规划的基础上，强化区域生态环境的统一管理，联合对区域性环境污染问题进行综合治理，共同保护区域水环境和大气环境。加强流域水环境综合防治，对区域水资源利用和水源地保护进行统筹规划和严格管理，抓紧治理污染严重的河流、湖泊，明确规定区域内各主要河流在各地出境时应达到的水质标准。实施大气污染物排放总量控制以及重点城市的大气污染物排放量控制计划，加大产业结构调整力度，优化能源结构，改进资源利用方式，推广先进的除尘、除烟气等环保技术，遏制大气环境质量下降的趋势，逐步改善区域大气环境质量。加大对城市环境的综合治理力度，加快城市污水和垃圾无害化处理设施建设，控制污染企业的规模和布局，关停污染严重的工矿企业，实现达标排放，减少城市污染物排放总量。

从武汉城市圈自身条件出发，因地制宜，建设和保护绿色开敞空间系统，大力保护生态敏感区，严格控制各城镇沿交通走廊的无限扩展，保证城镇间以农业景观为主的绿色空间和开敞空间的存在，切实保护各城市间必要的绿色间隔。大力保护水源地、水源涵养区、河流、湿地、自然保护区，阻止城市无序蔓延，防止城市居住环境的恶化。

（五）投融资平台建设问题

在推进城镇化进程中，要创新机制，搭建更多投融资平台，拓宽资金筹措渠道。

一是现有投资平台可以跨区域经营。2007 年底获批“两型社会”建设综合配套改革试验区后，为了更好地服务于试验区的投融资，大型国有控股企业——湖北省联合发展投资集团有限公司于 2008 年 7 月正式成立。该公司为武汉城市圈交通一体化以及城镇化发展做出了贡献。但是，仅有一个投融资平台是不够的，现有的省级投融资平台，如鄂西生态文化旅游圈投资有限公司、湖北省长江产业投资集团有限公司、湖北省交通投资集团有限公司、湖北省联合发展投资集团有限公司也可以积极参与武汉城市圈城镇化建设。

二是通过整合和盘活城镇土地资源，统筹运作交通、园林、公用设施等基础设施和城市公共空间、广告权、行业特许经营权等无形资产，依法通过产权出让、经营权转让、拍卖、冠名等方式经营城镇，为加快推进城镇化积累资本。

三是要充分利用国家各项政策，积极争取国家项目资金支持。结合

“山区库区移民”“地质灾害移民”“农村危房改造”“棚户区改造”“新农村建设”，以及环保、水利、交通设施建设等资金，捆绑使用，筹措城镇化所需资金。

四是鼓励金融信贷支持城乡基础设施和公共服务设施建设，通过商业银行贷款、国际金融组织贷款、发行企业债券、采用 BT 模式等，进行城镇基础设施和公共服务设施建设。

（六）社会保障统筹问题

进一步完善武汉城市圈城乡社会保险体系和救助体系，加快推进城镇职工基本养老保险、失业保险、基本医疗保险的全覆盖，逐步提高城乡最低生活保障水平，加快新型农村合作医疗及医疗救助、新型农村社会养老保险、被征地农民基本养老保险、农村五保对象和城镇“三无”人员集中供养等制度建设，建立广覆盖、多层次、与经济发展水平相适应的城乡社会保障体系。学习鄂州经验，消除城乡居民身份界限，打破二元分割，社会保障不分城乡，不按身份，以缴费差异代替身份差别，建立开放式、多层次的社保政策体系，按照缴费与待遇挂钩的原则，开发多种产品，满足不同层次的需求，各层次实行可衔接转换、自由选择。

以鼓励引导农民向城镇转移为出发点，以养老、医疗、救助等保障为重点，推进新型农村合作医疗和城镇居民医保的对接，推进新型农村养老保险（失地农民养老保险、村干部养老保险）和城镇职工（居民）养老保险对接，推进农村低保与城镇居民低保对接。要加快探索医疗保险关系转移接续和异地结算、养老保险关系无障碍转移等制度建设，推进以社会保障“一卡通”建设为核心的信息化建设，争取在圈内、全省实行社会保障“一卡通”，实现“人人有卡、一卡多用、异地通用”，解决进城农民、异地居民的后顾之忧。

（七）理顺直管市体制机制问题

在实施省管县（市）过程中，试点县（市）无法完全行使地级市相关权限，不能够真正享受与地级市同等的待遇。应适应省直管县体制需要，理顺对三个市的部门管理体制机制，对仙桃、潜江、天门进一步落实省对市州下放的相应管理权限和待遇，消除阻碍三市经济发展的不平等现象。

积极争取人民银行、电力、海关等垂管部门的支持，给予直管市金融、电力、海关等的自主权，促进生产要素的合理高效配置。建议由省政府协调，争取对直管市支行视同或等同二级分行实行管理，并赋予直管市银行与设区市银行相同的权限。进一步理顺省直管市电力体制，省电力公司对三个直管市供电公司的电网规划、电网建设项目级投资计划、电力供应计划及需求管理实行直接下达，为省直管市城镇化发展奠定能源基础。争取在三个直管市设立一个海关办事处。

四　吁请中央支持武汉城市圈城镇化发展

推进武汉城市圈城镇化，除了自身努力尽快解决城市圈内部问题以外，还需要国家层面予以支持。

（一）建立“承接双转移”示范区

根据《全国主体功能区规划》，武汉城市圈属国家重点开发区域，承担着承接优化开发区域产业转移和限制开发区域人口转移的功能。呼吁国家在武汉城市圈建立“承接双转移”示范区，为全国特别是中西部地区城镇化探路。

一是支持武汉城市圈承接先进产业转移。紧紧抓住国际金融危机爆发以后国际资本和沿海产业加速向中西部转移的重大机遇，着力在搞好承接产业转移中加快发展，在加快发展中搞好承接；以结构调整为主线，以建立现代产业体系为目标，节约集约利用资源，发展循环经济，加强环境保护，着力在搞好承接中调整结构，在调整结构中搞好承接；以体制机制创新为动力，提高自主创新能力，着力改善投资环境，提升配套服务水平，着力在搞好承接中优化升级，在优化升级中搞好承接。

二是支持武汉城市圈吸引农民工回归创业就业。湖北省在沿海打工的农民工数量众多，大量农民工返回本地创业，可以有效地承接东部沿海地区产业转移，并成为农业转移人口市民化的主体。支持开发区、工业园区建立农民工创业园，开展技术创新，发展新型产业，推进产学研结合，逐步将科技成果转化为产品，转化为现实生产力。支持有条件的企业通过股份制改造吸纳大量返乡人员参股，通过新的项目实现新的创业。同时，大力发展对农民工的职业技能培训，通过不断提升农民工技能提高其收入水平，进而加速其市民化的进程。引导劳动力就近就地转移就业，促进产业和人口集聚，加快推进“四化同步”发展。

三是支持武汉城市圈在农业转移人口市民化上先行先试。现在中小城市和小城镇的户籍基本放开，但由于大多数聚集功能较弱，农民工落户意愿不强。而农民工愿意落户的省会和其他大城市，虽然产业承载能力和吸纳就业能力强，但受公共服务负担等多种因素影响，农业转移人口市民化步伐缓慢。由地方政府负担的农民工市民化的公共成本主要有：子女的义务教育支出（我国目前义务教育的大部分责任在地方政府），保障性住房支出（为外来务工人员提供公租房），以及社会保障费用（城镇职工基本养老保险、基本医疗保险和基本失业保险）等。建议中央财政根据各市财力情况予以适当的专项补助；对有稳定工作的农民工购商品房不限购；取消购房类似“最低消费”的限制，如达到 120 平方米或总价在 50 万元以上才允许落户等规定。

四是适当扩大武汉城市圈建设用地规模。武汉等市用地指标本来就很紧张，应优先考虑适当增加。探索实行城乡之间人地增减挂钩政策，城市建设用地的增加规模与吸纳农村人口进入城市定居的规模相挂钩；探索实行地区之间人地挂钩的政策，城市化地区建设用地的增加规模与吸纳外来人口定居的规模相挂钩。

（二）加大对武汉创新型城市的扶持力度

新型城镇化之所以强调“人的城镇化”，将核心定在解决“三个 1 亿人”的问题（2 亿多农民工融入城市，新增 1 亿农村剩余劳动力转移），就在于充分释放人口红利，不仅包括新增人口红利，而且在于将被禁锢的人口红利释放。这需要加大对武汉创新城市建设的支持力度。

努力增强自主创新能力。支持武汉东湖国家自主创新示范区和国家级高新区加快发展，扶持在武汉城市圈建立国家实验室、国家重点实验室，支持建设国家级企业技术中心、工程技术研究中心。鼓励高校院所的科技成果以股权投入和技术转让方式实施转化，成果完成人可享有该成果一定比例的股权，或从税后收益中提取一定比例作为科技成果完成人的报酬。

推进重大专项课题间接经费列支试点工作。对财政全额补助（高等院校）、省市财政部分补助、无财政补助（转制科研院所、企业等）的试点单位承担科技重大专项项目（课题）的，按照不超过直接费用扣除设备购置费后一定比例列支间接费用。

允许科技型企业加速研究开发仪器设备折旧。科技型企业用于研究开发的仪器和设备，未达到固定资产标准的，可一次或分次摊入管理费；达到固定资产标准的，可以依法缩短固定资产折旧年限或采取加速折旧的办法。

在国家规划内和年度计划规模内固定资产投资项目上予以倾斜，推进武汉城市圈产业结构战略性调整和优化升级，支持优先发展生物医药、新材料、航空航天、信息产业等，推进重大技术装备国产化，指导引进重大技术装备的消化创新，推进信息化和工业化融合，推进军民结合、寓军于民的武器装备科研生产体系建设。

大力推动知识产权质押贷款试点。鼓励各政策性银行、商业银行和其他金融机构开展知识产权质押业务试点。

健全资本退出机制。做好非上市股份公司进入代办股份转让系统（新三板）试点的准备工作。支持高新技术企业通过技术产权交易、代办系统、资本市场上市等方式实现投资的变现退出。

提高武汉城市圈的信息化水平。实施“光进铜退”“光纤到户”工程，加快推进三网融合、物联网、云计算等工程建设。

（三）支持老工业基地和资源枯竭型城市发展

建议国家加大对武汉、黄石老工业基地和潜江等资源枯竭型城市转型发展的扶持力度。

一是中央财政支持健全社会保障制度。在养老保险方面，继续完善社会统筹与个人账户相结合的企业职工基本养老保险制度，通过改革社保基金筹资模式，加大财政投入力度，多渠道积累足够的资金，弥补资金缺口，做实个人账户，保障退休人员的切身利益。在医疗保险方面，应当将覆盖面扩大到城镇各类劳动者，按照权利与义务相对应的原则，通过保险机制，壮大基金力量，切实做到基本医疗保障并逐步提高报销比例。在失业保险方面，扩大失业保险覆盖范围，合理确定失业保险待遇标准，改变目前待遇标准偏低的现状，切实保障失业人员及其家属的基本生活，以利于再就业和社会稳定。加快推进农村最低生活保障制度、养老保险制度建设，进一步完善新型农村合作医疗制度，适当提高农民大病报销比例。

二是支持发展先进制造业。对企业搬迁、改制给予土地和资金等支持，对其重大技术改造项目给予技改补助和税费优惠。加快推进输煤输电通道建设，增强能源保障能力。扩大对中小企业的税收优惠范围，充分利用加速折旧、放宽费用列支标准、投资抵免、延期纳税、提高增值税与营业税起征点、降低增值税小规模纳税人的征收率等多种形式，扶持企业发展。

三是支持中心城区“退二进三”，发展现代服务业。武汉中心城区由于工业发展时间久远，在工厂搬迁中发现程度不同地存在“毒地”，治理成本很高。由于中心城区人口密度大，“毒地”对人体的危害有的可能需要十年、数十年才会显现，治理迫在眉睫。建议中央扩大“毒地”治理范围，加大“毒地”治理支持力度。

B.3

环长株潭城市群新型城镇化跨越发展的路径与策略研究*

刘晓　曾群华　邓子纲**

摘　要：通过对环长株潭城市群新型城镇化发展现状的分析，本报告得出了环长株潭城市群新型城镇化发展存在人口城镇化滞后于土地城镇化、经济总量与人均占有量差距较大、城镇化水平地区差异明显、县域城镇化发展与市辖区差距较大四方面问题，分别从坚持以人为本、产城互动、创新驱动、生态文明、文化支撑，以及完善基础设施、优化空间格局、城市功能等方面，提出了环长株潭城市群新型城镇化跨越发展的推进路径和策略选择。

关键词：环长株潭城市群　新型城镇化

环长株潭城市群即以长沙、株洲、湘潭为核心城市，以一小时经济圈为半径，覆盖益阳、常德、衡阳、娄底、岳阳的城市聚集区。2014 年，长株潭核心区和环长株潭城市群面积分别占湖南省面积的 13.3% 和 45.6%，城镇人口分别占全省城镇总人口的 28.1% 和 66.6%，同时分别贡献了全省 43.04% 和

* 本文为2015年湖南省软科学重点项目“长株潭城市群主动融入‘一带一路’战略、加快开放发展的战略及对策研究”（项目编号：2015ZK2021），以及2015年湖南省社科基金重点项目“长株潭城市群积极融入长江中游城市群，共筑经济发展第四极的思路与对策研究”的阶段性成果。

** 刘晓，湖南省社会科学院助理研究员，博士，研究方向为城市经济、城市地理；曾群华，湖南省社会科学院助理研究员，博士，研究方向为城市群与区域经济发展；邓子纲，湖南省社会科学院工业经济研究所副所长，副研究员，中国社会科学院社会发展战略研究院博士后。

80.02%的 GDP。长株潭城市群成为全国首批“两型社会”建设综合配套改革试验区以来，奠定了其在湖南省经济发展中核心增长极的地位，同时也带动了环长株潭城市群其他5个省辖市的飞速发展，环长株潭城市群不仅成为湖南经济发展的龙头，而且成为长江中游城市群崛起的重要支撑力量。

一　环长株潭城市群新型城镇化发展的现状分析

（一）经济实力显著增强

2013年，环长株潭城市群生产总值达19656.81亿元，占全省的80.22%，是2006年的3.48倍（见表1），年均增长率达19.60%；全省城镇化率为47.96%，环长株潭城市群的城镇化率为51.67%，比全省平均水平高3.71个百分点；环长株潭人均GDP、城镇居民人均可支配收入、农村居民可支配收入分别为48388元、25011元、11438元，比全省平均水平分别高出11625元、1597元、3066元；规模以上工业总产值达26318.97亿元，比上年增长14.9%，比全省平均水平高出3.3个百分点；固定资产投资达13150.39亿元，占全省的72.54%，是2006年全省固定资产投资的4.06倍；社会消费品零售总额为6901.01元，占全省的76.52%，是2006年全省社会消费品零售总额的2.41倍；进出口总额为2002841万美元，占全省的79.56%。

表1　环长株潭城市群经济总量变化

单位：亿元

省市	2006年	2007年	2008年	2009年	2010年	2011年	2012年	2013年
湖南省	7568.89	9200	11156.64	13059.69	16037.96	19669.56	22154.2	24501.67
长沙市	1798.97	2190.25	3000.98	3744.76	4547.06	5619.33	6399.91	7153.13
株洲市	605.27	751.26	909.57	1024.89	1275.48	1564.27	1761.32	1949.43
湘潭市	422.08	526.81	654.76	739.38	894.01	1124.14	1282.39	1443.06
衡阳市	672.07	820.87	1000.09	1168.01	1420.34	1734.3	1957.7	2169.44
岳阳市	733.4	915.84	1105.74	1272.15	1539.36	1899.49	2199.92	2435.51
常德市	723.84	864.08	1049.7	1239.23	1491.57	1811.19	2038.5	2264.94

续表

省市	2006 年	2007 年	2008 年	2009 年	2010 年	2011 年	2012 年	2013 年
益阳市	336.21	417.62	511.28	591.62	712.28	883.63	1020.28	1123.13
娄底市	359.12	446.72	528.4	568.31	678.71	847.26	1002.65	1118.17
总　计	5650.95	6933.45	8760.52	10348.37	12558.81	15483.61	17662.8	19656.81

资料来源：历年《湖南统计年鉴》。

（二）现代城镇体系逐步完善

至2013年末，环长株潭城市群8个地级市共辖27个县、12个县级市、25个区，涉及221个街道、344个乡、632个镇，基本形成了以市城区为中心，以县、县级市为副中心，以及由若干建制镇（街道、乡）构成的职能分工明确、规模等级合理的现代城镇体系。

按新的城市规模划分标准，以城镇人口数量为统计口径，可将环长株潭城市群的城市划分为3类，如表2所示，其中大城市3个，所占比重为6.38%，即长沙、株洲和衡阳三市；城镇人口为50万~100万的中等城市共10个，所占比重为21.28%，主要为地级市的市辖区和经济较发达的县级市或县；城镇人口在50万以下的小城市共34个，所占比重为72.34%。大、中、小城市基本上按金字塔形分布，形成了较为合理的现代城镇体系。

表2　2013年环长株潭城市群城镇体系情况

城市种类	城市数量(个)	城市名称及城镇人口数(万人)
大城市	3	长沙市(330.71) 株洲市(105.36) 衡阳市(104.51)
中等城市	10	岳阳市(98.87) 常德市(97.66) 湘潭市(94.66) 益阳市(79.06) 浏阳市(67.63) 宁乡县(56.63) 耒阳市(55.78) 长沙县(54.89) 醴陵市(50.41) 娄底市(50.02)
小城市	34	衡阳县(40.25) 常宁市(38.65) 祁东县(38.04) 攸县(36.08) 平江县(36.01) 衡南县(35.40) 汨罗市(35.30) 新化县(32.27) 沅江市(31.50) 涟源市(30.86) 岳阳县(30.69) 澧县(30.46) 湘阴县(29.70) 桃江县(29.70) 华容县(29.42) 湘潭县(28.74) 南县(28.27) 茶陵县(27.72) 桃源县(27.31) 湘乡市(27.02) 汉寿县(26.74) 冷水江市(25.71) 安化县(25.05) 双峰县(24.04) 临湘市(22.51) 衡东县(22.20) 石门县(21.33) 安乡县(19.72) 临澧县(17.58) 津市市(16.84) 衡山县(13.90) 炎陵县(9.00) 株洲县(7.97) 韶山市(3.84)

（三）城镇化水平快速提高

2013 年，环长株潭城市群人口城镇化率为 52.38%，高于全省平均水平（47.96%），按西方发达国家城镇化发展规律，当城镇化率为 30% 左右时，该地区开始进入快速城镇化阶段，当城镇化率为 70% ~80% 时，城镇化速度开始减缓。由此可以判断，环长株潭城市群城镇化率还有很大的增长潜力，即将有 1600 万左右的农村居民转变为城市居民。按城镇化率每年增长 1 个百分点计算，环长株潭城市群将经历 25 年左右的快速城市化时期。

如表 3 所示，环长株潭城市群主要城市城镇化增长速度均较快，除株洲市、湘潭市、衡阳市、岳阳市四个城市城镇化出现负增长外，其他城市城镇化水平均有所提高，湘乡市城镇化水平提高幅度最大，达 42.48 个百分点。此外，浏阳市、醴陵市、韶山市、耒阳市、常宁市、汨罗市、临湘市、常德市城镇化增长速度均较快，超过 10 个百分点；津市市、娄底市和涟源市城镇化增长速度较低。

表 3　环长株潭城市群主要城市人口城镇化水平增长情况

单位：%，个百分点

城市	2005 年人口城镇化率	2013 年人口城镇化率	增幅	城市	2005 年人口城镇化率	2013 年人口城镇化率	增幅
长沙市	82.12	89.01	6.89	岳阳市	80.15	78.96	-1.19
浏阳市	32.67	52.22	19.55	汨罗市	35.34	50.29	14.95
株洲市	95.49	87.41	-8.08	临湘市	34.53	44.59	10.06
醴陵市	30.90	52.40	21.50	常德市	48.49	64.56	16.07
湘潭市	100.00	89.50	-10.50	津市市	61.77	65.27	3.50
湘乡市	23.50	65.98	42.48	益阳市	53.75	59.53	5.78
韶山市	22.87	40.21	17.34	沅江市	36.51	46.24	9.73
衡阳市	99.33	91.07	-8.26	娄底市	83.57	87.66	4.09
耒阳市	29.19	47.72	18.53	冷水江市	67.78	76.65	8.87
常宁市	31.50	47.00	15.50	涟源市	29.43	30.69	1.26

（四）核心城市集聚能力增强

随着国家中部崛起战略和长江中游城市群建设战略的实施，环长株潭城市群经济发展进入快车道，2013 年，该地区用占全省 49.93% 的土地面积和 60.95% 的人口，创造了全省 80.23% 的 GDP，城市经济实力和集聚能力均不断增强，对外辐射能力和影响也日益增强。

长沙市经济增长率连续 10 年超过全国平均水平 3 个百分点，2014 年实现地区生产总值 7824.81 亿元，比上年增长 10.5%，且随着新型工业化战略的深入推进，长沙工业经济取得了长足发展，被誉为“中国工程机械之都”，已培育形成了工程机械、食品烟草、材料、电子信息四大产值过千亿元的产业集群，汽车工业也跻身全国重要板块，生物医药等战略性新兴产业发展迅速。

株洲市经过 60 多年的发展建设，已形成以工业为主导、三次产业协调发展的产业格局，2014 年，全市 GDP 达 2160.5 亿元，是全国最大的电力机车研制基地、亚洲最大的有色金属冶炼基地、亚洲最大的硬质合金研制基地、亚洲最大的电力客车研制基地和享誉全国的陶瓷生产基地，拥有国家级、省级重点实验室、工程技术中心和企业技术中心 70 余家，博士后工作站 6 个。

湘潭市 2014 年 GDP 为 1570.6 亿元，2010 ~ 2014 年 GDP 年均增长 11.8%，增幅居全省前列，已形成和巩固了先进装备、新能源装备、电子信息三大战略性新兴产业和精品钢材及深加工、汽车及零部件、食品三大传统优势产业，2014 年，六大支柱产业实现规模工业增加值 579.82 亿元，占全市规模工业增加值的 70.7%。

在其他中心城市方面，岳阳将打造中南地区大型石化产业基地、长江中游重要的航运口岸与物流基地和宜居宜游的生态旅游城市；常德将打造全国重要的农产品加工基地和中西部地区交通物流中心、文化旅游目的地；益阳将打造中部地区重要的能源基地、新兴工业城市和城乡统筹发展示范区；津（市）澧（县）融合发展，将打造连接江南江北、辐射带动洞庭湖区的省际交界地区中心城市；衡阳将打造湖南重要交通枢纽城市、湘南重镇、湖南经济文化次中心、重要工业和交通中心；娄底将打造长株潭远景都市区和“一体化协作城市”。

二　环长株潭城市群新型城镇化发展的问题探析

（一）人口城镇化滞后于土地城镇化

2005～2013 年，环长株潭城市群城镇人口比重由 55.72% 提高到 68.23%，8 年间城镇化年均提高 1.56 个百分点，城镇化已进入快速发展时期。然而，在快速城镇化进程中，环长株潭城镇化质量不高问题也日益突出，主要表现为人口城镇化率虚高和城镇空间建设无序甚至失控，由此带来城市建设用地拓展快于人口增长，两者处于失调、不匹配状态。2005～2013 年，环长株潭城市群城市建成区面积由 793.88 平方千米扩张到 1149.5 平方千米，年均增长 4.74%，与此同时，城镇人口由 1031.36 万人增加至 1387.77 万人，年均增长 3.78%，比城市建成区面积的年均增长率低了 0.96 个百分点。

如表 4 所示，2005～2013 年，在环长株潭城市群主要城市群中，衡阳市人口城镇化率降低了 8.26 个百分点，而建成区面积增加了 25.60 平方千米，土地城镇化率增长了 76.08 个百分点，土地城镇化变化幅度高于人口城镇化变化幅度 84.34 个百分点，此外，岳阳、娄底、湘潭、浏阳、涟源、常德、临湘、株洲等城市土地城镇化变化幅度均高于人口城镇化变化幅度；长沙、湘乡、常宁、津市等市土地城镇化变化幅度与人口城镇变化幅度相差不大；汨罗、韶山、沅江、冷水江、耒阳、醴陵等市人口城镇化变化幅度高于土地城镇化变化幅度。

（二）经济总量与人均占有量差距较大

2013 年，环长株潭城市群 GDP 为 19656.81 亿元，占全省比重的 80.22%，

表 4　2005 年、2013 年主要城市人口城镇化与土地城镇化主要指标

单位：万人，平方千米

城市	2005 年				2013 年			
	总人口	城镇人口	城区面积	建成区面积	总人口	城镇人口	城区面积	建成区面积
长沙市	279.67	229.66	556.33	146.00	371.14	330.37	1007.66	287.51
浏阳市	134.54	43.95	35.00	17.50	129.51	67.63	38.60	37.50
株洲市	84.28	80.48	470.66	83.56	120.54	105.36	837.00	132.63
醴陵市	99.22	30.66	35.00	21.50	96.20	50.41	113.00	29.00
湘潭市	73.42	73.42	278.77	67.20	105.77	94.66	168.21	79.20
湘乡市	91.37	21.47	68.00	20.31	79.43	52.41	28.00	20.00
韶山市	10.45	2.39	70.00	4.76	9.55	3.84	70.00	5.20
衡阳市	96.36	95.71	543.00	88.70	114.76	104.51	123.68	114.30
耒阳市	125.30	36.58	30.00	29.20	116.88	55.78	47.23	42.10
常宁市	85.80	27.03	30.10	9.41	82.23	38.65	38.40	16.00
岳阳市	96.33	77.21	1293.94	78.34	125.22	98.87	155.00	88.00
汨罗市	71.68	25.33	20.00	16.20	70.19	35.30	20.20	16.55
临湘市	48.65	16.80	25.00	11.30	50.48	22.51	25.00	15.50
常德市	135.67	65.79	2749.00	57.80	151.28	97.66	339.16	85.92
津市市	27.23	16.82	68.30	16.99	25.80	16.84	71.65	15.28
益阳市	129.82	69.78	70.00	42.00	125.79	74.88	88.00	66.00
沅江市	73.41	26.80	12.14	12.10	68.13	31.50	15.80	14.50
娄底市	41.88	35.00	143.69	40.00	57.06	50.02	62.20	47.15
冷水江市	35.44	24.02	31.00	19.51	33.54	25.71	46.70	22.16
涟源市	110.28	32.46	25.00	11.50	100.57	30.86	25.00	15.00

三次产业结构为 9.58∶53.72∶36.70。其中，第一产业增加值为 1883 亿元，占全省第一产业增加值的 62.99%；第二产业增加值为 11505.39 亿元，占全省第二产业增加值的 91.78%；第三产业增加值为 7213.68 亿元，占全省第三产业增加值的 72.09%。

尽管经济总量占全省的比重很大，但区域内部存在的差距较大，长沙市在环长株潭城市群中居核心地位，其 GDP 占城市群比重的 36.39%，其他城市与长沙市的差距均较大，GDP 排名第二的岳阳 GDP 占城市群比重的 12.39%；排名第三的常德 GDP 占城市群比重的 11.52%；娄底 GDP 在城市群中所占比重最低，为 5.69%。第一产业增加值在区域中的差距较小，衡阳、常德占比最高，两市第一产业比重均占城市群的 35.16%，长沙、岳阳、益阳等市次之，株洲、湘潭、娄底第一产业所占比重均低于10%。第二产业增加值主要集中在长沙、株洲、岳阳、常德四市，所占比重高达 71.58%，湘潭、衡阳、娄底、益阳四市第二产业 GDP 占城市群的比重均低于 10%。第三产业增加值主要集中在长沙、岳阳、常德和衡阳四市，长沙市第三产业增加值比重占城市群的 40.36%，而四市第三产业增加值占城市群的 74.41%，其他四市第三产业增加值占城市群的比重均不足 10%。

环长株潭城市群在人均 GDP 指标上也存在较大差距，在八市中，人均 GDP 高于全省平均水平的城市有长沙、株洲、湘潭、岳阳、常德五市，2013 年，长沙市人均 GDP 最高，为 99054.62 元，是全省平均水平的 2.69 倍，而益阳市人均 GDP 最低，为 25683.87 元，是全省平均水平的 0.7 倍，城市群内部人均 GDP 差距较大。城镇居民人均可支配收入与农村居民人均纯收入均高于全省平均水平，但区域内部差距仍然明显，长沙市城镇居民人均可支配收入为 33662.18 元，农村居民人均纯收入为 19712.57 元，均为城市群最高，而娄底城镇居民人均可支配收入为 18680.41 元，农村居民人均纯收入为 7059.31 元，均为城市群最低（见表 5），最高收入分别为最低收入的 1.8 倍和 2.8 倍。

此外，环长株潭城市群各城市城乡居民收入差距也较大，收入差距最大的是娄底，城镇居民人均可支配收入是农村居民人均纯收入的 2.65 倍，是唯一高于全省平均水平的城市，在其他七市中，城乡收入比在 2 倍以上的城市有株洲、岳阳、常德，收入差距最小的是长沙市，为 1.71 倍。

表 5 2013 年环长株潭城市群主要经济指标

省市	GDP（亿元）	第一产业增加值（亿元）	第二产业增加值（亿元）	第三产业增加值（亿元）	人均 GDP（元）	城镇居民人均可支配收入（元）	农村居民人均纯收入（元）
长　沙	7153. 13	294. 55	3946. 97	2911. 61	99054. 62	33662. 18	19712. 57
株　洲	1949. 43	156. 10	1170. 31	623. 02	49547. 08	28698. 26	12907. 52
湘　潭	1443. 06	120. 97	851. 82	470. 27	51545. 22	24809. 81	12672. 71
岳　阳	2435. 51	270. 89	1338. 94	825. 68	43812. 02	21192. 58	9930. 08
常　德	2264. 94	323. 83	1102. 44	838. 67	39018. 40	20765. 53	9628. 91
益　阳	1123. 13	216. 12	505. 20	401. 81	25683. 87	18927. 84	10128. 80
衡　阳	2169. 44	338. 41	1039. 42	791. 61	29923. 31	22296. 65	11875. 93
娄　底	1118. 17	162. 59	604. 57	351. 01	29165. 34	18680. 41	7059. 31
湖南省	24501. 67	2990. 31	11505. 39	10005. 97	36763. 00	15887. 00	6609. 00

（三）城镇化水平地区差异明显

环长株潭城市群城镇化水平地区差距明显，如表 6 所示。八大中心城市主城区城镇化率均较高，其中长沙、株洲、湘潭、衡阳、娄底五市城镇化率均在 80% 以上，达到西方发达国家水平。而岳阳、常德、益阳等环洞庭湖城市主城区城镇化水平较低。在八大中心城市中，2013 年长沙市城镇化水平高于益阳市 29. 48 个百分点，差距十分明显。环长株潭城市群八大中心城市城镇化速度也存在差距，2005 ~2013 年，八大中心城市城镇化速度最快的为常德市，城镇化率由 2005 年的 48. 49% 上升为 64. 56%；其次为长沙市，城镇化率由 82. 12% 增加到 89. 01%；益阳市城镇化速度排名第三，由 53. 75% 增加到 59. 53%；株洲、湘潭、衡阳、岳阳四大中心城市主城区城镇化率略有下降。

表 6 环长株潭城市群八大中心城市城镇化率变化情况

单位：%

城　市	2005 年	2006 年	2007 年	2008 年	2009 年	2010 年	2011 年	2012 年	2013 年
长沙市	82. 12	81. 78	84. 01	84. 21	84. 62	88. 07	88. 33	88. 71	89. 01
株洲市	95. 49	88. 11	90. 39	91. 90	91. 92	93. 29	86. 45	86. 85	87. 41
湘潭市	100. 00	92. 96	94. 65	99. 66	99. 50	93. 79	88. 63	89. 46	89. 50
衡阳市	99. 33	99. 83	100. 00	100. 00	100. 00	100. 00	100. 00	100. 00	91. 07

续表

城　市	2005 年	2006 年	2007 年	2008 年	2009 年	2010 年	2011 年	2012 年	2013 年
岳阳市	80.15	81.96	83.20	83.47	73.92	75.14	76.88	77.79	78.96
常德市	48.49	47.82	53.86	54.97	55.56	58.08	59.66	66.01	64.56
益阳市	53.75	54.03	55.78	58.36	59.63	56.01	57.85	58.71	59.53
娄底市	83.57	85.57	87.71	87.72	87.59	85.56	86.96	87.35	87.66

（四）县域城镇化水平与市辖区差距较大

县域城镇化水平普遍低于所在的市辖区，以城镇化水平较高的县级市为例，2013 年浏阳市城镇化水平低于长沙市辖区 36.79 个百分点，醴陵市低于株洲市辖区 35.01 个百分点，韶山市低于湘潭市辖区 49.29 个百分点，耒阳市和常宁市城镇化水平分别低于衡阳市辖区 43.35 个和 44.07 个百分点，差别最大的是涟源市和娄底市辖区，二者相差 56.97 个百分点（见表 7）。

表 7　2013 年环长株潭城市群主要城市人口城镇化水平

单位：%

城市	人口城镇化率	城市	人口城镇化率
长沙市	89.01	岳阳市	78.96
浏阳市	52.22	汨罗市	50.29
株洲市	87.41	临湘市	44.59
醴陵市	52.40	常德市	64.56
湘潭市	89.50	津市市	65.27
湘乡市	65.98	益阳市	59.53
韶山市	40.21	沅江市	46.24
衡阳市	91.07	娄底市	87.66
耒阳市	47.72	冷水江市	76.65
常宁市	47.00	涟源市	30.69

总体而言，环长株潭城市群县域城镇化水平普遍低于所属市辖区。2013 年，县域城镇化水平最高的为冷水江市，达 76.65%，城镇化率超过 50% 的县级市有浏阳、醴陵、湘乡、汨罗、津市等，而韶山、耒阳、临湘、沅江、

常宁和涟源等城市城镇化率均低于50%，但均低于所属市辖区城镇化率。在县域中，城镇化水平也存在较大的地域差异，城镇化率最高的冷水江市高于最低的韶山市36.44个百分点。

三　环长株潭城市群新型城镇化跨越发展的推进路径

（一）坚持以人为本，实现新型城镇化社会的“包容增长”

以人的全面发展为主要内容与特征的新型城镇化发展应注重人文城市的建设、城市发展质量的提升以及城乡居民幸福指数的提高，以社会的“包容增长”为理念推进新型城镇化的跨越发展。环长株潭城市群涉及“3+5”各城市本身内部、不同城市之间、城乡之间乃至城市与自然环境之间的相互协调与稳定发展。环长株潭城市群新型城镇化的“包容增长”应注重城市的人文关怀，以人的全面发展与人和自然的协调发展为宗旨，将以人为本理念融入城市群协调发展建设与城市规划管理，促进各类城镇的协调发展与“包容增长”，以提升长株潭复合城市辐射带动功能为引领，在加快各区域中心城市发展的同时，促进县域发展以及各特色城镇的发展，推进和谐、绿色、低碳、智慧的新型城镇化发展。

（二）坚持产城互动的道路，促进新型城镇化经济的“优化繁荣”

培育有特色的产业与营建有特色的城镇，是产城互动的关键所在，环长株潭城市群各城市区位与资源优势各有差异，应注重通过深广开发包括交通枢纽、区位条件、资源优势、民族遗产等在内的特色资源，充分挖掘并释放自身的禀赋优势，依托特色资源发展特色产业，将资源优势转化为产业优势，将产业优势打造为经济优势，形成资源、要素以及产业的集聚。在推动产业和城市互促融合发展的基础上，以“四化”“两型”为引领，以特色产业为支撑，以智慧城市为手段，推进新型城镇化发展，以新型特色城镇为优化平台，坚持走资源高效利用、产城互动发展的新型城镇化道路。

（三）坚持创新驱动，提升新型城镇化发展的“持续动力”

创新作为后工业化阶段推动经济社会发展的主要动力，已逐渐成为推动新型城镇化发展的持续动力。坚持创新驱动发展战略，激活城镇化发展进程中的创新驱动要素与创新驱动主体，以科技园区为载体，以企业为主体，以市场为导向，以技术进步为动力，激发企业研发中心、区域技术孵化基地、科技创新型大学等创新主体的活力与潜力，创新产学研发展模式与企业合作联盟模式，建立公共创新创业服务平台，建立产学研相结合的自主创新体系与创新机制，为提高新型城镇化的科技自主创新能力提供创新环境与创新基础，不断推动城市管理、科技、文化与服务创新，提升新型城镇化发展的创新动力。

（四）坚持生态文明，确保新型城镇化环境的“自然优美”

人与自然和人与城镇的绿色、低碳、和谐发展才是新型城镇化发展的理想目标与价值取向。环长株潭城市群在城镇化的快速发展与“四化”快速推进中，自然环境受到不同程度的破坏，传统的经济与城镇发展方式已不能适应当前以生态文明为理念的新型城镇化发展之路。环长株潭城市群应在“两型社会”的引领下，坚持生态文明发展理念，转变经济发展方式，科学调整经济与产业结构，加强城乡环境基础设施建设，合理规划城市建设规模，抓好湘江流域、资江流域、澧水流域、沅水流域、洞庭湖流域等重点流域的治理与保护，提高城市群的环境综合承载力与可持续发展能力，推进绿色城市、生态城市与美丽乡村的建设。

（五）坚持文化支撑，突出新型城市的“世界个性”

历史文化是城市发展的深厚底蕴，也是城市在现代社会发展过程中保持独特个性的基础。充分营造湖湘地域特色、历史底蕴与人文优势，注重地域文化软实力的培育、城镇历史文脉的延续、现代时尚元素的理性融入，形成开放、多元和包容的城市文化，建设具有鲜明地域特色、文化脉络、城市个性的人文魅力城市，以特色文化活动与创意文化产业激发城市文化发展活力，加强城市文化品牌的培育，推动特色城镇形态的塑造，使现代新型城镇不仅能承载乡村乡土记忆和历史文化风貌，而且能适应现代生活的节约集约、生态宜居、时尚动感与和谐发展要求。

四　环长株潭城市群新型城镇化跨越发展的策略选择

（一）完善基础设施，加快现代综合交通运输体系建设

适应综合交通运输大通道对运输枢纽的需求，把湖南建设成承东启西、连南接北的重要综合交通枢纽和大型门户。继续巩固和强化长沙国家级综合交通枢纽地位，以长沙黄花国际机场航空枢纽、长沙高铁枢纽与公路枢纽为主体，与绕城高速公路、城市轻轨及快速公交线路相衔接，提升长沙核心枢纽综合组织能力。加快建设环长株潭“二环四射”高速路网、长株潭城际轻轨、长沙湘江枢纽、地铁、长渝高铁等重大工程项目；依托高速客运专线、高速公路、城际铁路、黄花机场的集聚效应，进一步提升环长株潭城市群在全国的综合交通枢纽地位。加快建设环长株潭城市群 8 市城际交通互通、快速公交车道、城市轻轨（地铁）、跨江大桥（隧道）、片区县际交通连接线等公共交通项目，扩大黄花机场、衡阳机场、岳阳机场建设规模，推进以岳阳港、衡阳文昌港、长株潭组合港为中心，以湘江为主通道的航运中心港航体系建设，实现城际高速路网连通。

（二）优化空间格局，提升环长株潭城市群在长江中游城市群中的战略地位

深入实施中部崛起战略，推进环长株潭城市群转型升级，以“两型社会”建设为契机，优化城市空间布局，推动区域高端创新要素集聚，打造

具有国际先进水平的战略性新兴产业发源地和先进制造业创新中心。推动环长株潭城市群的经济规模与关联势能的发展壮大，加快城市群城际轨道交通网络和快速大外环建设，以长株潭复合城市为核心，以长（株潭）岳、长（株潭）益常、长（株潭）娄、长（株潭）衡为城镇轴线，以长（株潭）－岳－常－益－长（株潭）、长（株潭）－衡－娄－长（株潭）为城镇环线，以岳阳、常德、益阳、衡阳、娄底为副中心的城镇群组团，形成“一核二环四轴五组团”的战略空间格局。积极主动融入长江经济带，着力增强环长株潭城市群对全省的辐射力和带动力，提升环长株潭城市群在长江中游城市群中的战略支点作用，打造国家区域发展战略增长极。

与此同时，大力促进县（市）城发展。加快县（市）城基础设施建设，不断增强道路、通信、供电、供水、排水、供热、环卫、绿化等各项基础设施的载荷功能。依托优势资源发展特色产业，积极承接中心城市产业转移，加强县（市）城与区域性城镇群在交通、通信、管网等基础设施方面的纵横对接，创造更多的就业岗位和创业机会，促进农业转移人口就地就近市民化。以县（市）城扩容提质为突破口，推进中心镇向现代新型小城市、县（市）城向中等城市转型，支持有条件的县（市）城发展成人口在50万以上的大城市，引导县（市）城与中心镇及其他小城镇的协调发展。

（三）优化城市功能，增强长株潭复合城市的辐射带动功能

秉持推进区域布局一体化、基础设施一体化、产业发展一体化、城乡建设一体化、市场体系一体化、生态环保一体化、社会治理一体化“七个一体化”的发展思路，将长株潭三市“融三为一”做好、做大、做强，加快构筑三市有机衔接的综合立体交通网络，建造高效便利的共享信息平台，构建安全强大的能源供应体系、安全有效的水利保障体系以及功能完备的城市基础设施体系，以完善服务功能、改善人居环境为重点，进一步增强长株潭复合中心城市的凝聚力和影响力，发挥其带动区域发展的主导作用，缔造国际化大都市。理顺长沙作为核心城市和湘潭、株洲作为二级城市的职能分配关系，强化长沙作为省会的科技文化、经济金融中心地位和高新科技、高

端产业、高尖人才、高额投资、丰富信息等发展要素集聚功能，不断提升其现代化和国际化水平。长沙作为核心城市，应张开两翼，南联北拓，以“两型社会”为取向，以长益常工业走廊为轴心，以长株潭城市群为依托，建设大河西，拓展新的发展空间。株洲市应更加突出新兴工业基地、交通枢纽基地、有色冶金和化工基地的重要地位。湘潭市应进一步突出重工业基地及钢铁、机电和汽车生产基地的积淀优势，实现三市功能互补、错位发展。

（四）促进区域协调，加快区域中心城市城镇化发展

充分发挥区域中心城市在吸纳农业转移人口和产业发展中的重要作用，加快岳阳、常德、衡阳、益阳、娄底等区域中心城市的发展，强化其在区域板块中的中心地位，增强各中心城市在区域中的辐射带动能力，提升区域中心城市新型城镇化的综合服务功能，加快特色产业发展，塑造城市特色风貌，逐步将自己培育成支撑区域发展的大城市和重要增长极。各区域中心城市的主要职能如下所示。

岳阳：省级二级中心城市、国家历史文化名城、重点风景旅游城市，湘北重要的工业基地和长江对外口岸，主要发展石油化工、电力、造纸、轻纺等工业。

常德：省级二级中心城市、以轻工业为主的区域中心城市、交通枢纽和流通中心，工业主要发展食品、纺织、机电、机械、高档造纸等。

衡阳：省级二级中心城市、全国重要的输变电设备制造产业基地、重要的历史文化名城和旅游中心城市，工业主要发展机械、冶金、化工、食品等，重点发展以汽车零部件为主的机械加工企业集群。

益阳：交通枢纽和商贸、物流中心，以能源、轻纺、机械、生物工程为主的区域中心城市。

娄底：湖南核心工业城市，辐射湘西南的重要节点，新型能源原材料供应基地，区域性商贸集散与物流配送中心，区域性综合交通枢纽，以钢铁、有色冶金、建材、机械工业为主的区域中心城市。

（五）坚持以人为本，推动城乡一体化协调发展

紧紧围绕“以人为本、公平共享”这个核心，从户籍制度、土地制度、公共服务制度等方面推进新型城镇化的主体——人的城镇化发展，有效地引导城乡人口合理流动，有序推进农村人口的市民化进程，真正实现以人为本的新型城镇化建设。

一是创新城乡一体化空间整合机制。以保育和谐、绿色、生态安全的自然环境为目标，以城乡统筹规划为引领，以城乡公共服务均等化为重点，创建城乡空间资源一体化开发的组织协调机制与统筹共营机制。加强城乡战略发展规划、产业规划、土地利用规划、环保规划和基础设施规划等的有机衔接，加快构建城乡空间功能互补、资源开发有序的一体化格局。推进城镇现代服务业资源向农业生产的加工、销售、科技、信息等农村经济空间延伸，促进农业产业结构和布局结构调整，增强城乡产业联系，构筑城乡互动产业链。

二是完善城乡一体化利益共享机制。健全城乡统一的公正透明的规则机制，保障居民共同享有改革发展和城镇化成果的权利。引导科技人员、大中专毕业生以及其他城镇投资者到农村创业展业，与农业资源拥有主体共同获取科技红利和合法收益。通过财政引导、加征环保税、补贴转移等手段，构建城乡之间的生态补偿机制。通过建立郊区生态补偿基金等财政政策手段，对郊区因环境建设而造成的经济损失给予一定补偿。对工业企业产生的诸如燃煤烟尘、重金属排放、危害物填埋、水源水质污染、宜耕地毁坏、林木砍伐等有害环境的各种经济活动，探索开征环保税，用于改善和保育当地生态环境。

三是推动“三农”多元复合转型战略。从人口迁移看，城镇化主要指农村人口向城镇转移的过程；从产业结构看，城镇化是第二、第三产业向城镇聚集的过程；从城镇规模看，城镇化是城镇数量增加，城镇规模扩大的过程。在推进环长株潭新型城镇化的进程中，应全面协调农民与市民、农村与城镇、农业与非农业之间的互动关系，推动市民化转型、产业转型与空间转型的“三农”多元复合转型发展（见图1）。

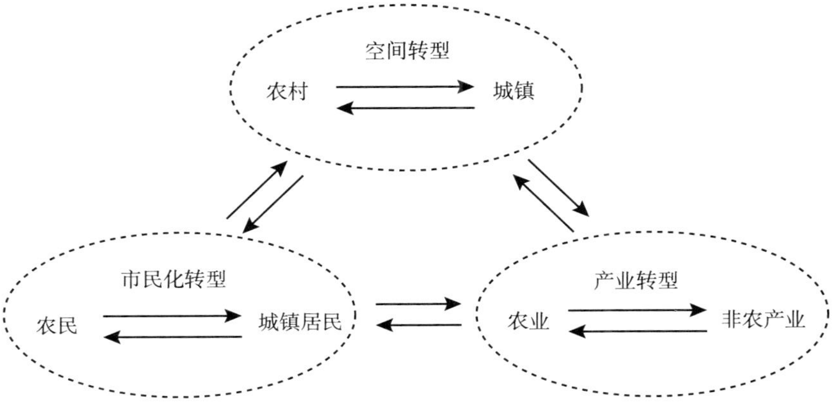

图1　“三农”多元复合转型

四是构建农业现代化产业体系。以增强农业竞争力为核心，以保障粮食安全为目的，加快推进农业结构战略性调整和优质粮食、蔬菜、油料、水果等优势农产品区域布局，优化农产品加工业、农业现代化物流业，加快具有区域特色的现代化农业产业体系的构建，重点发展优质粮食、生猪、蔬菜、双低油菜、棉花等基础性战略产业；不断提升柑橘、茶叶、家禽、草食动物、水产品等重点优势产业；优化布局苎麻、蚕茧、中药材等区域特色产业；重点突破农产品加工业；积极发展现代化设施农业、休闲观光农业、创意生态农业与游憩体验农业。积极对接新型工业化，服务新型城镇化，不断拓展农业经济内涵及其产业领域，提升农业产业外延竞争力。

（六）加强制度创新，完善新型城镇化体制机制

制度具有根本性、长期性、战略性作用，要尊重城镇发展规律，强化顶层设计和市场配置资源的决定性作用，统筹推进城镇化发展体制机制的完善，积极营造健康有序的新型城镇化制度环境。

一是推进人口管理制度的改革。取消农业户口和非农业户口的二元分割体制，逐步推进居民福利与城镇户籍的脱钩，还原户籍的人口登记管理职能，有效引导人口有序流动、合理分布。进一步放宽落户政策，加快有相对

稳定住所、有相对稳定收入来源居民的城镇居住证发放制度建设，实行居住证与基本公共服务待遇挂钩。构建集居住登记、房屋租赁、劳动就业、社会保障、计划生育、缴税收费等服务管理功能于一体的人口综合信息平台。加快人口服务管理工作重心向社会化、社区化、法制化转变，形成以房（业）办证、以证服管、责任明确、分工协作的人口服务管理体系。

二是深化土地管理制度的改革。严格控制新增城镇建设用地规模，合理调控城镇建设用地，注重存量挖潜与增量供给相结合，提高存量用地比例。健全集约节约用地政策制度，严格执行集约节约用地标准。对工业用地适当控制，对住宅用地适度增加，对生态用地合理安排，对基础设施和公共服务设施用地统筹安排。以农村土地综合整治为基础，将吸纳农业转移人口落户数量与城镇建设用地增加规模相挂钩。加快完成农村集体土地的确权、登记与颁证，依法维护农民的宅基地使用权和土地承包经营权。

三是加快城镇投融资机制的改革。优化政府财政性资金投向，加大对城乡结合部特别是城镇延伸到农村的基础设施和公共服务设施的投入，对吸纳农业转移人口多的城镇给予财政资金的倾斜支持，提高政府投资在环保、供水、交通等基础设施以及城镇保障性住房、农民工安居工程等建设中的比重。坚持以支出责任与事权相适应为原则，明确各级政府在教育医疗与社会保障等公共服务方面的事权，健全其支出分担和奖补机制，逐渐将财政转移支付与农业转移人口市民化挂钩。通过发行市政建设债券等多种形式，地方政府拓宽城镇建设融资渠道，加强管理监督。

四是完善城镇住房保障制度。促进城镇住房供应主体的多元化，住房供应基本保障以政府为主，多层次、多样化需求以市场为主满足。保障性住房主要面向城镇低收入以及中等偏下收入住房申困难的家庭；向不符合保障性住房申请条件，又难以通过市场解决住房问题的家庭提供政策性商品住房。同时，通过各级财政保障性住房稳定投入机制，保证保障性住房的有效供给。进一步落实住房金融、财税、地产、土地等相关制度，加快房地产市场调控长效机制的建立。

B.4

环鄱阳湖城市群新型城镇化发展路径研究

张宜红*

摘　要：中央推进城镇化的重大战略部署，尤其是《长江中游城市群发展规划》的出台，将为环鄱阳湖城市群新型城镇化发展带来历史性的机遇。江西省委、省政府非常重视环鄱阳湖城市群建设，其中新型城镇化是重要的抓手和支撑，近年来已取得明显成效，但也存在不少问题，需要加强规划引导，加快制度创新，提升环鄱阳湖城市群新型城镇化发展质量。

关键词：环鄱阳湖城市群　新型城镇化　发展路径

2015 年 4 月 5 日，国务院批复《长江中游城市群发展规划》，国家发改革委于 4 月 16 日对外发布了这一规划，这是贯彻落实长江经济带和国家新型城镇化战略的重大举措。长江中游城市群是以武汉城市圈、环长株潭城市群、环鄱阳湖城市群为主体形成的特大型城市群，承东启西、连南接北，是长江经济带三大跨区域城市群支撑之一，是国家推进新型城镇化发展的重点区域。环鄱阳湖城市群是长江中游城市群的支点，全面分析其新型城镇化发展现状、特点及问题，寻觅环鄱阳湖城市群推进新型城镇化的路径，对长江中游城市群新型城镇化探索“江西样本”具有重要的现实意义。

* 张宜红，江西省社会科学院产业经济研究所助理研究员。

一　环鄱阳湖城市群城镇化发展现状

依据《长江中游城市群发展规划》，环鄱阳湖城市群的范围主要包括鄱阳湖生态经济区（南昌、九江、景德镇、鹰潭、上饶、新余、抚州、宜春、吉安）以及萍乡，基本涵盖了除赣州市以外的省域范围。

（一）城镇化水平不断提高

城镇化进程加快的明显标志是城镇人口不断增加。2013 年，环鄱阳湖城市群城镇人口达 1849.15 万人，城镇化率为 50.3%，根据美国城市地理学家诺瑟姆（Ray M. Northam）的研究，并结合当前环鄱阳湖城市群发展实际，环鄱阳湖城市群正处于城镇化的中期加速发展阶段，并在未来一段时间内保持加速发展的趋势。2014 年，环鄱阳湖城市群城镇化率达 51.7%，比上年提高 1.4 个百分点，较全省城镇化平均水平高 1.6 个百分点。

（二）城镇体系不断完善

环鄱阳湖城市群初步形成了以省会南昌为核心，以九江、景德镇、新余、抚州、萍乡、宜春、吉安、上饶、鹰潭等城市为支柱，以其他设市城市和县城为骨干，以众多建制镇为基础的城镇体系总框架。环鄱阳湖城市群共有 19 个设市城市（地级市 10 个，县级市 9 个），18 个市辖区，55 个县城。2013 年，环鄱阳湖城市群内 19 个设市城市市区面积 27540.93 平方千米，城区面积 1873.34 平方千米，建成区面积 1001.98 平方千米。从市区人口来看，人口在 100 万以上、500 万以下的大城市有南昌、上饶、宜春、九江、吉安、抚州和萍乡 7 个，50 万至 100 万人口的中等城市有 1 个，50 万人口以下的小城市有 11 个。

（三）生态环境优势不断巩固提升

为保护鄱阳湖“一湖清水”，江西扎实推进生态工程，大力实施“五河一湖”生态综合治理工程、造林绿化工程、城镇生活污水和工业园区污水处理工程、农村清洁工程以及和谐秀美乡村建设工程等，持续开展“净水”“净空”“净土”行动，加快推进燃煤电厂脱硫脱硝除尘改造，加快发展光伏发电、风电、水电和生物质发电等新能源发电，环鄱阳湖城市群生态环境人居环境不断改善。截止到2014年，城市群内地级以上城市集中式饮用水水源地水质达标率均为100%。2013年，鄱阳湖生态经济区建成区绿化覆盖率和绿地率分别为44.51%和41.51%，分别比全省平均水平高1.43个百分点和1.99个百分点；人均公园绿地面积14.06平方米，比全省平均水平高0.19平方米；鄱阳湖生态经济区内湿地公园由2009年的3个增加到2014年的24个，湿地面积由2009年的46937.5公顷增加到2014年的74309.8公顷；建有林业自然保护区70处，其中国家级5处；区内38个县（市、区）城镇生活污水处理设施实现全覆盖，城市生活垃圾无害化处理率达90%；南昌、九江空气质量优良率分别为80.5%、84.4%，其他设区市空气环境质量稳定在国家Ⅱ级，群内生态环境质量优良。

（四）城镇区域板块经济实力不断壮大

一是南昌快速打造核心增长极。南昌市着力推进大投入、大建设、大发展，主要经济指标呈现位次前移、占比提升的好势头。2014年地区生产总值完成3667.96亿元，同比增长9.8%。围绕做强产业，快速推进100个重大重点项目，累计完成投资478.5亿元；围绕做大城市，重点实施万寿宫、青山湖西岸等10个旧城改造项目，九龙湖新城、朝阳新城建设取得新进展。二是九江沿江开放开发跃上新台阶。九江市大力推进“两区互动、强工兴城”，经济保持平稳较快增长。2014年地区生产总值完成1780亿元，同比增长10.3%。三是其他区域中心城市加快发展。景德镇市围绕打造世界瓷都，加快旅游、航空产业发展；新余市坚持创新驱动，钢铁、光伏等支柱产业帮扶工作取得实效，成功争取国家智慧城市试点、全国水生态文明城市建设试点，被国家发改委确定为新能源示范城市；鹰潭市着力推动“1+6”

产业快速发展，铜产业完成主营业务收入2500亿元，同比增长16%，鹰潭（贵溪）铜产业循环经济基地获批国家“城市矿产”示范基地。四是县域经济板块活力增强。丰城、樟树、高安及新干的新型建材、盐化工、医药、绿色食品加工等新型工业加快发展，鄱阳、余干、万年加快建设优质农产品种养加工基地，经济实力不断增强。中郡县域经济研究所发布的《第十四届县域经济基本竞争力与县域科学发展评价报告》显示，环鄱阳湖城市群中有南昌县、丰城市入选。

（五）城镇建设样本示范效应不断显现

近年来，江西围绕促进鄱阳湖生态经济区“龙头昂起”，加快推进昌九一体化，扎实推进赣东北开放合作、赣西经济转型发展，支持抚州深化区域合作，加快两大先导区规划建设，提供了可学、可看、可推广的新型城镇化建设示范。一是昌九一体化规划体系基本形成，交通一体化顺利推进，公共服务同城化迈出大步，产业对接互补扎实推进。截至2014年9月底，昌九财政总收入、规模以上工业增加值、固定资产投资、出口总额、实际利用外资占全省比重分别为33.6%、34%、35.8%、41.6%、44%。二是共青先导区城市建设和产业发展取得突破性进展。南湖新区“四横四纵”路网基本形成，珍珠湖综合整治初见成效，大学城建设有序推进，江西师大等5所大学的独立学院已签订入驻协议，南湖新区建设投资发展有限公司和鄱阳湖生态经济投资有限公司成立。新增规模以上工业企业15家，规模以上工业企业主营业务收入达288亿元，同比增长41.5%；新建产学研合作联盟6个，新增高新技术企业2家，高新技术企业主营业务收入占比达58.3%；私募基金创新园区吸引143只私募基金落户，募集资金近40亿元。三是南昌临空经济区建设开局良好。南昌临空经济区核心区环形路网基本建成，龙头港码头一期工程加快建设，第一期10万平方米标准厂房即将投入使用，引进了一批如欧菲光、酷派、莱宝高科、中国北车等高端产业项目，已签约落户亿元以上项目总投资260亿元。

（六）城乡统筹发展取得新进展

环鄱阳湖城市群始终坚持城乡统筹、以工补农、以城带乡，多方面探索城乡和城乡一体化的发展路径，并取得了明显成效。近年来，江西省委、省政府出台了《关于加快农业农村转型发展推进城乡一体化的若干建议》《关于全面深化农村改革推动农业农村发展升级的意见》《关于加大改革创新力度加快农业现代化建设的实施意见》《关于加快百强中心镇建设推进镇村联动发展的意见》等一系列支持统筹城乡一体化发展的政策文件。一是积极开展城乡一体化试点。从2009年开始，江西先后推进了南昌县、新余市、共青城市、井冈山市等城乡一体化试点，并将全省28个省级示范镇纳入城乡一体化试点，发挥了典型示范作用。二是重点推进镇村联动发展。镇村联动是统筹城乡一体化发展的关键环节。江西重点选择28个省级示范镇、120个百强中心镇、500个中心村、2000个省级村点、3000个市县自建村点进行镇村联动示范建设。三是加快体制机制创新，引导城乡公共服务均等化。2014年，江西正式明确在共青城市、瑞金市、丰城市、鄱阳县、安福县、南城县等6个县（市）启动省直接管理县（市）体制改革试点，赋予试点县（市）享受设区市一级的经济社会发展管理权限。同时，加快了城乡基础设施共建共享、土地流转、投融资、公共服务均等化等机制创新。

二　环鄱阳湖城市群新型城镇化的主要问题

环鄱阳湖城市群取得的成就有目共睹，已成为中部地区重要的增长极，但是在推进城镇化过程中，也还存在一些需要解决的问题。

（一）城镇化水平偏低

根据国际著名经济学家钱纳里和塞尔昆的研究，城镇化水平与人均GNP之间有一定的统计规律，与工业化相比，按钱纳里模型，当人均GNP达1000美元时，城镇化率就会领先工业化率20～30个百分点。2014年，环鄱阳湖城市群人均GNP已经超过了5000美元，而城镇化率为51.7%，工业化率为58.3%，城镇化严重滞后并阻碍了工业化发展。与长株潭城市群和武汉城市圈相比，2013年，环鄱阳湖城市群城镇化率为50.3%，比长株潭城市群低15.24个百分点，比武汉城市圈低9.5个百分点。

（二）城镇结构体系不合理

环鄱阳湖城市圈内城镇化发展差异显著。2013年，城镇化率最高的南昌市达69.83%，最低的宜春市达41.78%，相差28.05个百分点。城镇结构体系不尽合理，城市规模偏小。从城区人口来看，环鄱阳湖城市群内没有500万人口的特大城市，而武汉城市圈有1个；人口在200万以上、500万以下的大城市只有南昌1个，而武汉城市圈有1个；人口在100万以上、200万以下的大城市环鄱阳湖城市群没有，而武汉城市圈有1个；50万~100万人口的中等城市环鄱阳湖城市群仅有2个，而武汉城市圈有6个；50万人口以下的小城市环鄱阳湖城市群有16个，武汉城市圈没有。环鄱阳湖城市群大中城市数量明显偏少。行政区划调整滞后已成为制约环鄱阳湖城市群城镇化的重要因素，“小马拉大车、大马拉小车”的问题比较突出，城市发展受到限制。

（三）中心城市辐射带动能力不强

研究表明，城市规模在25万平方千米以上才会产生一定规模效益，100万~200万平方千米效益最佳。《江西统计年鉴（2014）》显示，环鄱阳湖城市圈只有19个城市，数量少、规模小，空间布局也不合理，呈现明显的北密南疏、一大众小态势。在19个城市中，城区面积在200平方千米及以上的只有南昌、新余和吉安3个城市，50~200平方千米的有景德镇、九江、贵溪、宜春、萍乡、抚州、鹰潭、丰城、上饶和高安10个城市，有6个城市城区面积不足50平方千米，甚至有的地级市的规模不及广东、浙江等省县城的规模。同时，对城市群、城市带的培育重视不够，中心城市辐射带动能力不强。南昌多元化发展态势显现，辐射能力有所增强，但由于地市城区面积过小和市县同城问题严重、设施与功能的统筹布局滞后，与长沙、武汉等中心城市辐射能力相比还显不足。

（四）城镇化发展质量不高

一些城市规划缺乏科学性，对城市环境、交通、公共服务等配套设施并未给予充分考虑，大多在建设中盲目“照搬照抄、贪大求洋”，片面追求规模扩张，不太注重内涵的深化和质量的提高，缺乏个性与特色，集约节约使用土地、走紧凑式城市发展的理念还不牢固，造成“人口城镇化”滞后于“土地城镇化”，资源环境压力日益趋紧，城市交通日益拥堵，公共安全事件日益频发，城市污水和垃圾处理能力日益不足，大气、水、土壤等环境污染日益加剧，城市管理运行效率略显不高。环鄱阳湖城市群城市建成区面积从1990年的372平方千米扩展到2013年的1001.98平方千米，年均增长4.4%；而同期常住人口城镇化率仅从21.5%上升到50.3%，年均提高1.25个百分点，人口城镇化明显滞后于土地城镇化，导致建成区产业强度和人口密度偏低，耕地加剧减少，失地农民日益增多，拆迁纠纷时有发生。

（五）农业转移人口市民化进程滞后

由于城镇化发展的体制机制障碍还没有完全消除，行政区划、户籍管理、社会保障、教育就业、建设用地、城市管理等方面都还存在不适应城镇化发展的体制机制障碍。环鄱阳湖城市群尚未建立健全农村房屋、宅基地、集体建设用地等农村产权制度，尚未实现城乡居民基本养老、医疗保险制度一体化，群内城乡居民在统筹层次、就医选择、保障范围、待遇水平等方面存在较大差距，导致市民化进程滞后，大量农业转移人口难以融入城市社会。截至2013年末，环鄱阳湖城市群户籍人口城镇化率仅为28.24%，而常住人口城镇化率已达50.3%，人口城镇化明显滞后于土地城镇化水平，仍然有农业转移人员没有真正成为城市居民，依附城镇户籍制度的教育、就业、医疗、养老、保障性住房等城镇基本公共服务并未向农业转移人口覆盖，“半市民化”状态依然持续存在。

（六）城乡发展协调不足

近年来，环鄱阳湖城市群虽然在新农村建设上取得了显著成效，农村面貌有了很大改观，但与城市相比，农村发展依然相对缓慢，城乡发展仍不协调，二元矛盾比较突出。在城镇化加速发展的同时，城乡之间的收入差距不断扩大。2014 年，环鄱阳湖城市群城镇居民人均可支配收入为 24309 元，农村居民人均纯收入为 10117 元，两者相差 14192 元，同比扩大 1100 元。农村居民在耐用消费品、教育、文化、医疗、社会保障等支出方面与城镇居民存在更为巨大的差距。环鄱阳湖城市群在加快发展的过程中，担负着城镇建设和新农村建设的双项重任。在加快推进城镇化的过程中，必须兼顾农村的发展，坚持统筹城乡发展，促进城乡互动，实现城乡协调、共同发展。

三　推进环鄱阳湖城市群新型城镇化发展的路径

推进新型城镇化，不是简单的城市面积扩张和城镇人口比例增加，包含了产业结构调整、就业方式转变、人居环境改善、公共服务跟进等丰富的内涵。环鄱阳湖城市圈要以人的城镇化为核心，加强顶层设计，坚持改革创新，加快转变城镇化发展方式，推进产城融合，提高城镇综合承载能力，有序推进大中小城市和重点小城镇协调发展，走出一条以人为本、四化同步、布局优化、生态文明、文化传承的新型城镇化道路。

（一）强化规划顶层设计

《长江中游城市群发展规划》提出加快环鄱阳湖城市群建设，江西省应结合《江西省新型城镇化规划（2014～2020 年）》，加快编制出台《环鄱阳湖城市群新型城镇化发展规划》，并加快实施，强化领导，明确环鄱阳城市群新型城镇化发展布局、重点任务及政策措施，将环鄱阳湖城市群打造成江西乃至长江中游城市群新型城镇化的先行示范区。同时，加强规划实施管控，加大事前事中监管力度，防止规划和实施“两张皮”，确保“一张蓝图绘到底”。同时，要加强《环鄱阳湖城市群新型城镇化发展规划》监测评估体系建设，定期开展年度和中期评估、监测，以推动规划实施。

（二）有序推进农业转移人口市民化

第一，深化户籍制度改革。有序放开南昌市中心城区落户限制，全面放开群内其他城镇落户限制，引导农业转移人口合理有序流动。加快建立城乡统一的户口登记制，统一登记为居民户口。健全流动人口居住证制度，城镇流动人口暂住证持有年限累计进居住证，最高不超过 3 年，扩大居住证持有人享有的基本公共服务范围。尽快建立健全与居住证制度相挂钩的基本公共服务提供机制，并以此为据将流动人口纳入常住人口。

第二，分步分类推进农业转移人口市民化。建立健全公开透明的农业转移人口市民化工作机制，根据不同农业转移人口需求，分门别类地推进农业转移人口市民化。优先将有进城落户意愿的进城务工人员及其家庭纳入城镇居民人口范畴，将其纳入城镇基本公共服务范围；对不愿意放弃农村各项权益的本地进城农村居民和异地转入人口，按常住人口管理，并让其平等享有城镇居民基本公共服务。

第三，探索农业专业人口市民化新模式。在环鄱阳湖城市群内分别选择基础较好的若干市、县、中心镇，进行农业转移人口市民化成本分担机制改革试点，探索不同层面的可供推广复制的农业转移人口市民化成分分担模式，为全群域、全省乃至长江中游城市群其他市县推进农业转移人口市民化提供可复制、可推广的经验模式。

（三）进一步优化城镇布局和形态

环鄱阳湖城市群建设是融入长江中游城市群的重要支撑，要依据《长江中游城市群发展规划》，加快构建环鄱阳湖城市群城镇体系，形成“一群两带两区两组团”的城镇空间体系。一是加快构建鄱阳湖生态城市群。围绕打造南昌核心增长极、九江沿江开放开发、昌九一体化、昌抚联动等发展战略，以南昌为核心，以昌九城镇走廊为重点，以环湖其他区域性中心城市为支撑，强化城市间联系与协作，加快构建鄱阳湖生态城市群。二是打造两条城镇发展带。以沪昆铁路为轴线，加快推进赣湘开放合作试验区和上饶高铁经济试验区建设，加快培育新宜萍城镇群和信江河谷城镇群，打造沪昆城镇带；以京九铁路为轴线，重点推进昌九一体化，加快南昌临空经济区和共青先导区发展，积极推进昌九新区规划建设，加快建设昌九城镇群和吉泰城镇群，打造京九城镇发展带。三是培育南昌、九江两大都市区。加快南昌行政区划调整，解决南昌“大马拉小车”的问题，打造以南昌为中心的一小时大都市经济圈，并将其建设成全国区域经济增长的战略支点和带动全省发展的核心增长极。以九江城区为中心，聚集长江沿岸城镇的资源要素，将其打造成鄱阳湖生态经济区建设的新引擎、长江中游航运枢纽和国际化门户。四是积极推进两个城镇组团建设。以景德镇中心城区为核心，建设景德镇城镇组团；以抚州中心城区为核心，建设抚州城镇组团。五是促进大中小城市和小城镇协调发展。加快壮大区域性中心城市，引导有条件的县城加快建设成中等城市，打造一批商贸镇、文化镇、旅游镇、生态镇等特色城镇。

（四）提高城镇综合承载能力

第一，加快产城融合。一是做大重点产业。重点发展壮大群内新材料、新能源、航空制造、半导体照明、绿色食品制造、文化创意等战略性新兴产业，积极发展太阳能、风能、水能、生物质能等可再生能源产业和节能环保产业，改造提升有色金属、钢铁、食品、纺织、建材等传统优势产业，依托旅游资源和生态优势，全面推动生态养生休闲旅游，深度开发文化旅游，大力发展红色旅游，加快发展电子商务、文化创意、总部经济等新兴服务业。二是加快产业集聚。加快推进南昌、九江、景德镇、萍乡、新余、鹰潭、抚州、宜春、上饶和井冈山等国家级产业平台发展，支持符合条件的省级产业园区升级为国家级产业园区，加快建设一批省级重点工业园区，推进园区扩区调区，发展飞地园区，改革园区管理体制，促进生产要素向龙头企业集聚，向主导产业集聚，向工业园区集聚。三是科学建设产业新城。以产业集聚区为依托，根据产业集聚区和人口居住区的需要，科学规划产业新城。把产业园区作为城镇的有机组成部分，纳入城镇总体规划。突出城镇发展特色，注重城镇风貌塑造和品位提升，推进产业文明与城市文化相融发展，推广低碳建筑，建设绿色城市，把产业新城建设成经济社会发展的重要增长点及现代产业发展示范区。

第二，加快基础设施建设。一是加快交通基础设施建设。加快城市群交通网络建设，加快赣江、信江等高等级航道建设，加快建设南昌港、九江港主要港口和新余、鹰潭、景德镇、鄱阳、新干、樟树、峡江等地区港口建设，建设形成以高铁为主骨架的南昌至各设区市 1 小时，以及至武汉、长沙 2 小时圈，优化机场布局，加快规划建设“一干七支”机场，加快通用（勤）机场建设，构建城市综合交通枢纽，完善县域路网，形成高效、快速、安全、绿色的综合交通体系。二是加强信息基础设施建设。实施“数字江西”等重大工程，统一建设全省电子政务数据中心，运用物联网、物联网、云计算等新一代信息技术，加快建设“智慧城市”。三是强化市政基础设施建设。统筹规划建设电力、通信、给排水、供热、燃气等地下管网，建立并共享地下管网信息平台，加快建设城市综合管廊；打造包括物流配送、农贸市场、家庭服务中心等在内的便捷生活服务圈。三是强化能源基础支撑。加强电源点和智能电网建设，大力推广太阳能、风能、生物质能等清洁能源应用，抓好特高压入赣通道建设，推进西气东输三线、新粤浙线和省域天然气管网等重大工程建设。

（五）加快推进基本公共服务均等化

第一，统筹城乡就业一体化。建立城乡一体的就业失业登记管理制度，加强就业服务综合中心建设，完善省市县乡四级公共就业服务体系，实施农民工职业提升计划。积极发挥小额担保贷款扶持创业、促进就业的作用，拓宽农民工享受小额贷款政策范围，进一步降低反担保门槛，大力支持农民工创业发展。

第二，推进农业转移人口随迁子女平等接受教育。流入地应尽快将农民工随迁子女纳入其居住地义务教育发展规划和财政保障范围，加快制定实施农民工随迁子女接受义务教育后在流入地参加升学考试的办法，努力实现异地升学就读，确保农民工子女平等、免费接受义务教育。

第三，提高农业转移人口医疗卫生计生服务水平。创新管理体制，社区医疗卫生服务体系应将农民工及其随迁家属纳入，并建立统一、规范的居民健康档案，使其享有与城镇居民同等的基本医疗卫生计生服务。

第四，健全农业转移人口社会保障制度。进城落户的农民理应尽快优先被纳入城镇社会保障体系，加快衔接农业转移人口养老、医疗、失业等社保，合理确定被征地农民养老保险制度模式，将被征地农民纳入城镇职工基本养老保险范围，鼓励有条件的地方试行在居住地申请低保的制度。

第五，解决进城务工人员住房问题。加大公共租赁住房“租售并举”力度，推进进城务工人员平等享有公租房、廉住房的机会，建立健全以居住证为载体的有稳定就业的进城务工人员的住房公积金制度，支持农民工集中的开发区和产业园区建设单元型或宿舍型公共租赁房。

（六）大胆先行先试，推进体制机制改革创新

第一，加强试点示范。加快推进鹰潭、樟树和部分建制镇的国家新型城镇化综合试点和一批省级试点，尽快启动丰城市国家级中小城市综合改革试点，重点探索农业转移人口市民化成本分担机制、多元化可持续的城镇化投融资机制，建立行政管理创新和行政成本降低的新型管理模式、农村宅基地制度等，为全省、长江中游城市群乃至全国新型城镇化发展积累经验，提供示范。

第二，建立多元化可持续的城镇化投融资机制。一是设立环鄱阳湖城市群新型城镇化建设产业投资基金。二是构建基础设施投融资平台，建立省市县三级统筹机制，重点推进城市群内棚户区改造、城市道路修建、地下管网建设、环境治理等。三是先行在环鄱阳湖城市群内构建“市政债 + 政策性金融机构”的公共投资筹资制度。支持有条件的地市发行市政债券，将所筹集的资金用于市政基础设施和社会公益性项目的建设。研究在环鄱阳湖城市群内建立城市基础设施、住宅政策性金融机构，鼓励金融机构主动对接环

鄱阳湖城市群新型城镇化项目，在贷款规模、审批程序等方面适当给予政策倾斜。四是创新社会资本投融资机制。建立相应的激励和补贴机制，鼓励民间资本以参股、控股、独资等方式参与环鄱阳湖城市群社会公用事业领域的投资运营；放宽准入，完善监管，鼓励民间资本通过 PPP 等模式参与环鄱阳湖城市群城市基础设施投资运营。全面放开群内小城镇的市政设施和公共服务设施的建设与运营。

第三，建立健全城乡一体化发展机制。一是深化农村土地制度改革。全面加快推进农村土地确权登记颁证试点，在环鄱阳湖城市群内先行开展农民对集体财产、农村宅基地有序退出试点和农民住房财产权、宅基地抵押担保转让试点，建立城乡统一的建设用地交易市场，探索建立农村土地占有、使用、收益和处分权能的实现形式及体制机制。二是创新镇级体制机制。大力推进镇村联动，优先在环鄱阳湖城市群内省级重点镇实施强镇扩权试点，赋予中心镇部分县级经济和社会管理权限，支持若干有条件的中心镇加快培育成小城市，探索实行城镇建设用地增加规模与吸纳农业转移人口落户数量相挂钩的供地政策，将增减挂周转指标 50% 以上的城乡建设用地用于中心镇建设。三是深入开展农村人居环境整治。大力开展社会主义新农村、和谐秀美乡村和美丽宜居村庄建设，推进以“六改四普及”为重点的村庄整治建设。加快推进城镇基础设施和公共服务网络向农村延伸。积极探索符合农民需求、体现乡村特点的新型农村社区模式，延续保护村庄的自然风貌、形态格局、生态环境、传统民居，切实做到让居民望得见山、看得见水、记得住乡愁。

第四，加强城镇“多规融合”制度建设。一是加快推进多规合一试点建设。深化空间规划体制改革，加强城乡规划“三区四线”管理，严格按照城乡规划建设，杜绝大拆大建。加快推进鹰潭市、萍乡市、乐平市、丰城市、吉安县、湖口县、婺源县 7 个市（县）“多规合一”省级试点。二是加强村镇规划建设管理。率先在环鄱阳湖城市群内开展村镇住宅小区建设试点，科学编制乡镇总体规划、详细规划、建设规划。

第五，建立健全城镇生态文明制度。应加快对环鄱阳湖城市群内各城镇开发边界的划定，严格城市建设用地的供给，优化开发格局，加快统一确权登记环鄱阳湖城市群河湖、森林、山岭、滩涂、湿地等自然生态空间；加快鄱阳湖湿地补偿制度，进一步完善“五河一湖”以奖代补政策；实行资源有偿使用制度，探索编制自然资源资产负债表，推行碳排放权、排污权、水权交易制度，建立健全领导干部自然资源资产离任审计制度、任期环境质量考核制度和生态环境损害责任终身追究制度，守住自然本底，推进新型城镇化绿色化。

参考文献

江西省委、省政府：《关于完善城镇化发展体制机制提高城镇化发展质量的意见》，2014。

《积极稳妥推进城镇化发展——省长鹿心社在全省城镇化工作会议上的讲话摘登》，《当代江西》2014 年第 6 期。

宋亚平主编《中国中部地区发展报告（2014）》，社会科学文献出版社，2014。

蒋大国、胡倩：《新型城镇化进程中农民市民化的双重路径》，《江汉大学学报（社会科学版）》2015 年第 1 期。

刘旭辉、陈熹：《PPP 模式在新型城镇化建设中的推广运用研究——以江西省为例》，《金融与经济》2015 年第 2 期。

B.5

洞庭湖区参与长江中游城市群建设的思路和对策研究

曾万涛*

摘　要：洞庭湖区是属于长江中游城市群的生态经济区，是两个国家战略的叠加区域。积极参与长江中游城市群建设有利于长江中游城市群的形成，也有利于洞庭湖区成为更加秀美富饶的大湖经济区。总的思路是要摆正参与长江中游城市群建设的位置，弱化“行政区经济”的负面效应。要融入长江中游城市群一体化发展，打造智慧洞庭湖区，发展生态经济、智慧经济，建立生态补偿制度，打造大岳阳，发展省域边界城镇，创新行政管理体制机制。

关键词：洞庭湖区　长江中游城市群

洞庭湖位于湖南北部，接纳湘、资、沅、澧四水以及荆江的松滋、太平、藕池等，经湖泊调蓄后于湖口城陵矶进入长江干流，是我国典型的大型通江湖泊。目前，洞庭湖天然湖泊面积为2625平方千米，蓄洪堤垸和单退堤垸、高水还湖扩大湖泊面积1343平方千米，共3968平方千米，是我国第二大淡水湖。

2014年4月14日，国务院批复《洞庭湖生态经济区规划》，洞庭湖区

* 曾万涛，湖南省人民政府发展研究中心调研员，研究员，博士。

成为国家生态经济区。关于洞庭湖区的建设和发展，国务院要求："以推进生态文明建设为主题，以创新体制机制为动力，立足保障生态安全、水安全、国家粮食安全，着力构建和谐人水新关系、现代产业新格局、统筹城乡新福地、合作发展新平台，加快解决血吸虫病、城乡饮水安全等突出民生问题，加快提升区域整体实力和基本公共服务均等化水平，加快推进以人为核心的城镇化，加快推动发展方式转变，努力把洞庭湖生态经济区建设成为更加秀美富饶的大湖经济区。"

2015年3月26日，国务院批复《长江中游城市群发展规划》，要求把长江中游城市群建设成长江经济带重要支撑、全国经济新增长极和具有一定国际影响的城市群。

地处于长江中游城市群湖南与湖北交界地区的洞庭湖区，能否有效参与长江中游城市群建设，关系到洞庭湖区能否实现《洞庭湖生态经济区规划》，关系到长江中游城市群能否变为中国第四极，也关系到中国中部能否崛起。

一　长江中游城市群是城市群的"集群"

城市群是一个经济共同体和利益共同体。在特定地域范围内，随着城镇化的推进，城镇不断壮大和增多，规模不同、职能不同的城镇相互之间以及城镇与其腹地之间联系日益密切，形成一个一体化的综合体，这个综合体就是城市群。可以说，城市群是城镇化带来的。

长江中游城市群是城市群之上的城市群，由大武汉城市圈、环长株潭城市群、环鄱阳湖城市群构成，面积31.7万平方千米。据此，长江中游城市群并没有形成。大武汉城市圈包括13个市，由武汉城市圈（武汉市、黄石市、鄂州市、黄冈市、孝感市、咸宁市、仙桃市、潜江市、天门市）和襄阳市、宜昌市、荆州市、荆门市构成；环长株潭城市群包括8个市，由长沙市、株洲市、湘潭市、衡阳市、娄底市、岳阳市、常德市、益阳市构成；环鄱阳湖城市群包括南昌市、九江市、景德镇市、鹰潭市、新余市、宜春市、萍乡市、上饶市，以及抚州市、吉安市的部分县（区）组成。以大武汉城市圈、环长株潭城市群、环鄱阳湖城市群为基础，以武汉、长沙、南昌为中心城市的长江中游城市群有加速发展之势。

第一，基础较好。长江中游城市群有中国最大河流——长江、第一大淡水湖——鄱阳湖、第二大淡水湖——洞庭湖。特大城市武汉和大城市长沙、南昌三足鼎立，是三省的中心地区（三省经济和人口集聚地区）。其特征可以概括为“一江两湖、三足鼎立”。

第二，区位优越，交通发达。长江中游城市群地处长江中游，承东启西、联南结北。黄金水道横贯东西，铁路、高速铁路和公路、高速公路四通八达。

第三，开放型经济发达。湖南省仅有的三个综合保税区，即衡阳、岳阳城陵矶、湘潭，都在环长株潭城市群范围内。湖北省现有保税区所在的城市，全部被划进了长江中游城市群范围。

第四，相互之间有联系基础和潜力。区域内部已有经济联系，早在1987年5月，“武汉经济协作区”就在湖南岳阳正式宣告成立。2005年11月18日，在长沙召开的武汉经济协作区第十一次市长联席会议宣布各市要联手打造中国经济增长第四极。2012年2月10日，湖北、湖南、江西三省政府在武汉签订了共建长江中游城市群的框架协议。2012年4月19日，咸宁市、岳阳市、九江市政府签订合作框架协议。2012年11月，九江市、黄冈市政府在黄冈签订了《关于推进跨江跨区合作开发框架协议》。2013年2月23日，武汉市、长沙市、南昌市、合肥市政府在武汉签订了《长江中游城市群暨长沙、合肥、南昌、武汉战略合作协议》。2013年9月28日，为加快推进长江中游城市群发展，合力打造中国经济增长第四级，咸宁市、岳阳市、九江市、安庆市政府在咸宁达成《咸宁共识》。2014年2月28日，武汉市、长沙市、南昌市、合肥市政府在长沙发布《长沙宣言》。2014年5月13日，萍乡市、株洲市政府在株洲签订了《共建赣湘开放合作试验区战略合作框架协议》。2015年2月7日，在合肥召开的“长江中游城市群省会城市第三届会商会”上，四省会签署了《合肥纲要》。如今国家设在武汉的华中电网、长江水利委员会、中国人民银行武汉分行等机构，仍管理湘鄂赣三省相应事务，外国驻武汉总领事馆和外资银行武汉分行，业务也覆盖湘鄂赣三省。湘鄂赣经济相融，具有很强的产业互补性，合作潜力巨大。

第五，中央重视。时代呼唤生态文明，中央高度重视生态文明。2007年12月14日，国务院批复长株潭城市群和武汉城市圈为国家资源节约型、环境友好型社会建设综合配套改革试验区。2009年12月12日，国务院批复建立鄱阳湖生态经济区。2010年8月25日，国家发改委印发《关于促进中部地区城市群发展的指导意见》。同年12月，国务院下发《全国主体功能区规划》，在这个规划中，由武汉城市圈、长株潭城市群和鄱阳湖生态经济区为主体构成的长江中游地区被列为“国家重点开发区域”。2014年4月14日，国务院批复同意构建洞庭湖生态经济区。2014年9月12日，国务院发布《关于依托黄金水道推动长江经济带发展的指导意见》。2015年3月26日，国务院批复《长江中游城市群发展规划》。2015年4月8日，国务院批复同意设立湖南湘江新区，湖南湘江新区位于湘江西岸，包括长沙市岳麓区、望城区和宁乡县部分区域，面积490平方千米，湘江新区的设立，是实施国家区域发展总体战略、贯彻落实《长江中游城市群发展规划》《关于依托黄金水道推动长江经济带发展的指导意见》的重要举措，将促进湖南省和长江中游城市群发展，为促进中部地区崛起和长江经济带建设发挥更大作用。

长江中游城市群不同于一般城市群，是城市群上的集群。城市群有不同层次，城市群的地域范围也是不断扩大的。高级城市群由多个低级城市群组成。长江中游城市群是由大武汉城市圈、环长株潭城市群、环鄱阳湖城市群构成的集群。

城市群不一定只有一个中心城市。长三角城市群又叫沪宁杭城市群，上海、南京、杭州是中心城市。长江中游城市群是多个城市群构成的集群，显然，它的中心城市也有多个，武汉、长沙、南昌是中心城市。长江中游城市群城镇的等级不同，各个城镇承担着不同功能，但功能互有较强的互补性。

二 洞庭湖区是属于长江中游城市群的生态经济区

洞庭湖生态经济区包括湖南省的岳阳市、常德市、益阳市、长沙市望城区和湖北省的荆州市，共33个县（市、区），规划面积6.05万平方千米。既是生态经济区，又属长江中游城市群，两个国家战略的叠加，使得洞庭湖区更加重要。洞庭湖区既要建设生态经济区，又要参与长江中游城市群建设。

洞庭湖区虽然地位非常重要，但其发展定位向来不明确。在宏观层面、公开场面，洞庭湖区被强调为“鱼米之乡”“天下粮仓”；而在地方层面或非公开场合，却强调要大搞工业，要壮大城市。洞庭湖区属于长江中游城市群的生态经济区，基于这样的认识，洞庭湖生态经济区应包含什么内容呢？“鱼米之乡”“天下粮仓”，这是历史形成的，未来仍将继续，并且需要进一步强化。我国在这方面是有经验教训的。如珠三角、长三角等地，原是粮食主产区，但随着工业化和城镇化的快速推进，农田不断被吞食，耕地不断减少，粮食产量不断下降。据魏后凯、成艾华的研究，“从1978年到2010年，浙江和广东的粮食播种面积分别下降了63.3%和50.1%，粮食产量则分别下降了47.5%和12.8%。目前，广东、浙江等地已由过去的粮食主产区转变为粮食主销区，而把保障国家粮食安全的重任转移到了中西部地区”。2010年12月，湖南省环洞庭湖基本农田建设重大工程启动，并被纳入国家土地整治重大工程。该工程计划投资300亿元，用于土地平整、渠网配套、村庄整治及征地拆迁、生态建设等。环洞庭湖基本农田建设重大工程覆盖岳阳、常德、益阳三市18个县（市、区），工程建设分三期实施，一期工程从2010年开始，为期5年。把洞庭湖区建设成全国粮食生产核心区是全国的需要，对保障国家粮食安全十分重要。

从长江中游城市群来看，洞庭湖生态经济区是腹地。建设长江中游城市群，并不要求长江中游城市群普遍实施工业化，中心城市迎来了快速发展的新时机，城市规模会继续扩大。原因之一，是城市规模标准提高了。2014

年10月29日，国务院下发通知，调整城市规模划分标准，城区常住人口100万~500万的为大城市，500万~1000万的为特大城市，1000万以上的为超大城市。原因之二，是长江中游城市群国家战略的提出对长江中游地区中心城市的发展壮大提出了要求，城市规模需要继续扩大。武汉已是1000万人以上的超大城市，并将继续扩大；长沙会向500万人特大城市目标迈进。武汉市不辖郊县，且市域全部是城市规划区。武汉市土地面积8494.41平方千米，辖13个区，据国务院批复的《武汉市城市总体规划（2010~2020年）》，武汉城市规划区达8494平方千米。截至2014末，武汉市建成区面积为552.61平方千米，常住人口为1033.80万人。据国务院批复的《长沙市城市总体规划（2003~2020）》（2014年修订），长沙城市规划区面积为4960平方千米，到2020年，中心城区城市人口控制在629万人以内，城市建设用地控制在629平方千米以内，加上2015年4月8日国务院批复同意建立湖南湘江新区，长沙很快会进入特大城市行列。与长沙紧邻的株洲、湘潭也进入了大城市行列，并将继续扩大规模。洞庭湖区与长株潭城市群、武汉城市圈相连，并且洞庭湖区与长株潭城市群、武汉城市圈之间是一种唇齿相依、优势互补、相互促进的关系，因此，是长株潭城市群、武汉城市圈的腹地理所当然。同时，洞庭湖区自身也存在腹地-城市关系，岳阳、常德、益阳等是洞庭湖生态经济区的中心城市，洞庭湖生态经济区内部也存在自我服务关系。

从湖南、湖北和自身来看，洞庭湖区应该坚持“两型”发展。洞庭湖区处于武汉城市圈和长株潭城市群之间，而这两个城市圈（群）是国家资源节约型、环境友好型社会建设综合配套改革试验区，因而可以说，洞庭湖区尽管没有“两型”试验区的招牌，但“两型”是洞庭湖区发展的重要内容，洞庭湖区应该坚持“两型”发展。

从“一带一路”战略来看，长江港口城市岳阳应该是开放型经济桥头堡。城陵矶港是“长江八大良港”之一，也是湖南省唯一对外开放一类口岸。近年来，城陵矶对外开放水平节节攀升：2013年2月6日，国家质检总局批准城陵矶进口肉类指定口岸建设；2014年7月1日，国务院批准同意设立岳阳城陵矶汽车整车进口口岸；2014 年 7 月 5 日，国务院批复同意设立城陵矶综合保税区。城陵矶进口肉类指定口岸是长江沿线继上海、张家港、重庆后第四个进口肉类指定口岸。城陵矶汽车整车进口口岸是长江沿线继上海、张家港之后第三个汽车整车进口口岸。城陵矶综合保税区对外开放层次很高，优惠政策很多，资源集约化程度很高。

从全国、长江中游城市群、湘鄂两省以及洞庭湖区自身情况来看，洞庭湖区应该是生态功能旺盛区。根据《全国主体功能区规划》，洞庭湖是我国重要的生态功能保护区，承担着调洪蓄水、调节气候、降解污染、保护生物多样性等重要生态功能。湖泊面积扩大，生态功能充分发挥，是洞庭湖区的基本要求，而要使生态功能充分发挥，就必须保持生态系统健康。将洞庭湖建成生态功能旺盛区，是长江中游城市群和湖南、湖北的需要。2012 年 8 月，沅江市湿地保护局挂牌成立，成为湖南省第一个湿地保护局。

综合来看，洞庭湖区应该是集“天下粮仓”中心城市腹地、“两型”发展地区、开放型经济桥头堡、生态功能旺盛区于一体的生态经济区。

三　洞庭湖区参与长江中游城市群建设的思路

（一）摆正在长江中游城市群中的位置

洞庭湖区是长江中游城市群的有机组成部分，但并不意味着必定是城市密集区，更不意味着是长江中游城市群的核心区，因为城市群不是城市，而是由很多个城市构成的，多个城市构成的城市群绝大部分土地并不是城市建成区。洞庭湖区参与建设长江中游城市群，并不意味着洞庭湖区要大搞城市建设，大搞工业，而是要认可自身的定位。

长江中游城市群不是要求到处都建城市，各个地方的定位应该有所不同。武汉、长株潭、南昌、合肥是长江中游城市群的中心城市，应当是“主角”。洞庭湖生态经济区则不同，自然特点决定其在长江中游城市群中只能充当“配角”。“配角”功能的充分发挥，是长江中游城市群建成的重要保障。

（二）弱化“行政区经济”负面效应

地方政府一味追求自身利益最大化，地方保护主义盛行，行政区域分界线成为区域横向联合的墙壁，要素跨区域流动严重受阻，一体化难以实现。因此，当前的对内开放其实比对外开放更重要、更有潜力，也更具有重大的现实意义和深远的历史意义。

要合作博弈，弱化“行政区经济”负面效应。合作博弈是正和博弈。各个行政区要选择开放，不要出现在对方选择开放时自己选择对本地市场保护之情况，更不要都选择保护，否则只会带来区域经济发展的市场分割，最后的结果是大家的利益都受损。“囚徒困境”揭示了一个深刻的问题：个人理性不能导致集体理性。诸方应理性，选择开放，进行合作，共同受益。

洞庭湖区跨两省五市，弱化“行政区经济”负面效应极为重要。洞庭湖生态经济区的科学发展、和谐发展，靠湖南、湖北两省合作博弈，靠岳阳、常德、益阳、长沙和荆州五市协同作战。

四　洞庭湖区参与长江中游城市群建设的对策

（一）融入长江中游城市群一体化发展

洞庭湖生态经济区不是城市密集区和核心地区，但并不意味着长江中游城市群建设与己无关。洞庭湖生态经济区地处长株潭城市群与武汉城市圈之间，是长江中游城市群的重要组成部分，要积极融入长江中游城市群一体化发展。融入城市群一体化发展，是洞庭湖生态经济区建设的关键。

政府搭台，企业唱戏，参与一体化。要发挥市场的决定性作用，在遵循市场规律的前提下，政府发挥作用。长江中游城市群一体化涉及所有方面，包括基础设施、产业、市场、旅游、环境保护、金融、人才、科教、文化等。

首先，参与基础设施一体化，加快建设区域综合交通网，与城市群基础设施融为一体。以武汉为中心，以岳阳为次中心，以宜昌、黄石、九江、荆州为基础，整合港口资源，合力构建一体化的长江中游港口群体系。规划建设常德－岳阳－九江铁路。联手打通“断头路”，修建环洞庭湖公路、平江－修水高速公路、城陵矶高速公路、常德－安化高速公路、临湘－岳阳高速公路、岳阳－望城高速公路、南县－益阳高速公路等，形成更加畅通、便捷、安全的高速公路网络。

其次，推进产业一体化，构建区域产业合作发展纽带，形成区域内合理分工的产业发展格局。推进产业一体化，需要城市群各市调整产业结构，进行产业转移，必须把眼界放大，放大到长江中游城市群。这种城市群内的产业转移，看似此消彼长，但从长期角度和大局来看，企业从此得到了可持续发展，并会给原地带来利益。

最后，推进其他各方面的一体化。着力推进市场一体化，培育和发展长江中游城市群统一、开放、有序的市场体系；推进生态保护一体化，共同开展河流湖泊综合治理和保护；推进旅游一体化，这是加快地区旅游业发展的必由之路，旅游一体化能有效地抑制恶性竞争，大大拓宽一个地区的资源空间和市场空间，并实现旅游业健康可持续发展。

如前所述，城市群是分层次的。洞庭湖生态经济区分属于两个次级城市群——环长株潭城市群、宜荆荆城市群。洞庭湖区首先是环长株潭城市群、宜荆荆城市群的组成部分。而从现实情况来看，环长株潭城市群、宜荆荆城市群两个次级城市群的发展是快于“中三角”这个大城市群的。只有在次级城市群形成之后，才会出现上级城市群，这是客观规律决定的。因此，洞庭湖区在参与城市群一体化建设上，要分清先后。只看到“中三角”，看不到次级城市群，会欲速则不达；只看到次级城市群，看不到“中三角”，会急功近利，顾此失彼。因此，两级城市群需要统筹兼顾。

（二）打造智慧湖区

什么是智慧湖区？智慧湖区是智慧城市概念地域上的扩大，智慧湖区是数字湖区的升级版。智慧湖区是数字湖区＋物联网。数字湖区是利用信息技术把湖区的地理信息和其他信息结合起来存储在网络上，并将湖区与外地连在一起以供用户访问的一个虚拟空间。物联网与水、电、气、路网络一样，是另一类基础设施，它通过传感器把任何物品普遍相连，物联网与数字湖区相连，人们能够更加精细、聪明和动态地工作和生活。从技术层面来看，智慧湖区表现为自感知、自适应、自优化，智慧湖区高于数字湖区。

技术和机制是智慧湖区的核心问题。地理信息技术、通信技术、传感技术、超算技术和云服务技术是智慧湖区的关键技术，利益协同和信息共享是智慧湖区的运行机制。

1. 搞好顶层设计

信息化发展存在一个规律，就是其发展浪潮犹如波浪前后相迭，连绵不断。3G 尚未普及，4G 呼之欲出；数字城市尚在建设，智慧城市建设早就开始。智慧湖区与数字湖区是相容的，数字湖区建设是智慧湖区建设的基础，但智慧湖区高于数字湖区，显然不必等到数字湖区建成之日再提智慧湖区，而应及早提出，这样才能把握战略主动权，抢占发展制高点。要积极制定智慧湖区标准、功能组件、应用场景、指标体系，形成具有完整性、前瞻性、可扩展性、行业和区域针对性、可操作性的智慧湖区总体规划与实施方案。

2. 加快信息基础设施建设

扩大利用互联网、物联网、其他各种信息通信网络，构成覆盖湖区的信息共享网络体系。开发和整合利用各种信息资源，建立和发展 3S 技术、云计算技术、数据处理技术等技术支撑体系。通过感知化、互联化、智能化的方式，将物理基础设施、信息基础设施、社会基础设施和商业基础设施连接起来，建成新一代的智慧化基础设施。

大力发展 Wi－Fi，推广移动互联网，建设无线城市。

大力实施智能交通。尽快实现经济区高速公路不停车电子收费（ETC）。改变城市交通信号灯现有的变化规律，启用根据车流量变换交通信号灯的系统。加快建立并完善路况查询、交通查询、停车位查询电子信息系统。公交车站建立电子站台，使乘客知道到站时间。营运车辆甚至所有车辆安装

GPS，比如校车，使家长通过手机上网随时查看孩子乘坐校车的情况。

发展能源互联网。建筑物都将装上智能电表，恒温器、电视、洗衣机、电脑等，也都将装上与智能电表和能源互联网相连的传感器。此外，企业机器和交通工具，以及家庭住宅等，都可通过能源互联网连接在一起，形成一个智能网络。

发展环保物联网，采用“电子眼”监控污染源。大力实施智能水务，建设水务物联网。从传统的医院线下模式过渡到以物联网和互联网技术为基础的线上模式，发展智能治疗。促进公共服务细致入微，大力实施智慧社区、智能家居工程。

3. 统筹管理，打破利益壁垒，消除信息孤岛

智慧湖区建设最大的困难不在技术，而在利益壁垒。智慧湖区建设需要通信系统、银行系统、政务管理系统等的开放，但我们恰恰缺乏跨部门共享和业务协同的工作机制，要统筹管理，破除信息孤岛。智慧城市强调信息技术的应用，应该归属分管信息化的行政机关，全面建成小康社会洞庭湖地区指导小组是智慧洞庭湖区建设的牵头部门。应明确省、市、县在智慧湖区建设中的事权关系，形成统筹协调、分工合理、权责明确的工作机制，下大力气促进信息资源的开放和共享。

4. 营造智慧消费环境

出台网络信息安全、个人信息保护等方面的法规，规范信息消费市场秩序。依法加强对信息服务、网络交易、产品及服务质量等的监管，查处侵犯知识产权、网络欺诈等违法犯罪行为。积极发挥行业协会作用，强化行业自律机制，鼓励符合条件的第三方信用服务机构开展商务信用评估。建立健全企业争议调解机制，防止企业滥用市场支配地位等开展不正当竞争。

推进智慧湖区建设，着力消除阻碍信息消费的各种行业性、地区性、经营性壁垒。

5. 营造智慧发展环境

深化行政审批制度改革。取消或下放一批与智慧湖区有关的行政审批事项和行政管理事项。优化确需保留的行政审批程序。加快实施注册资本认缴

登记制度，降低互联网企业设立门槛。

加大财税金融支持力度。高新技术互联网企业依法享受所得税优惠税率。落实企业研发费用税前加计扣除政策，合理扩大加计扣除范围。加大现有支持小微企业税收政策落实力度，切实减轻互联网小微企业负担。进一步落实财政、税收、金融等部门鼓励软件和集成电路产业发展的若干政策。切实改善企业融资环境，改革集成电路投融资体制，利用现有财政资金渠道，设立集成电路产业投资基金，引导社会资金投资集成电路产业。鼓励各市符合条件的企业发行智慧湖区建设的企业债。

（三）调整产业结构，发展生态经济、智慧经济

生态经济、智慧经济是洞庭湖区所要求的。遵循生态要求、智慧要求，洞庭湖区调整产业结构，发展腹地经济，建设“鱼米之乡”，提升信息技术对现代农业决策、管理和服务的支撑能力，建成国家农业农村信息化示范湖区。

发展智慧产业。增强林业与水利资源监管、灾害监测预警能力。加快推动信息化与工业化进入深度融合阶段，使信息技术在企业各环节得到广泛应用；工人、数据与机器深度连接，融为一体。鼓励智能终端产品创新发展。加快实施智能终端产业化工程，促进终端与服务一体化。支持数字家庭智能终端产业化。鼓励整机企业与芯片、器件、软件企业协作，研发各类新型信息消费电子产品。支持运营商和制造企业通过定制、集中采购等方式开展合作，提升智能终端产品的竞争力。提高电子基础产业的创新能力。做大做强平板显示产业，加快推进新一代显示技术突破。大力提升集成电路设计、制造工艺技术水平。支持智能传感器及其系统核心技术的研发和产业化。

发展腹地经济。区域经济由经济中心、腹地、经济网络组成，经济中心和腹地相辅相成。长江中游城市群建设给洞庭湖区发展腹地经济提供了良机。城市建设需要占用耕地，长株潭的扩大可以通过洞庭湖区实现耕地跨区域占补平衡。洞庭湖区腹地还为长株潭、武汉提供矿产资源。如岳阳蕴藏矿

产80余种，其中矿建材料储量占全省的80%；常德有矿藏145种，金刚石、磷、石煤、石膏等储量居全省乃至全国之首；益阳有“有色金属之乡”的美称，其中锑矿占全国的1/5，这些都为长株潭、武汉提供了丰富的工业原料。另外，洞庭湖区芦苇资源丰富，是造纸工业的原料基地。湖庭湖区还可大力发展与长株潭、武汉实现互补的“两型”工业，大力发展为长株潭、武汉提供服务的旅游休闲业。

稳步建设“鱼米之乡”“天下粮仓”。湖南洞庭湖区集中了全省近30%的耕地和基本农田，有14个商品粮基地县、3个商品棉基地县、8个水产基地县及3个国家级基本农田保护示范区，是我国特大型商品粮基地。《全国新增1000亿斤粮食生产能力规划（2009～2020年）》提出，湖南省要承担新增100亿斤商品粮的任务。历史重任，压在了洞庭湖生态经济区身上。

（四）建立生态补偿制度

生态补偿不是为补偿而补偿，最终目的是协调人与自然的关系。其实质是以环境成本内部化为手段，通过对生态系统功能的保护或恢复活动，协调人与自然的关系，并调整人与人之间的利益关系。

为了维护洞庭湖区生态系统的平衡，需要进行生态补偿。其浅层目的是平衡区域与区域之间的关系，体现公平合理的原则；深层目的是维护洞庭湖区生态系统的平衡，做到人与自然的和谐相处、生态和经济的协调。建立生态补偿补偿，有助于消除“生态赤字”。因此，要建设洞庭湖生态功能旺盛区，生态补偿是十分必要的。洞庭湖生态功能旺盛区既要纵向补偿，也要横向补偿，既要政府补偿，也要市场补偿。

（五）对接“一带一路”，打造大岳阳

岳阳是洞庭湖生态经济区长江港口城市，具有对接“一带一路”战略的优势条件，这是岳阳不同于洞庭湖生态经济区其他地方的最大特点。要充分发挥长江港口城市优势，通过跨江发展，建设开放型经济桥头堡、临港新

城，与长沙内陆开放型经济高地形成一体，港、产、城融合，简政放权，打造大岳阳。

跨江发展。洞庭湖区跨长江，江南江北要一体。岳阳与湖北监利县白螺镇、洪湖市螺山镇仅一江之隔，由荆岳大桥相连，联系较多，应鼓励岳阳跨江发展，建议把白螺镇、螺山镇甚至整个监利县、洪湖市纳入大岳阳建设发展规划。

建设开放型经济桥头堡、临港新城。城陵矶港是“长江八大良港”之一，也是湖南省唯一对外开放一类口岸。近两年，城陵矶港对外开放水平节节攀升。2013 年 2 月 6 日，国家质检总局批准城陵矶进口肉类指定口岸建设；2014 年 7 月 1 日，国务院批准同意设立岳阳城陵矶汽车整车进口口岸；2014 年 7 月 5 日，国务院批复同意设立城陵矶综合保税区。要继续提高城陵矶对外开放层次，建设好临港产业新城，到 2020 年，把城陵矶港打造成“百万标箱、亿吨大港”的开放型经济桥头堡。

与长沙内陆开放型经济高地互利共赢。国家发改委、外交部、商务部经国务院授权，2015 年 3 月 28 日联合发布《推动共建丝绸之路经济带和 21 世纪海上丝绸之路的愿景与行动》。该愿景与行动从时代背景、共建原则、框架思路、合作重点、合作机制等方面阐述了“一带一路”的主张与内涵，提出了共建“一带一路”的方向和任务。该愿景与行动提出长沙是内陆开放型经济高地。岳阳开放型经济桥头堡与长沙开放型经济高地是一种互补关系，长沙有空港优势，岳阳有长江港口优势。要搞好桥头堡与高地的相互促进关系，二者紧密结合，凝成一体，使得岳阳“也有空港”。

通过开放型经济桥头堡建设，推动港、产、城一体化，建设临港新城。滨江新城建设要体现“两型”要求和生态经济区要求，宜居宜业宜游。

在建设临港新城的同时，岳阳可以向东、向南扩展。临湘市白云镇发展条件好，地处岳阳东，岳阳可以向白云镇方向拓展；岳阳县麻塘镇、新开镇地理位置优越，交通发达，地处岳阳南，岳阳可以向该方向拓展。

（六）发展省域边界城镇

1. 共建开放合作试验区

湘、鄂、赣三省可以在三省交界地区建立开放合作试验区，试验区范围包括洞庭湖区及其与湖北省交界的市和与江西省交界的市，具体包括岳阳市、常德市、益阳市、宜春市、武汉市、荆门市、襄阳市、咸宁市、宜春市等。试验区可以在市与外省的市接壤地带规划一定区域率先启动，再逐步扩大到整个试验区。试验区可以享用三省叠加的优惠政策，可以在产业、土地、金融、财税等方面先行先试。

2. 发展“飞地经济”

“飞地经济”是一种经济模式，指发达地区与欠发达地区打破行政区划限制，飞出方将资金和项目放到飞入方，双方建立一种包括规划、建设、管理和税收分配等方面的合作机制，从而实现互利共赢。洞庭湖区是长江中游城市群的有机组成部分，可以与中心城市合作，选择省域接壤地区，比如赤壁、临湘等发展“飞地经济”。

（七）创新行政管理体制机制

1. 建立市长联席会议制度

洞庭湖区要建立5市市长联席会十分必要。市长联席会至少一年举办一次，5市轮流举办。因为洞庭湖区地跨两省，市长联席会也可以请湖南、湖北的省领导参加。

2. 对湖区简政放权

湖南省政府应向岳阳、常德、益阳下放更多经济社会管理权限，湖北省政府应向荆州市下放更多经济社会管理权限。在简政放权的同时，要启动人事制度改革，让简政放权顺利通过“最后一公里”。权力下来了，但怕担责任，不少机关人员遇事拖着不办，或推给其他部门，或向上反复请示，或希望单位“一把手”签字，应避免这些问题出现，保证简政放权发挥应有的效果。

参考文献

曾万涛：《打造洞庭湖国家生态经济区的政策建议》，《武陵学刊》2012 年第 1 期。

魏后凯、成艾华：《携手共同打造中国经济发展第四极——长江中游城市群发展战略研究》，《江汉论坛》2012 年第 4 期。

秦尊文：《论长江中游城市群的构建》，《江汉论坛》2010 年第 12 期。

B.6

发展“飞地经济”：打造湘鄂赣三省产业对接协作平台

赵 霞*

摘 要： 目前，中三角既有核心城市武汉、长沙等市为了解决开发区和工业园区普遍面临的土地资源严重不足和产业转型升级的问题，积极发展飞出型的“飞地经济”，也有南昌、宜昌等市为了使开发区壮大，发展飞入型的“飞地经济”，两者均取得了一定成效。但是，与长三角地区的苏州－滁州、江阴－靖江等地相比，中三角地区还存在差距，应学习借鉴长三角经验，加快发展“飞地经济”，打造跨区域产业对接协作平台，助推中三角产业协同与转型升级。

关键词： 产业对接协作 “飞地经济”

“飞地经济”是指在经济发展过程中，突破行政区域限制，飞出地在行政区划不相隶属的飞入地建立合作园区，在开发模式和机制上，以利益共享、多方共赢为宗旨，实现市场共享、产业共兴的经济形态。这一区域经济合作方式，不仅有利于飞入地发挥土地、劳动力成本等比较优势，借助飞出地的项目推介、资金输出和软件输出促进本地产业快速成长，而且解决了飞出地发展空间受限、产业升级压力增大等问题，能有效推进地区间资源优势

* 赵霞，湖北省社会科学院长江流域经济研究所副研究员，主要研究方向为区域经济、流域经济。

互补，带动周边区域实现经济转型与产业升级。飞地概念主要是建立在区域比较优势理论、非均衡发展理论及梯度转移理论的基础上的。上海很早就有了飞地的探索：1955 年前后，为疏散上海的人口，上海发展了 7 块飞地：位于江苏省盐城市的上海农场、川东农场和海丰农场，位于安徽省宣城市的白茅岭农场和军天湖农场，位于安徽省黄山市的练江牧场和黄山茶林场，7 块飞地总面积达 360 平方千米。

“飞地经济”这一术语在国内出现于 2004 年，改革开放以来处于主导地位的非均衡发展模式，使得中国经济在持续增长的同时，存在地区发展的严重失衡，在高速发展的东部、落后的西部、塌陷的中部以及负重前行的东北地区之间形成了巨大的反差。在出口导向的对外贸易政策背景下，海外企业纷纷“飞入”我国沿海地区，实现产业的梯度转移。

长江中游城市群（简称“中三角”）处于长江经济带“龙腰”的位置，实现产业协同，需要长江上中下游产业互动发展，尤其是加强产业链配套、市场互补、共建物流网络方面的联系。长三角通过“飞地经济”模式的创新，在产业协作方面为中三角提供了示范。

一　中三角产业协同与转型升级情况

国务院 2014 年 9 月发布的《关于依托黄金水道推动长江经济带发展的指导意见》，明确要打造电子信息、高端装备、汽车、家电、纺织服装世界级制造业集群。2015 年 4 月，国务院批复同意的《长江中游城市群发展规划》提出，打造中国经济发展新增长极，通过有序推进跨区域产业转移和承接、加快产业转型升级，联手打造优势产业集群。

（一）产业协同与转型升级取得了一些成绩

近年来，三省推进产业协同发展、转型升级，体现在四个方面：①从传统农业向现代农业加速转型，包括传统种植业正在向机械化、服务化、模块化的现代农业转型，从种植和简单加工向科学种植、精深加工、自主研发和进行品牌方向升级；②从传统工业体系向规模化、高端化、服务化现代工业体系转型。围绕主导产业的转型升级，形成一些相对完善的产业配套体系。产业融合发展逐渐提速，三省的很多企业超出了省域的范围，为珠三角、长三角企业提供配套服务。③新技术对传统产业改造提升的作用日益明显。产业升级关键取决于创新，逐渐从封闭式创新转向开放式、互动式、链接式的产学研协作的创新，长江中游城市群人力资源、科技资源丰富，高校众多，逐渐从封闭向开放互动转变。2014 年 1 月，湖北省率先出台了《深化科技体制改革推进“创新湖北”建设的实施意见（试行）》，在万众创新、大众创业方面走到了前列。④从传统服务业向新兴服务业拓展。《长江中游城市群发展规划》不仅提到一般优势产业集群，而且提到现代服务业集群。三省的传统服务业改造提升潜力大，武汉的金融业、南昌的软件服务外包业等亮点纷呈。

（二）三省各成体系，产业分工合作不充分

目前，湖北省有 10 个千亿级以上产业，湖南省有 9 个，江西省有 10 个，集中在五大产业——汽车制造、钢铁有色、装备制造、石化和电子信息。

将中三角、长三角和京津冀进行比较，发现京津冀的区域差异最大。①北京的工业化指数水平达 100，已经到了后工业化阶段，天津达 95，处在工业化后期后半阶段，河北工业化指数水平与北京、天津相差较远，具备产业梯度转移的前提条件。②中三角湘鄂赣三省的工业化指数非常接近，根据中国社科院的测算，湖北是 63，湖南和江西都是 57，三省处于同一经济梯度——工业化中后期，具备共同的市场和区位条件，总体来看竞争大于合作，容易产生低水平重复建设。③长三角三省（市）工业化指数水平趋同，处于后工业化阶段，或者工业化后期的后半阶段，正从经济要素的一体化阶段逐步向制度一体化阶段迈进。横向比较显示，中三角与长三角和京津冀的区域整体发展水平差异较大，具备承接长三角和京津冀地区产业转移的条件。

（三）中三角在产业协作对接方面较为落后

从中三角和长三角、京津冀的产业协作对接来看，《长江中游城市群发展规划》已经出台，长三角的一体化进程正向纵深推进，京津冀协同发展也已上升为国家战略。但在共建产业园、产业对接平台及产业协同发展的市场环境等方面，中三角相对落后，尤其在产业园区共享共建方面的合作刚刚起步，并且中三角的一体化组织保障相对松散。

开放战略不仅要开放本身，而且要通过开放倒逼改革，激活市场主体。目前湘鄂赣三个省域的市场主体效率较低，一个重要的原因是缺乏有效的对外开放和国际竞争。有两组数据，一组是 2013 年全国各省份进出口总额的排名，四川、重庆分别排第 9 名和第 10 名，中三角中江西排名最靠前，是第 16 名，湖北是第 17 名，湖南是第 22 名。另一组是外商直接投资排名，湖南排名最靠前，是第 12 名，江西排第 14 名，湖北排第 15 名；对外直接投资排名靠前的也是湖南，为第 12 名，江西为第 19 名，湖北为第 21 名，与全国相比居中游甚至中下游水平，外向度比较低，外向型经济不发达。按照《长江中游城市群发展规划》的要求，建设内陆型合作示范区，包括中三角内部的互相协作开发，以及对内统一开放、统一市场。但到目前为止做得还不到位，比如竞争多于协同合作，在招商引资方面互相抢项目、互相争优惠政策，行政分割，贸易壁垒，以及统一市场监管、统一市场要素的流动存在很大欠缺。

长三角是我国“飞地经济”发展的先行者。特别是江苏早在 20 世纪 80 ~90 年代便开始了探索。进入 21 世纪之后，长三角在“走出去”方面进行了大量的实践和探索，开创了跨区域产业协作平台的新模式。

二　长三角发展“飞地经济”的经验

目前，长三角发展“飞地经济”的合作模式大致可分为：以委托招商为主要类型的浅层次“飞地经济”合作模式，以成立股份制公司、经济托管和挂钩扶贫为主要类型的深层次“飞地经济”合作模式。

（一）江阴－靖江模式——委托招商合作模式

江阴是无锡代管的县级市，靖江是泰州代管的县级市。2003年，在江苏省委、省政府的推动下，两地跨区域共建江阴－靖江工业园区，已成为江苏沿江开发的亮点、全国“飞地经济”的典范：江北靖江在省级开发区中，划出一定面积成立区中园，江阴的开发区负责区中园的规划、投资开发、招商引资和经营管理等工作。区中园内新增所得税、增值税的省、市、县留成部分，全部补贴给区中园，留在区中园滚动发展。对园内基础设施建设贷款，省财政进行适当贴息。对符合国家产业政策以及能源节约和环境保护规划要求的企业，自投产之日起生产用电连续3年给予补贴。截至目前，工业园区已形成了以船舶、重钢结构、特色冶金、汽车配件、港口物流和新兴产业为主的临港特色制造业基地和苏中重要物流基地。

（二）苏州－滁州模式——股份制公司合作模式

苏州工业园与安徽滁州市于2011年12月签约，合作开发36平方千米的苏滁现代产业园项目，计划基础设施投资300亿元，带动相关区域投资1300亿元。其合作模式是：合作双方成立股份制公司，共建园的规划、投资开发、招商引资和经营管理等，由公司负责，项目审批、行政审批、区政管理等实行属地化管理，收益按照双方股本比例分成。

需要指出的是，安徽省政府以及滁州市政府给予的各项支持，是保证苏滁现代产业园合作顺利进行，以及园区建成后取得经济效益的关键。安徽省政府2011年11月15日出台《支持苏滁现代产业园建设专题会议纪要》，明确产业园享受省级开发区各项政策，其管委会享有省辖市经济管理权限，2012～2015年，每年计划单列5000亩建设用地指标，安排1亿元专项资金，支持苏滁现代产业园建设。同时，为解决园区建设中存在的困难和问题，安徽成立以常务副省长为组长的苏滁现代产业园协调推进领导小组。此外，滁州市也对园区给予了各种扶持。

（三）挂钩扶贫合作模式

挂钩扶贫合作模式又称援建合作模式，是指欠发达地区政府划出一块地区，与发达开发区共建园区的模式。园区基本上依靠发达开发区单向“输血、送干部、给项目”，协助谋划园区发展，负责招商引资，参与共建园区的管理。挂钩扶贫合作模式的推动主体多为中央或省级政府，主要手段是行政命令，目的在于通过挂钩扶贫合作，实现区域共同发展。

2010 年 5 月，中央新疆工作座谈会将霍尔果斯定为特殊经济开发区，并确定苏州工业园为对口支援单位。从 2010 年起，苏州工业园对霍尔果斯开发区投资超过 16. 5 亿元，并多次组织园区企业去考察。2011 年，苏州工业园在霍尔果斯注册 3 亿元成立霍尔果斯苏新置业有限公司，主要从事苏新中心、东部产业转移园和集宿区三个项目的开发建设与经营管理。苏州工业园指导霍尔果斯开发区确立“先规划、后建设”的开发理念，并协助其制订总体规划、产业规划和城市规划，还对开发区管理体制、管理权限、扶持政策及软件借鉴等方面予以具体建议。苏州工业园协助霍尔果斯制订了人才培养计划，并分批接受开发区干部到园区交流培训。

三　中三角“飞地经济”实践

中三角所在的湖北、湖南、江西三省，近年来都在探索发展“飞地经济”，取得了初步成效。

（一）湖北“飞地经济”实践

武汉开发区探索力度大。2014 年 2 月，武汉开发区管委会与仙桃市政府签订协议，双方共建龙华山工业园。根据合作协议，武汉开发区和仙桃各安排干部数名，共同组成工作专班，具体负责落实工业园的基础设施建设和项目引进、建设等协调服务工作。引进项目所产生的税收及其地方留成部分，按各50%的比例分担。项目所产生的各项统计指标，也按各50%的比例分担，统计口径由仙桃与相关省直部门协调落实。2014年4月，洪湖市新滩新区由武汉开发区实行经济托管，设立武汉开发区新滩新区管委会，设置建设投资公司，作为新区投融资建设平台；设置行政服务中心，实行授权管理和委托管理，相关行政审批和管理权限由武汉开发区和洪湖市授权新区管委会行使。托管区域内的用地指标、土地挂牌出让、办证等，由双方报请省政府在全省范围内平衡。以2013年实际财税收入为基数，新区内各项财税收入基数部分归洪湖，超基数部分在扣除必要支出内容后，由双方五五分成。各项经济社会指标由新滩新区管委会统计并上报，统计数据按5∶5计算分配。省政府办公厅下发《关于支持武汉经济技术开发区与洪湖市合作共建新滩新区有关事项的函》，不仅完善了新滩新区的机构和管理，而且在用地指标上保障了新滩新区的重点项目建设用地。

宜昌市行动较早。宜昌市域内西北部山区的秭归县、五峰县、长阳县、兴山县、远安县大约60个城镇基本上处于生态保护功能区域，东南部沿江平原地区发展条件较好，宜昌于2004年确立沿江突破战略，引导“飞地经济”发展：产业集中布局在沿江地带，工业项目集中在开发区，生产要素集中于优势产业，实现沿江地区生产要素优势全市共享。在“三个集中”的影响带动下，通过市县共建、县县共建和县乡共建等飞地发展模式，围绕土地、税收、资金等核心问题，着力建立既尊重市场规律，又能调动双方积极性的合作机制，实现了飞地双方互惠互利、共同发展。如在税收上，宜昌市政府对所辖县域到宜昌开发区落户的企业，市、县、园区实行4∶4∶2的分成办法。目前，兴山、远安、五峰、夷陵等山区县份在宜昌开发区建立的“园中园”，“飞地经济”效果比较明显。比如，兴山县作为地理条件较差的山区县，在县内基本无新增工业项目的情况下，依托“飞地经济”，GDP连续多年保持两位数增长。

（二）湖南“飞地经济”实践

2013 年 12 月，长沙经开区汨罗产业园揭牌，这是湖南首个“飞地产业园”。产业园享受长沙经开区的品牌和相关政策，主要承接长沙经开区汽车和工程机械的配套产业，以及其他符合汨罗资源开发利用的产业，打造汽车整车生产制造基地和工程机械设备制造基地。长沙经开区汨罗产业园由长沙经开区主导，向汨罗输出品牌、管理与招商项目，探索“飞地经济”发展新模式。园区初步规划控制性面积 15～20 平方千米，其中第一期开发 3 平方千米。

2014 年 12 月，湖南省发改委下发《关于推动“飞地经济”试点工作的指导意见》，规定：“市域之间相互结对，由‘飞入地’在本地省级以上开发区中，划出一定面积的土地作为区中园，由‘飞出地’负责规划、投资开发、招商引资和经营管理等工作，‘飞入地’负责拆迁安置、基础设施配套、社会管理等工作。”“在市域内，各县市区将引进的本县市区主导产业以外的项目，按照产业聚集原则，集中转移到主城区的园区，做大做强优势产业，跨县区落户发展。”“县区内乡镇和部门引进的项目，原则上都要进入县（市区）产业园区，根据产业类别集中安置，规模发展。”并确定了首批 11 个“飞地经济”试点，包括长沙市宁乡县金玉工业集中区、衡阳市衡山工业集中区、益阳市赫山区龙岭工业集中区、常德市汉寿高新技术产业园区、岳阳市汨罗循环经济产业园等。

（三）江西“飞地经济”实践

江西省政府于 2012 年专门出台《关于推进九江沿江地区“飞地经济”发展的指导意见》，提出：“（一）合作共建模式。合作双方政府根据平等协商、利益共享原则，签订全面合作协议，在规划设计、基础投入、开发建设、运营管理、产业选择等方面进行全面合作，明确分工，权责对等，利益共享。（二）托管建设模式，鼓励合作双方根据自身情况，将规划开发、运营管理等事务在一定期限内，委托给具有资金、产业、管理或资讯等优势的第三方（一般为具有综合开发能力的股份公司或大型企业集团）全权运作。合作双方通过托管协议约定各自权利义务，分享收益。”

与长沙、武汉的开发区相比，南昌的开发区发展还显不足。2013 年南昌经济技术开发区、南昌高新技术产业开发区、南昌小蓝经济技术开发区各规划建设一个“飞地经济工业园”。此外，南昌市产业投资平台还将在南昌（国家）小微企业产业发展示范园建设 10 万平方米标准工业厂房，设立“飞地经济工业园”，针对电子信息产业重点招商。

四　中三角发展“飞地经济”的对策建议

发展“飞地经济”，既要有市场化行为，也要有政府行政力量的推动。中三角要发展“飞地经济”，省级政府的推动、省会的示范必不可少。

（一）发挥武汉在中三角“飞地经济”中的示范作用

武汉作为中三角的核心城市，要发挥示范、引领作用，深度参与推进区域一体化合作发展。以武汉开发区为例，目前周边不少区域有与武汉开发区合作的强烈愿意，发展“飞地经济”具备良好基础。要充分发挥这一经济形态的作用，对飞地进行科学规划，做好武汉未来五年乃至更长期“走出去”发展的布局。在规划过程中，全面考虑武汉的实际需求，制订可行的产业梯次输出方案；结合“飞入地”的资源优势，输出符合当地需求的产业；考虑武汉与“飞入地”的长远利益，促进飞地经济健康平稳发展。

根据省政府安排，武汉市对口扶持恩施州来凤县、十堰市郧西县，应转变简单的“输血”模式，在两县发展“飞地经济”，既可为当地增强“造血”机能，又能使武汉获得一定的经济利益。

（二）中三角内部合作发展“飞地经济”

湖北、江西积极探索小池与九江市的衔接与融合，小池划出一定区域，以托管或共建的模式，发展“飞地经济”；设立“九江江北工业园”，主动为九江市支柱产业配套。在第三产业方面，着力推进区域市场一体化，提供研发、仓储、原材料和加工基地，支持九江市发展产业集群。

湘鄂两省联合编制的《洞庭湖生态经济区规划》，已获国务院批复。可充分利用飞地发展模式，加快洞庭湖生态经济区和中三角一体化发展。如洪湖市螺山镇，可利用与岳阳市云溪区隔江相望的地理优势，吸引相关岳阳企业“飞入”。

（三）吸引沿海地区“飞来”中三角

苏州工业园两种“飞地经济”合作模式的成功，均不同程度地获得了飞入地省、市两级政府的支持。由于用地指标不足、开发建设资金需求大与周期长，以及经济收益划转环节可能存在障碍，合作双方可能存在诸多困难，必须省、市两级政府支持才能解决。这种支持具体体现在用地指标的优先供应、专项财政扶持资金的持续投入以及经济收益划转的协助。

宜昌要充分利用国务院确定的三峡对口支援机制，吸引承担对口支援的沿海地区发展“飞地经济”。20 多年来，上海市、青岛市对口支援夷陵区，江苏省、浙江省对口支援秭归县，大连市对口支援兴山县，广东省对口支援当阳市，北京市、福建省对口支援长阳县，深圳市对口支援宜都市。应考虑对口支援的“升级版”：吸引沿海城市到对口支援地区设立工业园区，或支持这些地区到宜昌开发区设立专门园区。

在吸引沿海地区产业“飞入”的同时，注意杜绝不符合产业发展政策的项目“飞入”。一些有发展冲动，同时又受到环境、土地等条件制约的地方，可在区域之外选择飞地发展方式，寻求本地经济提升的新动力。“飞地经济”有助于推进地区产业升级，为企业提供产业转移的平台，更可帮助“飞入地”所在区域打开招商引资的突破口。但如果沿海地区向中三角输出的是高耗能、高污染的落后项目，则不仅难以提升中三角的产业结构，而且会造成资源的浪费和环境的破坏，无法实现经济的可持续发展。

（四）鼓励中三角“走出去”

适应经济全球化新形势和构建全方位开放型经济体系新要求，深化向东开放，加快向西开放。“走出去”的范围既包括沿海地区，也包括中西部地区，有条件的甚至可到国外发展“飞地经济”。

支持特大型企业率先“走出去”。重点推进武钢在防城港的项目建设。防城港港口条件优势明显，是我国沿海的重要港口之一。湖北应与广西通力合作，加快防城港大型钢铁厂的建设步伐。

2012 年，商务部明确了 18 个省份的 48 个国家级开发区对口支援新疆 39 个产业集聚园区。中三角被纳入的国家级开发区可充分利用飞地发展模式，开展产业园区对接，帮助新疆产业集聚园区按照自身定位及特色，实现产业及劳动力转移，积极研发和推出适销对路的产品，为产业园区发展不断增强新动力。

（五）构建高效的合作平台

合作园区通常由开发公司负责园区的开发、建设和运营，“飞出地”与“飞入地”的权利、义务和利益分配问题均在这一平台上解决。由于涉及融资、投资、建设等环节，运营风险是阻碍开发公司发展的重要因素。实践证明，高效的合作平台是合作园区开发成功的重要条件。如苏滁现代产业园区开发主体——中新苏滁（滁州）开发有限公司人员主要由中新集团派出，园区开发建设所需融资由中新集团担保。但由于征地拆迁、配套设施建设等费用由滁州市负责，营利性基础设施建设引入社会资本，开发主体的融资压力较小。应明确“飞出地”与“飞入地”的权责划分，寻找双方的利益平衡点。

市场机制强调利益分享、开放协作和要素流动，政府侧重布局协调、产业援助和考核调整，双轮驱动，共同促进支持“飞地经济”发展的体制机制完善。

参考文献

杨玲丽：《超越“嵌入性”约束，共建产业园——苏州工业园“飞地经济”促产业转移》，《经济体制改革》2014 年第 3 期。

钟建林：《发展“飞地经济”的思考》，《政策瞭望》2013 年第 2 期。

郑峰文：《飞地合作：中西部地区城镇化建设的新思路》，《理论与改革》2014 年第 3 期。

冯云廷：《飞地经济模式及其互利共赢机制研究》，《财经问题研究》2013 年第 7 期。

麻宝斌、杜平：《区域经济合作中的“飞地经济”治理研究》，《天津行政学院学报》2014 年第 2 期。

曾伟、陈政宇：《集中连片特困山区“飞地经济”发展对策研究——以湖北五峰土家族自治县为例》，《湖北大学学报（哲学社会科学版）》2014 年第 1 期。

B.7

长江中游城市群生态文明制度建设发展报告

陈丽媛*

摘　要：实现新型城镇化的可持续发展，要求将生态文明理念贯彻整个城镇化过程。生态文明建设需要制度建设作为重要保障，长江中游城市群作为生态文明示范区，需要加强决策机制、评价机制、市场与激励机制以及参与机制等制度建设。

关键词：长江中游城市群　生态文明　制度建设

新型城镇化是集约、智能、绿色、低碳的，要求融入生态文明理念和原则。近年来，长江中游城市群城镇化快速稳步发展，是推动其内部经济快速增长的“加速器”。但是，就目前来说，粗放的城镇化依然存在，面临资源消耗多、环境压力大的生态不可持续发展问题。因此，要积极引导长江中游城市群城镇化实现健康发展，必须将生态文明建设融入城镇化全过程。党的十八大把加强生态文明制度建设列为“四行并举”的总体部署之一，习近平总书记也指出，“只有实行最严格的制度、最严密的法治，才能为生态文明建设提供可靠保障”。所以，合理的制度安排可以有效推进生态文明建设，进而促进城镇化的进一步健康发展。

---

* 陈丽媛，湖北省社会科学院长江流域经济研究所助理研究员。

一 长江中游城市群地区生态文明制度建设现状

（一）湖北省生态文明制度建设现状

第一，制度建设状况。湖北是全国“两型社会”试验区，生态文明制度建设走在全国前列，形成了较为完善的生态文明制度体系。2014 年，湖北省加大了环保方面的法律法规制定与修订力度：1 月 22 日通过《湖北省水污染防治条例》；2 月 24 通过《湖北省湿地公园管理办法》；3 月 17 日通过《湖北省碳排放权管理和交易暂行办法》；3 月 27 日通过《关于大力推进绿色发展的决定》。这极大地推进了湖北省节能环保、湖泊耕地保护、水污染治理、绿色发展等方面的建设。湖北省环境保护厅出台了《关于深化全省环境保护改革的实施意见》；召开了省环境保护委员会（简称“环委会”）全体会议。湖北省生态文明体制改革专项领导小组于 2014 年 3 月召开第一次工作会议，积极编制《湖北省生态文明体制改革实施方案》并不断修改完善，同时积极配合国家生态文明建设，出台相关方面的配套文件，如《关于贯彻落实国务院大气污染防治行动计划的实施意见》。2014 年 5 月，湖北省环保厅出台《关于印发“向污染宣战”三大行动实施方案的通知》，实施环境保护三大行动。2014 年 11 月，湖北省人民政府办公厅印发了《湖北省大气污染防治行动计划实施情况考核办法（试行）》。2014 年 4 月 18 日，湖北省环境保护厅办公室印发《关于印发〈2014 年全省环境保护宣传教育工作要点〉的通知》，围绕生态文明建设、生态文明体制机制改革创新和全省环保中心工作，积极宣传省委省政府加强环境保护、建设生态文明、创建生态省的决策部署，积极宣传全省生态文明建设取得的新进展和新成效，积极树立和宣传环保先进典型，着力提升生态文明宣传水平，着力构建全民环保行动体系，为全省环保事业的发展营造良好社会氛围和舆论环境。为保护土地资源，实施严格的土地保护制度，省国土资源厅也出台了一系列保护措施，比如，2015 年 2 月联合其他部门出台《湖北省土地闲置费征收管理暂行办法》。2014年7月，省人民政府办公厅印发《关于印发湖北林业推进生态文明建设规划纲要（2014～2020年）的通知》；2014年7月出台了《湖北省2014年生态文明建设“以奖代补”资金竞争性分配实施方案》；2015年2月公布《湖北生态省建设规划纲要（2014～2030年）》，这成为指导湖北生态文明建设的纲领性文件。

第二，生态环境质量状况。在水环境质量方面，2014年，湖北省水环境质量总体比较稳定。主要河流86.7%的断面比例的水质符合Ⅰ～Ⅲ类标准，比2013年下降0.3个百分点；5.1%的断面比例为劣Ⅴ类水质，与上年相比保持不变。在江河湖泊中，长江干流和汉江干流的水质总体保持优类，而其支流水质总体保持良好。在湖北省主要的湖库中，75%的水域水质符合甚至优于Ⅲ类标准，与2013年比下降3.1个百分点；3.1%的水域水质为劣Ⅴ类，与上年相比下降3.2个百分点，可以说整体水质是较好的。2014年，湖北省重点城市集中式饮用水域地水质100%达标，比上年上升了0.8个百分点。在空气质量方面，总体来说是不容乐观的。按照《环境空气质量标准（GB 3095－2012）》，2014年，武汉、宜昌和荆州三个重点城市都没达到国家二级标准，空气质量指数（AQI）平均达标天数比例只有48.7%；按照《环境空气质量标准（GB 3095－1996）》，其他14个重点城市只有5个年均值为二级，空气污染指数（API）达到优良的天数的平均百分率为85.8%，比2013年下降1.8个百分点。同时，湖北省酸雨城市比例为11.8%，与2013年持平；全省道路交通省环境质量有所改善；城市的区域声环境质量保持总体稳定。值得一提的是，与2012年相比，2014年全省的生态环境质量指数下降了0.06，为66.12，生态环境质量保持为良好，比较稳定。

（二）湖南生态文明制度建设现状

第一，制度建设状况。湖南省作为全国“两型社会”试验区，非常重视生态文明制度的建设。

法律法规逐步完善。2007年湖南出台了《长株潭城市群区域规划条例》《长株潭城市群区域规划条例实施细则》；2011年通过了《湖南省东江湖水环境保护条例》；2012 年通过了《湖南省长株潭城市群生态绿心地区保护条例》；同年出台了《绿色湖南建设纲要》，初步构建了六大体系，包括生态环境体系、绿色产业体系、资源支撑体系、人居环境体系、绿色文化体系，以及绿色管理体系，首次系统地勾绘了生态系统的保护与建设轮廓；2013 年出台了《关于落实长株潭城市群区域规划和加强生态绿心保护的若干规定》，逐步构建了加快生态文明建设的制度体系和保障体系，开启了加快生态文明建设的新篇章；同年出台了《关于加强农村环境保护工作的意见》；2014 年出台了《湖南省排污权有偿使用和交易资金使用规定（试行）》《湖南省大气污染防治 2014 年度实施方案》《湖南省主要污染物排污权有偿使用和交易实施细则》。省会长沙在 2014 年 1 月出台了《长沙市绿色建筑行动实施方案》；2014 年 3 月出台了《长沙市大气污染防治行动计划实施方案》。

体制改革同步进行。2007 年，湖南省吹响了生态文明体制改革的号角。在很多方面，湖南省逐步实行了一系列改革，如推动产业转型升级、进行农村环境整治、探索资源性产品价格改革、建立生态补偿机制、推广绿色建筑等。可以说，湖南省为全国创造了多项可推广、可复制的经验。比如，2013 年湖南省出台了《湖南省湘江保护条例》，这成为我国第一部保护江河流域的综合性地方法规。为了引导湖南省旅游景区贯彻和传播“两型”理念、促进湖南省旅游产业可持续发展，湖南省出台了“两型”旅游景区地方标准，已经于 2014 年 5 月 16 日发布，并从 2013 年 6 月 16 日起正式实施。同时，湖南还将经济增长与资源节约、环境保护进行综合考评，在全国率先实施绿色 GDP 评价体系。在大气治理方面，2013 年 9 月，长株潭三市正式启动长株潭区域大气 $PM_{2.5}$ 源解析工作，结合监测点位代表的功能区、地理位置均匀性等因素，在三市共设 11 个点位，通过省环境监测站联合三市环境监测站同步开展 $PM_{2.5}$ 采样等。

第二，生态环境质量状况。在水环境质量方面，2014 年，湖南省全域水环境质量总体保持稳定的水平。在湘江、资江、沅江、澧江四大河流的干流 46 个省控断面中，45 个为Ⅰ～Ⅲ类水质断面，占比达 97.8%；1 个断面为Ⅳ类水质，占比达 2.2%。沅江干流托口断面为超标断面，主要为总磷污染指标超标。湘江干流水质总体为优；湘江支流省控断面共24个，与上年相比，Ⅰ～Ⅲ类水质断面比例减少4.8个百分点，氨氮、总磷和化学需氧量为其主要污染物。资江、沅江、澧水三大河流流域水质总体为优。湖泊主要是洞庭湖，洞庭湖2014年水质总体为轻度污染，营养状态为中度富营养。在城市饮用水方面，14个城市的30个饮用水水源地99.4%的水质达标。在大气质量方面，2014年，长株潭三市天气质量有所好转，达标天数与2013年相比上升7.2%；平均达标天数比2013年上升7.2%。长株潭、岳阳、常德、张家界根据新的评价指标进行评价，有67.4%的天数达标，超标天数比例为32.6%，其中，21.0%为轻度污染，6.2%为中度污染，4.4%为重度污染，1.0%为严重污染。2014年底，据统计，湖南省的森林覆盖率在57%以上，有102万公顷的湿地面积。2015年湖南进一步加大污染治理力度，作为省政府"一号重点工程"第一个"三年行动计划"，全力完成湘江的保护与治理，工作内容包括对工业废水、生活污水以及养殖污染等进行防控，加强对生活垃圾的无害化处理和资源化利用，继续加大对衡阳水口山、株洲清水塘、郴州三十六湾、湘潭竹埠港、邵阳龙须塘、娄底锡矿山等重点区域的污染整治。继续抓好长株潭等重点地区的大气污染防治工作，包括推进雾霾治理、推广清洁能源和新能源汽车、降低工业污染物排放强度等。实施重金属污染耕地修复工程和农作物种植结构调整试点，完成重金属污染防治"十二五"规划，等等。

（三）江西生态文明制度建设现状

江西省属于国家首批生态文明先行示范区。可以说江西最大的优势就在于生态，江西最亮的品牌在于绿色。目前，江西省正在逐步完善法律法规和各项政策，建立有利于生态环保的长效机制，为建设全国生态文明示范省提供制度支撑。

第一，制度建设状况。《鄱阳湖生态经济区规划》2009年获得国家批复，使得江西率先开始探索生态与经济协调发展的道路。同年，江西出台了《关于加强"五河一湖"及东江源头环境保护的若干意见》。2012年，江西出台了《江西省湿地保护条例》《鄱阳湖生态经济区环境保护条例》《赣江管理条例》等，保护鄱阳湖“一湖清水”。2014 年，江西推出了《江西省生态文明先行示范区建设实施方案》，并使江西省建设生态文明先行示范区成为国家的一个重大战略，这也是江西省鄱阳湖生态经济区、赣南等原中央苏区振兴发展后的第三个国家战略。这一方案的出台预示着江西省是第一个全境被列入国家战略的省份。江西以改革为抓手，不断完善生态建设决策和考评体系。南昌市是全国较早探索分类差异化考核的地方之一。2014 年，江西省发布了《市县科学发展综合考核评价实施意见》，明确提出将污染物排放、空气质量等纳入全省 11 个设区市和 100 个县（市、区）的发展评价范畴，并实行分类差异化绿色考核体系，对节能减排不合格的县（市、区）实行“一票否决”。同时，除了实施差异化的考核，江西省还相继探索建立相关生态文明制度，包括建立生态环境损害责任终身追究制度，实施与生态环境质量检测结果挂钩的领导干部约谈制度，以及实施领导干部自然资源资产离任审计制度等。

第二，生态环境状况。江西省生态环境质量一直走在全国前列。以 2014 年为例，在水环境质量方面，地表水水质总体良好，对赣江、抚河、长江、信江、修河、饶河、袁水、萍水河九条主要河流进行的监测显示，重要河段水质保持稳定，80.9% 的地表水水质达标，比 2013 年提高 0.1 个百分点。设市城市集中式饮用水水源地水质达标率与 2013 年一样，为 100%。空气质量同样较为稳定，按环境空气质量新标准，城市环境质量优良率分别达 80.5% 和 84.4%；其他 10 个设区市城市环境空气质量均稳定达到国家二级标准。全省生态环境质量优良，生态环境指数位于全国的前列。2014 年，江西省全境被国家列入生态文明先行示范区建设地区。

二　长江中游城市群生态文明制度建设存在的主要问题

尽管长江中游城市群所在地区的湖南、湖北、江西三省生态文明制度建设逐步完善，尤其是长株潭“两型社会”试验区、武汉城市圈“两型社会”试验区、鄱阳湖生态经济区。但是制度的建立、实施与完善不是一朝一夕的事情，仍存在许多问题。

（一）法律法规体系建设需要进一步完善

长江中游城市群研究制定的一系列法律法规，为生态保护提供了重要法律依据，但生态法律体系还须健全。有些方面还存在法规空白，不适应环境形势的新变化，一些重点领域地方性法规依然没有出台，如包括生态修复、环境公益诉讼、循环经济、生态补偿等，而环保责任追究、环境损害赔偿等虽然出台了，但是需要进一步完善；有些法规存在相互矛盾的地方；还有些法规太笼统，不够细化，给执行带来一定困难。以武汉市相关法规为例，武汉市目前没有一部专门保护山体的地方性法规，出台的《武汉市湖泊保护条例》《武汉市城市绿线管理办法》《关于加强中心城区湖边、山边、江边建筑规划管理的若干规定》都没有单独列出对山体的保护。《武汉市城市绿线管理办法》中规定“将山体等同于路边花坛等道路绿地”；《关于加强中心城区湖边、山边、江边建筑规划管理的若干规定》只是规划部门规章，法律效力有限。这些法规都已经无法适应今天的环境保护需要，2014 年已经开始全面修订。

（二）政绩考核指标体系仍然偏向经济发展指标

在地区综合评价考核方面，由于长江中游城市群各地地方法规中有许多是在原来传统的不可持续发展模式基础上制定的，存在重经济发展、轻生态保护的倾向，生态环保指标所占比重低，经济发展指标所占比重过高，以生态文明建设为核心的科学的评价体系还未有效形成。但是，以地区生产总值为导向的政绩考核制度导致对地方官员政绩考核存在“硬软”不均衡的问题。地方考核中的地区生产总值增长速度、财政收入、就业率是地方关注的硬指标，而生态指标是长期见效的软指标，常常会被地方忽视，造成地方重眼前、轻长远，追求的往往是经济效益，而忽视的往往是生态效益。因此，需要将生态文明评价指标体系加入政绩考核指标体系。

（三）环境执法不到位，监管机制需健全

在环境违法方面，有些法律法规制定的处罚标准太低，震慑作用不明显。其中有法规体系不完善的原因，也有地方保护的原因，还有监管者的管理权限不够等原因。如 2014 年 4 月底，湖北省武汉市汉江段发生水污染事件，原因是上游汉川地区的生活污水及农田中的氨氮污染物因大雨冲入汉江。但事件发生后，并没有相关单位及个人受到相应的处罚，这种做法不利于对生态环境的长期保护。

（四）公众参与机制未建立，尚未形成全社会生态价值导向

近年来，全国从报纸期刊到广播电视、网络媒体等，都在宣传保护生态环境，如推广低碳生活、发展低碳交通、提倡科学合理消费、大力发展循环经济、绿化环境等。各地区一般民众的尊重自然意识、生态道德观念、生态权益意识等有所增强，但整体上生态文明建设的意识还是欠缺的，传统的生活方式和消费观念有待进一步转变，绿色出行、绿色消费尚需大力推广。

（五）长江中游城市群区域环境联合治理与监督机制尚未建立

长江中游城市群的建立使得以武汉城市圈、环长株潭城市群、环鄱阳湖城市群为基础形成的特大城市群成为一个整体。生态文明建设中环境的治理包括大气环境治理、跨区域水环境治理，需要打破区域、行政的界限，目前城市群内部行政壁垒有待打破，跨区域联动机制有待建立。

三　进一步完善长江中游城市群生态文明制度建设的对策建议

长江中游城市群的一个发展定位就是建成“两型社会建设引领区”，

要以水资源保护为核心，建成水清、地绿、天蓝的生态屏障。可见，长江中游城市群生态地位之重要。而制度是生态文明建设的重中之重，只有建立完善的长江中游城市群生态文明制度，才能让生态文明建设得更好。

党的十八大报告提出了生态文明制度建设的五大主要任务，具体来讲包括以下几项：第一大任务是建立考评机制。要求建立能够体现生态文明要求的目标体系、考核办法、奖惩机制，要把资源消耗、环境损害、生态效益纳入经济社会发展评价体系。第二大任务是建立保护制度，包括建立环境保护制度、最严格的耕地保护制度、水资源管理制度、国土空间开发保护制度等。第三大任务是建立资源有偿使用制度、生态补偿制度等。要求在资源性产品价格和税费方面进行深入改革，开展排污权、碳排放权、水权交易以及节能等各方面的试点。第四大任务是健全生态环境保护责任追究制度和环境损害赔偿制度，加强环境监管。第五大任务是在生态文明宣传教育方面，营造保护生态环境的良好风气，提高人们的节约意识、环保意识、生态意识，形成合理消费的社会风尚等。

长江中游城市群各省各地区要围绕十八大提出的要求，建立完整的生态文明制度体系，具体包括如下几个方面。

（一）完善决策与评价考核机制

第一，强化顶层设计，完善决策机制。加快编制和出台《长江中游城市群生态文明建设规划》及相关专项规划和实施方案，落实具体任务及确定相关责任部门。同时，从多方参与、环境影响评价、生态优先三个方面建立和完善环境与发展综合决策机制，建立多方参与的生态环保政策决定机制，如增加人民代表大会对生态文明建设的立法监督问责职能；将生态文明建设作为政治协商议政的重要内容；成立各省在生态文明建设方面的专家咨询委员会等，吸取专家意见，形成咨询机制；建立各种公示、听证制度，让环境信息得到及时发布，使重大项目得以及时公示；同时，为了保障公众的知情权、参与权、表达权和监督权，建立健全公众参与机制。为积极推进政策环评、规划环评、战略环评等，建立环境影响评价进入综合决策机制，在各种重大决策，如土地开发建设、城市规划、产业结构调整、能源资源开发利用等中，对可能产生的环境影响进行充分事前评估，同时，对那些可能产生重大环境影响的社会经济发展和城市建设等重大决策，要坚决行使环保一票否决权。要建立生态优先权衡机制，在生态环境建设与经济发展相悖的时候，始终让经济建设服从生态环境建设，保证生态环保的优先地位。

第二，以建立生态文明目标体系为重点，探索综合评价制度。根据对国内相关地区生态文明评价和目标体系的研究，以及三个省省内不同区域和城市的生态基础与特点，不能建立一个全面覆盖的大而全的指标体系，建议分为城市和县域两种不同类别的指标体系。其中，城市指标体系建议以《国家生态文明建设试点示范区指标（试行）》为基础，重点结合“两型社会”建设、生态经济区建设的特点予以完善；县域层面建议在国家试点示范指标的基础上，结合各省县域经济工作考核办法进一步完善，针对不同的主体功能区建立不同的目标体系。同时，指标体系是动态的，应在不同的发展阶段对指标进行丰富和完善，并提出新的方向，且时间跨度不宜太长。

第三，建立科学考核机制，开展奖惩与责任追究。长江中游城市群生态文明制度的考核机制应包括科学的政绩量化机制、政绩评估机制、政绩奖惩和责任追究机制，坚持考核主体群众至上、考核内容德绩并重、考核办法科学合理的原则。同时，构建社会组织和专家评价、政府内部考核与公众评议相结合的评价机制，充分发挥社会组织的作用。

（二）重视法规制定与管理，维护生态安全

一是要强化法治，提高生态监管能力。按照“两型社会”的标准，在三省一系列专项保护条例的良好基础上，抓紧制定包括臭氧层保护、化学物质污染防治、土壤污染防治、遗传资源保护、生态保护、生物安全、环境监测和环境损害赔偿等在内的法律法规草案，推动现有各种法律法规朝生态化

方向调整，广泛吸引社会参与环境法律法规政策的制定。同时，要完善资源环境等部门的执法体系和软硬条件，建立健全生态环境行政执法与司法联动联席会议制度；建立和完善企业环境信用评价体系，健全资源环境监测预警体制，全面提升生态环境的监管能力。除了法律体系之外，进一步完善各行业和各领域的标准体系，比如，在能源消耗方面，完善并统一环境质量、水资源耗费、物质耗费、能源耗费、土地耗费、污染物排放等方面的标准；在资源集约节约利用方面，建立并强化节约水资源、能源以及土地的标准。另外，可以制定鼓励措施，鼓励县、市出台更严格的相关环境标准，尤其是对环境污染严重的县、市来说。

二是划定生态保护红线，维护生态安全的“生命线”。三省要充分发挥生态红线划定试点的优势，对重要生态功能区以及一些生态环境敏感地区划定生态红线，实施强制保护，进一步落实生态监察制度，以及生态准入、管护问责、生态补偿、生态资金保障、生态联席等相关制度，维护长江中游城市群生态安全的“生命线”，守住青山绿水。

三是建立健全自然资源资产产权和用途管制制度。目前，自然资源资产产权制度在全国范围内还处于探索阶段，可参考《贵州省自然资源资产产权制度和用途管制制度改革方案》，从自然资源资产数据采集、自然生态空间统一确权登记、自然资源资产产权信息管理、自然资源资产产权管理和自然资源用途管制五个方面着手，并创新性地编制资产负债表，核算自然资源资产的存量及其变动情况，评估当期自然资源实物量和价值量的变化，并据此对辖区的生态政绩进行严格考核。

（三）市场机制与激励机制并行

一是加快完善市场化要素配置机制。湖北在排污权交易和污染责任保险等领域走在了全国前列，要总结相关经验和方法，逐步在长江中游城市群内拓展相关领域，如开展水权制度、森林代保机制、土地征收制度、碳排放权交易制度、林业碳汇交易机制、工业用地招拍挂制度、农村宅基地空间置换和工业存量用地盘活机制、土地征收制度等的改革试点。

二是完善生态补偿制度。建立有效的生态补偿评估机制。为有效保护生态环境，要建立有效的生态补偿机制，在基于生态产权交易的前提下，明确生态环境产权，科学划定补偿主体和补偿对象。为对生态补偿建设项目的日常维护、进度情况或者技术指导等方面进行监管，可以探索建立生态补偿监管机构、评估机构等；可以建立生态补偿的专项立法，探索生态补偿资金的多元融资体系；加强生态补偿的信息化管理，实现生态补偿机制的网络健全化；建立长江中游城市群重点补偿项目、优先补偿项目、拓展性补偿项目，并探索设立重点领域补偿试点，建立跨区域的生态共享机制。建立并完善环境财政制度，完善资源环境补偿政策，将环境财政纳入当前的公共财政体系，加大财政转移支付中生态补偿的额度，探索设立生态补偿税、生态环境补偿基金彩票等。

三是建立激励机制。建立生产、消费、土地、财税、金融、科技、外贸等方面的激励与约束配套制度，更好地发挥其改革创新效益，保护生态环境。以长江中游城市群三省政府的文件形式，制定各种清洁生产工艺目录、生态产业目录，在税收、贸易、投资、价格等方面明确政府支持的经济政策，在生态产业发展方面建立完善的政策支持体系。为支持企业推广利用各种清洁和可再生能源生产节能环保型产品，政府可以采取税收优惠、财政补贴等方式，鼓励企业主动减排。对那些节能减排卓有成效、为节能减排技术改造投入巨大资金的企业，政府应该在资金上给予大力支持。尽快建立涵盖衣食住行的生态消费约束激励机制。在坚持耕地红线不动摇的情况下，探索建立耕地保护经济补偿机制。围绕生态文明建设完善资源税，优化所得税，开征环境保护税和物业税。建立稳定的环保科技投入机制，加大对创新的财政投入和补贴。制定外贸支持政策，进行优质招商，坚持不允许高排放、高污染的投资项目落地。为缓解长江中游城市群的资源环境压力和产业调整压力，要制定各项优惠政策，积极鼓励企业“走出去”。发达国家通过国际产业转移对长江中游城市群内部造成的各种资源消耗和环境污染，必须在订单谈判、环境关税等方面使其付出经济代价。

四是建立道德文化制度，加强舆论宣传。环境保护是一个长期的过程，让保护环境的意识深入人心并世代相传，必须建立道德文化制度，让公众形成持久的环保意识形态，从身边的小事做起，积极参与生态环境保护。充分发挥舆论宣传的监督导向和教育培养的作用，利用各种报纸、网络、广播、电视、公示、听证会等方式，广泛宣传环境保护的重要性，增强普通老百姓的环保意识、生态意识、节约意识，倡导理性消费，文明出行。支持环保公益诉讼，建立健全环境保护有奖举报制度。

五是共同建设跨区域联动机制。长江中游城市群作为一个整体，除了完善各自的生态文明制度，还要在跨区域水污染防治、大气污染防治等方面加强合作。比如，可以实施环境污染联防联治，在环境准入与管理方面加强合作，工业项目、建设项目环境准入和主要污染物排放标准在长江中游城市群内逐步统一起来，积极探索建立环保“黑名单”制度。再如，可以在应急联动机制方面加大合作力度，一起应对区域突发性生态环境问题。合力实施水环境保护战略行动计划，构建水污染联防联控物联网，加强跨界水质断面和重点断面考核管理，推动跨界跨区水污染防治。在大气污染防治方面，可以联手防治大气污染，实施城市清洁空气行动计划，全面加强重点区域和重点行业的大气污染防治，在工业烟尘、粉尘、城市扬尘和有毒有害空气污染物排放方面，加强协同控制，在长江中游城市群内大力推进脱硫脱硝工程建设，防治机动车尾气污染。在环境监管方面，实施联动执法，统一城市群内的各项制度。建立健全长江中游城市群内跨行政区的环境治理跟踪机制、协商机制和仲裁机制等，加强联合监管和纠纷调解。加强环保执法队伍建设，相互交流和合作，形成长江中游城市群内环境保护部门统一监管、相关部门各负其责的环境执法机制。

参考文献

2014 年湖北、湖南、江西国民经济与社会发展统计公报。

2013 年、2014 年湖北、湖南、江西环境状况公报。

夏光：《建立系统完整的生态文明制度体系——关于中国共产党十八届三中全会加强生态文明建设的思考》，《环境与可持续发展》2014 年第 2 期。

何燊：《关于加快生态文明制度体系建设的几点建议》，《发展研究》2014 年第 2 期。

秦尊文：《“两型”社会建设综合配套改革进程》，湖北人民出版社，2012。

B.8

长江中游城市群水资源保护与利用研究

刘 陶*

摘 要：长江中游城市群的建设离不开可持续的水资源保障，为了加强长江中游地区的水资源保护和可持续利用，沿江和沿湖城市应该在加强河流生态保护和湖泊水环境治理的同时，对水资源进行合理的开发利用。本报告对该区域水资源自然条件和利用情况、水环境质量进行了总体评价，并分析了当前水资源保护与利用中存在的问题，另外，结合我国当前经济社会发展现状，深入剖析了长江中游城市群水资源保护与利用面临的新形势，在此基础上提出了相关对策建议。

关键词：长江中游城市群 水资源

一 长江中游城市群水资源与水环境状况评价

（一）长江中游流域概况

长江出三峡后，进入中下游平原区。宜昌至湖口区段属中游，长度达955千米，流域面积达68万平方千米，占整个长江流域总面积的37.6%。

* 刘陶，湖北省社会科学院长江流域经济研究所助理研究员，主要从事区域经济、流域经济与区域可持续发展等方面的研究。

干流宜昌以下，河道坡降变小，水流平缓，枝城以下沿江两岸都筑有堤坝，并与众多大小湖泊相连。本段主要支流有北岸的汉江，洞庭湖水系的湘、资、沅、澧四水，鄱阳湖水系的赣、抚、信、饶、修五河，以及南岸的清江。枝城至城陵矶河段为荆江，两岸地势低洼，平原广阔，是长江中游防洪形势最为严峻的一段，其中，下荆江河道曲折蜿蜒，有“九曲回肠”的俗称；南岸有调弦（已堵塞）、松滋、太平、藕池四口分流入洞庭湖，由洞庭湖汇集和调蓄后，在城陵矶汇入长江，江湖关系极为复杂。城陵矶以下至湖口段，总体水势比较稳定，主要为宽窄相间的藕节状分叉河道。总之，由于众多河流先后汇入长江，长江中游地区多年平均年径流量为4500多亿立方米，占全流域总径流量的47.2%，是我国水资源最丰富的区域。

长江中游地区以平原、丘陵、水网、河湖为主，其中平原包括湖南洞庭湖平原、湖北江汉平原、江西鄱阳湖平原。气候属亚热带，年均温度为14～18℃，无霜期为210～270天，年降水量为1000～1400毫米，集中在春、夏两季。平原地区农业发达，农业一年两熟或三熟，土地垦殖指数较高，是我国重要的粮、棉、油生产基地之一。

位于长江中游地区的主要省份为湖南、湖北和江西三省，分别以省会长沙、武汉、南昌为中心形成了长株潭城市群、武汉城市圈和环鄱阳湖城市群三大城市群。湖南、湖北、江西三省具有贯通南北、承东启西、辐射周边的枢纽功能，该地区的开放开发和繁荣发展，对中部地区崛起、东部地区产业转移和带动西部地区发展均具有重要作用，在我国区域经济发展战略格局中亦占有举足轻重的地位。

（二）水资源总体评价

丰富的本地水资源和客水资源，使长江中游地区成为我国水资源最为丰富的区域。长江中游地区1956～2000年平均水资源总量为4781.6亿立方米，占长江流域总水量的48%，约占全国水资源总量的17%。按流域水系范围划分的水资源分的详细情况见表1、表2，按行政区划分的水资源情况见表3。长江中游地表水资源量占全流域的比例为47.9%，中游地表水资源量占全流域比重大于面积比。长江中游水资源二级区多年平均产水系数为0.41～0.56。长江中游还拥有我国最大的淡水湖群，全国最大的城中湖（武汉东湖），以及我国第一大与第二大淡水湖（鄱阳湖、洞庭湖）等著名湖泊都坐落在长江中游地区。除此之外，长江三峡水库和南水北调中线工程的水源地——丹江口水库也都位于该区域。

表1　长江流域中游地区水资源分区特征值

水资源二级区	降水量		地表水资源量		地下水资源量		水资源总量（亿立方米）	产水系数	产水模数（立方米/平方千米）
	深度（毫米）	总量（亿立方米）	深度（毫米）	总量（亿立方米）	资源量（亿立方米）	不重复量（亿立方米）			
洞庭湖水系	1430.9	3753.1	792.1	2077.6	493.2	8.4	2085.9	0.56	79.53
汉江水系	904.1	1399.5	358.3	554.7	161.5	18.5	573.2	0.41	37.03
鄱阳湖水系	1647.6	2670.1	933.6	1513.0	372.6	19.5	1532.5	0.57	94.56
长江宜昌至湖口段	1275.5	1207.6	606.0	573.8	153.1	16.2	590.0	0.49	62.31
长江中游	1340.1	9030.4	700.3	4719.1	1180.4	62.5	4781.6	0.53	70.96
长江	1086.6	19370.3	552.9	9856.1	2492.0	102.3	9958.3	0.51	55.86

资料来源：王政祥等《长江流域水资源评价》，《人民长江》2011年第18期。

表2　2013年长江流域中游地区水资源量

单位：亿立方米

水资源二级区	降水总量	地表水资源量	地下水资源量	地下水资源与地表水资源不重复量	分区水资源总量
长江流域	18353.97	8647.51	2333.74	123.08	8797.59
洞庭湖水系	3536.36	1953.03	481.49	9.29	1962.32
汉江水系	1228.19	372.11	133.08	22.78	394.89
鄱阳湖水系	2384.44	1370.44	372.04	18.70	1389.14
长江宜昌至湖口段	1057.49	433.88	136.94	18.66	452.54
长江中游	8202.48	4129.46	1123.55	69.43	4198.89

资料来源：根据《2013年长江流域与西南诸河水资源公报》整理。

表3　2013年长江中游省级行政区水资源量分布

单位：亿立方米

水资源二级区	降水总量	地表水资源量	地下水资源量	地下水资源与地表水资源不重复量	分区水资源总量
湖北	1916.57	754.72	250.70	33.51	788.23
湖南	2785.40	1520.32	369.48	7.63	1527.95
江西	2380.02	1367.40	368.85	18.70	1386.10
长江中游	7081.99	3642.44	989.03	59.84	3702.28

资料来源：根据《2013年长江流域与西南诸河水资源公报》整理。

（三）水资源利用

按流域范围统计，2013年长江中游降水总量为8202.48亿立方米，地表水资源量为4129.46亿立方米，地下水资源量为1123.55亿立方米，分区水资源总量为4198.89亿立方米。这一统计结果与按行政区范围统计的结果有一定出入，但也在合理范围内。

当前，长江中游地区初步形成了综合防洪减灾体系，积极修建与维护供水、灌溉与调水工程，有序开展水利发电，加快发展航运，并严格实施水资源保护措施，在一定程度上充分挖掘利用了长江“黄金水道”的水资源优势。长江三峡水库的兴建与水利枢纽的建设，在很大程度上缓解了长江中游的防洪压力，并为全国统一电网的形成做出了重要贡献。长江中游航运历史悠久，在近现代更是建设了一批面向世界的高标准航道和现代化港口。南水北调中线工程不仅优化了我国水资源配置，而且具有巨大的经济效益、生态效益和社会效益，它从长江中游最大支流汉江中上游的丹江口水库东岸引水，重点解决河南、河北、天津、北京4个省市沿线20多座大中城市生活和生产用水问题，兼及沿线地区的生态环境保护和农业用水。2014年12月12日14时32分，长1432千米、历时11年建设的南水北调中线正式通水。参照2013年长江流域的水资源公报，位于中游地区的湖北、湖南和江西总供水量合计为881.06亿立方米（见表4）。其中农业用水524.65亿立方米，占总用水量的 59.55%；工业用水 245.76 亿立方米，占总用水量的 27.89%；生活用水 105.27 亿立方米，占总用水量的 11.95%；生态环境用水 5.38 亿立方米，占总用水量的 0.61%。同时，本报告根据流域范围对长江中游的供用水量进行了统计（见表 5），其结果与表 4 有所出入，不过也在正常范围内。

表 4　2013 年长江中游及鄂湘赣三省供用水量

单位：亿立方米

地区	供水量				用水量				
	地表水	地下水	其他	总供水量	农业	工业	生活	生态环境	总用水量
湖北	281.76	9.14	0.00	290.90	158.91	92.34	39.23	0.42	290.90
湖南	310.62	17.42	0.02	328.06	192.28	93.46	39.46	2.86	328.06
江西	252.69	9.41	0.00	262.10	173.46	59.96	26.58	2.10	262.10
长江中游	845.07	35.97	0.02	881.06	524.65	245.76	105.27	5.38	881.06

资料来源：根据《2013 年长江流域与西南诸河水资源公报》整理。

表 5　2013 年长江中游水资源二级区供用水量

单位：亿立方米

水资源二级区	供水量				用水量				
	地表水	地下水	其他	总供水量	农业	工业	生活	生态环境	总用水量
长江流域	1970.52	78.62	8.29	2057.43	1019.80	742.72	275.00	19.91	2057.43
洞庭湖水系	354.01	18.91	0.02	372.94	224.68	100.49	44.66	3.11	372.94
汉江水系	126.53	20.74	0.06	147.33	85.71	43.23	17.66	0.73	147.33
鄱阳湖水系	238.31	8.70	0.00	247.01	168.95	51.40	24.68	1.98	247.01
长江宜昌至湖口段	172.75	5.30	0.00	178.05	89.94	62.23	25.52	0.36	178.05
长江中游	891.6	53.65	0.08	945.33	569.28	257.35	112.52	6.18	945.33

资料来源：根据《2013 年长江流域与西南诸河水资源公报》整理。

（四）水资源质量

1. 河流水质

长江流域 2013 年全年期评价河长 59648.0 千米。按照《地表水环境质量标准（GB 3838－2002）》进行评价，水质为Ⅰ类、Ⅱ类的河长占53.9%，Ⅲ类的河长占20.5%，Ⅳ类的河长占8.4%，Ⅴ类的河长占5.6%，劣于Ⅴ类的河长占11.6%。总体上全年期劣于Ⅲ类的河长占总评价河长的25.6%，与2012同比下降了0.5个百分点，水质略有好转。长江中游地区河流水质优于流域整体水平，其中，中游水资源二级区符合或优于Ⅲ类的河长比例分别为：洞庭湖水系91.1%，汉江水系77.5%，鄱阳湖水系92.2%，长江宜昌至湖口段72.5%。

2. 湖泊水库水质

对2013年长江流域58个主要湖泊的基础评价显示，全年期水质符合Ⅰ～Ⅲ类标准的有18个，占评价湖泊个数的31%。从营养状态看，长江流域的中度富营养湖泊有18个，占评价湖泊个数的31%；轻度富营养湖泊也有18个，占评价湖泊个数的31%；中度富营养湖泊有21个，占评价湖泊个数的36%；重度富营养湖泊有1个，占评价湖泊个数的1.7%。在长江中游地区中，湖北的墨水湖、汤逊湖、南湖、瑶湖、沙湖、南太子湖、网湖、大冶湖和武山湖，以及江西的青山湖、艾系湖、南湖、甘棠湖、白水湖和南门湖处于中度富营养状态；江西的梅湖处于中度富营养状态。因此，长江中游湖泊水质形势不容乐观。

对2013年长江流域225座水库进行的评价显示，全年期水质为Ⅰ～Ⅲ类的水库有160座，占评价水库总数的71.1%；Ⅳ类有34座，占15.1%；Ⅴ类有12座，占5.3%；劣Ⅴ类有19座，占8.4%，超标项目主要为总磷和五日生化需氧量。在长江中游地区中，三峡水库与丹江口水库占有较为重要的地位，在三峡水库库区7个断面中，朱沱、铜罐驿、寸滩、沱口、官渡口和太平溪6个断面水质均符合或优于Ⅲ类标准，清溪场断面因总磷超标，水质为Ⅳ类（总磷按河流标准评价）。三峡库区29条支流监测结果表明，支流入库口水质以Ⅳ～Ⅴ类为主，主要超标因子为总磷（总磷按湖库标准评价），大部分支流处于中度富营养或轻度富营养状态，其中，秋季以中度富营养状态为主，春季以中轻度富营养状态为主。

丹江口水库库区水质总体上良好，凉水河、浪河口下、坝上和陶岔断面水质都为Ⅱ类，处于中度富营养状态。汉江入库断面白河和丹江入库断面湘河的全年水质都为Ⅱ类，水质状况良好。在其他直接入库河流中，将军河、堵河、曲远河、滔河等符合或优于Ⅲ类的比例高于80%；犟河、神定河、泗水河水质较差，符合或优于Ⅲ类的比例低于20%，主要超标项目为氨氮、总磷、化学需氧量和五日生化需氧量。

3. 省界水体水质

长江流域2013年监测评价省界断面182个，全年期评价162个省界断面水质为Ⅰ～Ⅲ类，10个断面水质为Ⅳ类，5个断面水质为Ⅴ类，5个断面水质劣于Ⅴ类，超标断面数占评价断面数的11%。在长江中游地区中，湖北与湖南交界的牛浪湖段，以及河南与湖北交界的黄渠河黄渠镇段全年期水质劣于Ⅴ类。

（五）长江中游城市群水资源利用中存在的问题

长江流域经过几十年的治理开发与保护，流域防洪能力得到了显著提高，尤其是长江中游地区，近年来在国家战略的重视和支持下，水资源保护和利用取得了巨大成绩，水运交通、水能开发等得到了长足发展，但当前仍存在一些问题，主要体现在以下几个方面。

1. 防洪安全保障仍有待提高

三峡水库的建成对中游防洪起到了较好的保障作用，但由于长江中游河水来量大而河道泄洪能力不足，遇特大洪水仍有大量超额水量需妥善安排。支流与湖泊堤防仍很薄弱，且未形成完整的防洪圈，已建防洪水库的防洪库容与巨大的洪量调蓄要求相比差距还很大，局部性、突发性的山洪等灾害尚未建立有效的防治体系，洪水预警预报等非工程措施还有待加强。三峡水库建成导致河势河床、江湖关系和蓄泄关系发生了新的变化，影响范围会进一步扩大，影响时间会进一步延长，防洪安全保障将面临新的问题。此外，随着经济社会发展，城市化进程加快，以及人口的增加和财产的集中，一旦遭受特大洪水，长江中游地区损失会更加严重。

2. 水资源合理开发利用仍需加强

长江中游地区虽然水资源总量丰富，但时间和区域分布差异较大，调控能力低下，导致部分时段和局部地区缺水，与经济社会发展需求和长江中游城市群的建设不相适应，如中游地区部分丘陵山区仍存在较严重的工程性缺水问题，部分地区存在水质性缺水问题。同时，长江中游城市群区域资源的开发利用和保护还未形成合力，自然资源开发市场秩序混乱，缺乏有效的协调与合作，长江中游城市群水资源开发利用的综合优势未能显现。此外，航运发展还较为缓慢，航道、港口基础设施薄弱，能力不足，制约了长江中游水系航运优势的发挥。

3. 生态环境保护亟须加大力度

伴随着流域经济社会的快速发展，废污水排放量呈逐年增加态势，面源污染也未得到有效控制，导致部分支流河段、干流局部水域和湖泊污染严重，部分支流出现“水华”，特别是城市江段存在明显岸边污染带，部分湖泊富营养化严重。同时，由于不合理的开发和其他人类活动，水生生境萎缩，生境条件改变，生物资源衰退。此外，长江中游干流沿江地区、洞庭湖和鄱阳湖地区钉螺还没有得到有效控制，严重威胁该地区人民的健康。

4. 流域统筹协调管理有待进一步强化

流域管理上的条块分割依然存在，高效的跨部门跨行业协调机制尚未建立，发改、国土、水利、交通、林业、环保等相关部门对水资源开发利用项目的监管尚未形成合力。为保障长江中游城市群建设，流域与区域管理相结合的体制安排需要进一步明确和落实，应尽早建立跨区域、跨流域水资源开发利用与保护的协调机制，打破以行政区划为基础的各地方政府各自为政的封闭局面。

二 长江中游城市群水资源保护与利用面临的新形势

（一）强化水资源保护是生态文明建设的重要内容

党的十八大报告要求大力推进生态文明建设，并把生态文明建设放在突出地位，融入经济建设、政治建设、文化建设、社会建设各方面和全过程，提出了“努力走向社会主义生态文明新时代”战略口号。水资源保护是建设生态文明的重要组成部分，保护长江水资源是推进生态文明建设的重要举措。水利部陈雷部长指出，水是生态环境的重要控制性因素，水生态文明是生态文明的重要组成和基础保障。贯彻十八大精神，落实水利部、长江委关于生态文明建设的有关工作部署，要求我们充分认识水资源保护的重要意义和当前的机遇与挑战，用建设生态文明的新理念，指导流域水资源保护的各项工作，这对有效推进生态文明建设具有十分重要的意义。

当前，流域水资源保护面临着难得的机遇。一是最严格的水资源管理制度进入全面实施阶段，将有力地推进水资源保护的社会化管理。实现社会化管理有利于构筑政府、个人、非政府组织和企事业单位四位一体，集水环境问题发现防范、处置整改、监督评价于一体的法制化、科学化、规范化的水资源保护动员、运行和保障机制。二是流域水资源保护机构“新三定”的实施，为落实“严守纳污红线，维护健康长江”的任务提供了有力的组织保障。“新三定”首次以部发文的形式确立了水保局的水行政管理地位，明确了管理职能，突出了统筹协调的职责，调整了机构，增加了编制。三是中央分成水资源费的使用，有利于进一步提高水资源保护的经费保障。水资源费的使用进一步完善了以公共财政为主渠道的水利投资机制，拓宽了水资源保护经费渠道，有利于流域水资源保护得到持续稳定的经费支持。四是水资源保护规划的全面启动，为加强流域水资源保护支撑体系建设提供了良好的机遇。

新时期流域水资源保护应抓住机遇，以科学发展观为指导，以保障流域“三生”用水安全和妥善处理好水资源开发利用与保护的关系为主线，积极推进依法治水，加强水功能区管理和入河排污口管理，积极推进能力建设工作，进一步发挥流域水环境监测站网的优势，提升水资源保护监管能力，有效促进生态文明建设。

（二）长江中游城市群上升为国家战略对水资源合理利用提出了新的要求

随着水资源开发利用的外部性影响范围不断扩大、程度不断提高，区域经济发展模式呈现多区域联动和集群化发展趋势，区域或跨区域城市群的发展都需要水资源保障作为支撑。2015 年 4 月 5 日，国务院批复的《长江中游城市群发展规划》明确提出：共建水利基础设施体系，统筹建设水资源保障体系。因此，单个及多个区域的水资源统一与协调管理不仅已成为水资源管理的核心问题之一，而且成为当前学术界关注的焦点与热点。

近年来，长江中游城市群一体化进程加快，该区域经济社会发展迅速，经济总量和综合竞争力得到了大幅提升。加快长江经济带开放开发、促进长江中游城市群建设是一把双刃剑：一方面，充沛的水资源条件和良好的河流水生态环境是长江中游城市群发展的重要保障和支撑，也是实现该地区人水和谐相处的重要前提；另一方面，长江经济带的开放开发与中游地区城市群的加快发展给该地区水资源供给和水环境承载容量带来了较大压力。目前，长江中游地区生态与环境总体尚好，但部分河流河段的生态环境问题已较为突出，影响了经济社会的可持续发展。总之，进一步实施长江经济带战略，加快长江中游城市群一体化发展，给长江中游地区水资源保障条件提出了新的要求，对该地区水资源合理开发与利用来说既是机遇又是挑战。

（三）长江湖泊富营养化和供水安全形势依然严峻

近年来，长江流域经济保持持续快速增长趋势，尤其是各地沿江开发战略的相继出台与实施，导致沿江地区污水排放量和用水量急剧增长，长江水环境保护形势严峻。在科学发展观与生态文明建设的指导下，各地采取了一系列水污染控制措施，使长江流域水质保持了总体基本稳定。2013 年，长江干流以及主要支流水质总体状况较好，干流水质总体优于支流。

与此同时，长江水环境质量并未从根本上好转，保护流域生态环境、维护健康长江的任务仍然艰巨。长江中游的三峡库区自 2003 年蓄水以来，部分库湾和支流已连续多年出现“水华”现象，且逐年加重。2007 年，库区内 7 条长江一级支流出现了“水华”现象，分别是汝溪河、黄金河、澎溪河、磨刀溪、梅溪河、大宁河和香溪河，爆发时间明显提前，持续时间明显长于往年。2010 年，库区香溪河、童庄河、大宁河、梅溪河、磨刀溪、汤溪河、小江、龙河、黄金河、东溪河和池溪河等主要支流的回水区也出现“水华”现象。2013 年，在三峡水库库区 7 个断面中，清溪场断面因总磷超标，水质为Ⅳ类（总磷按河流标准评价）。

（四）重大水利水电工程的累积影响已引起政府和公众的广泛关注

经过几十年的治理开发与保护，长江流域水资源利用和保护取得了巨大成效，防洪能力大幅提高，水电开发、航道水运等迅猛发展，流域综合管理能力也提升了许多。其中，重大水利水电工程发挥了重大作用。

一方面，控制性水利工程不仅是长江防洪体系的骨干工程，而且是实现流域水资源配置的关键工程，比如，三峡水库可在枯水期向下游补水，缓解下游供水、灌溉与航运的紧张局面。在供水方面，2011 年 1 ~5 月，三峡水库累计为下游补水约 200 亿立方米，很大程度上缓解了长江中下游地区的旱情。此外，丹江口水库有效地保障了南水北调中线供水。控制性水利工程是流域水力资源高效利用的“调节器”，还是改善航运条件的重要工程。水库在枯水期向下游补水有利于下游航运条件的改善，同时可增加航运里程。以三峡工程为例，在航运方面，三峡水库成功蓄水至 175 米深度，使长江航运条件得到了有效改善，2010 年通过三峡枢纽的货运量为 8794 万吨，是蓄水前最高年货运量的 4.9 倍，有效地发展了长江“黄金水道”的优势。三峡水库在枯水季节加大下泄流量，可保障长江中下游生产生活用水需求和下游航道水深。

另一方面，我们也看到，水利水电工程建设的累积影响已日渐显露，它们在发挥各自效益的同时，也对河流生态系统产生了多方面的长期负面影响。妥善应对负面影响，是对维护健康长江能力水平的重大考验。随着三峡水库建成及干支流控制性水库群的逐步形成，水库对径流的调蓄势必对下游水沙情势产生影响。三峡水库下泄水沙过程发生变化后，长江中下游河道及江湖关系和长江口河道等将发生变化，长江中下游的河势、防洪状况、水资源利用状况、水生态环境等将受到某种程度的影响，时间越长，影响越大。此外，由于水库分属不同发电企业调度管理，水库调度时除满足设计规定的综合利用要求外，大多按照有利于本梯级或某一支流梯级水库联合运行发电效益最大的方式运行，这一方式严重制约了其他水库及水库群效益的充分发挥。

因此，加强流域综合管理，实施水库群综合调度，协调兴利、防洪及生态保护的关系，合理安排蓄泄水时机，充分发挥水资源的综合利用效益，并使总体效益最大化，是长江中游城市群水资源管理的重要内容。

（五）气候变化与极端事件要求提高水资源系统应对能力

在气候变化背景下，我国水资源总量呈下降趋势。中国气象局气候变化中心统计，1961～2011年，中国十大流域地表水资源总量除西北内陆河、东南诸河表现为增加外，其余七大流域均呈减少趋势。2011年，长江流域地表水量创1961年以来最小值。与之对应的是干旱、洪涝灾害等极端事件发生：2009年初，我国北方冬麦区遭遇严重干旱，其中河北省2008年11月至2009年3月的降水量为1951年以来最少。2010年，西南地区遭遇罕见旱情，这次干旱是云南发生自有气象记录以来最严重的秋、冬、春连旱，全省综合气象干旱重现期为80年以上一遇，其中滇中、滇东及滇西东部的大部地区为100年以上一遇；贵州秋、冬连旱总体为80年一遇，省中部以西以南地区旱情达百年一遇。而2011年6月在长江中下游地区出现的旱涝急转也极为罕见。

近年来，随着经济的高速发展和全球气候的持续变暖，长江流域的生态环境问题日益突出。例如，水土流失严重、环境污染加剧、旱涝急转、生物多样性下降等灾害性事件频发，以及长江源区的冻土消融、冰川退缩和土地沙漠化加剧等。所以长江流域未来要发展，需要结合气候变化、用水水平，做好水资源承载能力的科学评价。在此基础上，不仅要加强生态环境保护，而且要加快经济结构调整，以积极主动的态度来应对气候变化，这对长江流域未来的水资源保护与可持续发展利用具有重大意义。

三 长江中游城市群水资源保护与可持续利用对策

（一）进一步加强防洪体系建设，夯实中三角的水安全基础

随着三峡水利枢纽工程的建成、长江大堤的加高加固以及现代化气象预报的运用，长江中游地区整体防洪能力大幅提高，但病险水库较多、支流防洪标准不高等问题仍然存在，而且长江中游城市群的建设对防洪安全也提出了更高的要求。因此，完善防洪体系仍是确保长江中游城市群一体化发展的基础和前提。国家和三省地方政府应进一步加大对该区域的防洪投入，工程性和非工程性措施相结合，进一步提高长江中游地区的防洪能力。加强长江干支流控制性水库联合调度研究，加快防洪调度信息系统的改造升级，实现长江洪水的科学调度和合理利用；加强病险水库的除险加固和支流堤防建设；加强重点蓄滞洪区安全建设，加快湖区综合治理。

（二）以“一江两湖”为重点，共同加强河流湖泊综合治理

长江中游城市群位于长江中游，区域内湖北、湖南、江西三省都是水资源丰富省份，面临着诸多相同的水资源问题。三省可联合向国家申报跨区域项目，共同提高水生态安全保障能力，促进水资源合理开发与水生态环境保护。以长江、洞庭湖、鄱阳湖为重点，三省可联合统一行动，共同加强河流湖泊综合治理，推进洞庭湖、鄱阳湖、洪湖、梁子湖等沿江湖泊生态环境保护和生态修复。重点加强长江防洪大堤的加固、水污染防控、湖泊综合治理、水资源综合利用等项目合作。

（三）加强农田水利基础设施建设，建设国家粮食安全主产区

《长江中游城市群发展规划》明确提出“五个协同发展”的重点任务，即城乡、产业、基础设施、生态文明和公共服务协同发展。在基础设施方面，水利基础设施体系是重要内容。对湖北、湖南、江西三省来说，联合申请加大农田水利基础设施投入是加强三省水利合作的合适切入点。建议在国家政策支持下，切实保护好国家基本耕地，同步推进农业现代化建设，加大农田水利基础设施建设，实施长江中游地区的中低产田改造和粮食增产工程，申请中央财政补贴。

（四）加快长江中游航运建设，积极构建长江中游港口群

长期以来，长江中游地区航道等级偏低、航道条件不稳定、跨江桥梁碍航、沿岸港口结构不尽合理、基础设施薄弱等问题突出。为了充分发挥航运对长江中游城市群的积极作用，三省可联合向国家争取专项资金，尽快实施长江中游干流河道的系统综合治理，提高航道等级标准，加快高等级干支流航运网络的建设，积极推进长江中游港口群建设。依托武汉新港建设，发挥中部省域综合运输设施基础条件优势，积极运用信息化手段，加快发展铁、公、水多式联运，逐步形成以武汉新港为主体，以宜昌、荆州、黄石、长沙、岳阳、九江、南昌为综合运输网主骨架，以中部地区重要港口为补充的国内综合运输中转集散基地。

（五）加强环境污染联防联治，建立健全跨区域生态文明建设联动机制

一是联合开展跨界河流湖泊治理与开发。统一向国家争取相关政策支持，如加强长江沿线排污口和跨界水功能缓冲区管理，共同开展沿江城市饮用水水源地保护和省界河流水质监测监控；积极推进城市群水污染联防联控物联网的构建；探索开展区域污染物排污权交易，推动流域联合减排。

二是建立环境管理高层协商机制，加大体制机制改革力度。首先，应该

加强区域环境综合决策机制建设，建立环境管理高层协商机制，共同协商应对区域性的生态环境问题。其次，加强顶层设计，开展区域环境功能区、生态保护红线划定，以及生态保护一体化规划的编制和实施，建设区域城市群环境共同体。再次，环保“标准一致化”是协同治理区域污染的前提。在长江中游城市群推进和建设过程中，必须尽早统一区域环境法规与标准，如“区域环境保护条例”“行业污染物排放标准”“机动车燃油标准”等，借助“统一”机制驱动城市群的产业升级和区域生态环境质量提升。

三是打造国家生态文明示范区。长江中游城市群生态文明建设可发挥长江“黄金水道”独特的水生态优势和该区域已有的生态文明建设基础优势。一方面，长江中游是南水北调的重要储备区，水生态保护、水资源开发、水污染治理对全国都有重要影响。另一方面，武汉城市圈与长株潭城市群“两型社会”建设综合配套改革试验区建设，以及鄱阳湖生态经济区的建设，都为长江中游城市群生态文明建设和制度创新提供了很好的基础。因此，可以期待将长江中游城市群建成一个国家级生态文明示范区。

B.9 长江中游城市群临空经济区发展历程和策略分析

周睿全*

摘　要：临空经济区正在成为湘鄂赣三省推进新型城镇化发展的重要模式。本报告通过对中三角武汉、长沙、南昌三大临空经济区发展历程的回顾以及对现状和问题的分析，提出了未来三大临空经济区健康发展的基本策略。

关键词：中三角　临空经济区

"十二五"以来，随着新型城镇化战略被确定为我国重要经济发展思路，临空经济区依托其良好的交通区位优势和产业发展优势，在整体规划的基础上，通过关联产业的协同发展，壮大经济实力，完善城市功能，不但推进区域经济产业结构成功转型，而且加快从产业功能区域向新型业态城镇转变，从而实现"产城融合、以产兴城"。临空经济区已经逐渐成为我国推进新型城镇化发展的一种重要模式，在此背景下，湘鄂赣三省为了进一步扩大对外开放、促进经济结构调整、加快新型城镇化的建设步伐，大力推进了临空经济区的发展。

* 周睿全，湖北省社会科学院长江流域经济研究所助理研究员，博士。

一 长江中游城市群临空经济区发展的构思及历程

（一）湖北武汉临空经济区发展历程

湖北临空经济区主要集中于以武汉、孝感为中心的武汉城市圈范围内。2008 年 10 月，为了配合国家实施促进中部崛起战略以及进一步促进武汉城市圈“两型社会”建设，武汉市通过了《武汉临空经济区总体发展规划》，决定大力发展临空经济。武汉临空经济区范围以天河机场为核心，从内到外划分为三个功能圈层：核心区、聚集区以及辐射区。核心区是以武汉天河机场为中心的周边 10 千米左右的区域，主要发展临空指向性最强的航空物流、航空运输以及空港服务等产业，核心区总面积为 94.1 平方千米。聚集区是机场周边 10 ~ 15 千米的区域，主要包括黄陂的盘龙城经济开发区、汉口北专业市场群以及东西湖临空港工业园等，重点吸引现代制造、物流、商贸、旅游、居住等临空产业聚集发展。辐射区是机场周边 15 千米以外的区域，涵盖东西湖走马岭武汉保税物流中心、武汉经济技术开发区、武汉东湖新技术开发区三大国家级开发区以及武汉新港，重点发展现代农业、光电子信息产业、生物医药产业、汽车配套工业、金融业、商务服务业、会展业等。2009 年 12 月，湖北省出台《湖北省临空经济和通用航空产业发展专项规划（2009 ~ 2020 年）》，规划核心在于积极开展外引内联，大力发展临空经济，打造湖北经济增长的新亮点。2013 年 5 月，武汉临空港经济技术开发区正式更名成立（原为吴家山经济技术开发区），成为全国首个以临空港经济命名的国家级开发区。2013 年 10 月，湖北省进一步整合武汉、孝感两市的临空资源，以武汉临空港经济技术开发区为主体，将武汉东西湖区全域 500 平方千米和武汉黄陂区、孝感孝南区两地部分区域，规划为总面积 1100 平方千米的临空经济区。以“一核心、三组团、多园区”的空间布局打造“港、产、城”互动发展的空港新城以及引领中部地区经济发展、连通世界的开放高地，武汉临空经济区力争成为武汉建设国家中心城市的重要载体。

（二）湖南长沙临空经济区发展历程

湖南各地大力发展临空经济的思路产生的时间较早，但临空产业发展相关的区域规划正式出台时间较晚。2009 年 4 月，湖南开始着手筹划建立临空经济产业区。2010 年 10 月，长沙县空港城管理委员会成立，负责规划建设总面积为 54.6 平方千米的空港城。2011 年，长沙县空港城项目开始启动。按照设计蓝图，长沙县空港城力争打造“一核、两轴、十港”的空间格局，即以黄花机场为核心，聚两条经济发展轴以及周边 10 个空港于一体，逐步形成“结构有序、功能互补、整体优化、资源共享”的空间结构。2014 年初，为适应国内外通用航空产业迅猛发展的趋势，湖南批准了《湖南省通用航空产业发展规划（2013～2020 年）》，重点依托长株潭国家高技术产业基地株洲航空产业园（国家火炬计划中小航空发动机产业基地）、长沙航空产业园、长沙临空产业园等专业园区，建成以中小型航空发动机、飞机起落系统、小型通用飞机整机、航空关键配套为主的航空工业体系。2015 年 3 月，湖南省又通过了《长沙县功能分区体制机制创新实施规划（2013～2020）》，正式确立了长沙县空港城的发展目标和定位，以围绕黄花机场建设区域性国际航空枢纽为目标，有效整合湖南省机场管理集团、长沙临空综合保税区、长沙县空港城管委会及周边镇（街），打造依托湖南、立足中部、面向世界的特色航空产业高地、国际门户以及智慧航空新城。

（三）江西南昌临空经济区发展历程

江西大力发展临空经济的思路形成也比较早。2007 年，南昌首次提出“临空经济圈”的概念。2011 年，江西启动临空经济推动工作，明确昌北机场周边乐化地区组团发展临空经济。2013 年 9 月，《南昌临空经济区发展建设总体思路》明确提出，高起点、高规格的临空经济区建设要成为促进昌九一体化发展的战略支点和重要平台。2014 年 3 月，江西省出台了《南昌临空经济区发展规划（2014～2025 年）》，该规划正式确定了南昌临空经济区的空间范围为 223 平方千米，包括以昌北机场为中心 23 平方千米的核心区，以及桑海经开区、乐化镇、白水湖等周边200平方千米的集聚发展区，除此之外，还将南昌市经济技术开发区、新建县、永修县等周边区域作为临空经济区的辐射区域，促进协同发展。规划设定了“一心、一廊、两轴、两区”，即以昌北机场为核心，打造一条集生态保护和休闲旅游于一体的生态长廊，形成昌九城市发展轴以及赣江黄金水道发展轴，打造先进制造业集聚区以及产城融合区，形成向鄱阳湖扇形敞开式的功能布局发展目标。根据规划最终目标，到2025年，南昌临空经济区生产总值达千亿元规模，人口达百万人，临空经济区产业结构优化、城市功能完善，成为长江中游高端产业集聚区、绿色智慧空港以及鄱阳湖生态经济区先导区和改革创新示范区。

二　长江中游城市群临空经济区发展的现状

（一）临空经济发展基础较好

2014年，武汉市地区生产总值达10069亿元，正式成为中国城市“万亿GDP俱乐部”的一员，在全国15个副省级城市中位列第三，居华中地区首位。目前，武汉新型工业化、现代金融业以及现代服务业都呈现了良好的发展势头。武汉科技力量尤其雄厚，拥有武汉大学、华中科技大学等全国著名高校，国家重点实验室23个，国家级工程技术研究中心27个，国家级企业技术中心23个。在航天航空方面，以航天科技公司为依托的武汉航天装备制造产业基地以及武汉航天创新研究院都在积极建设。在武汉3个国家级开发区中，还有全国首个以临空港经济命名的国家级开发区——武汉临空港经济技术开发区。

湖南省会长沙近年来发展迅速，黄花机场周边50千米以内聚集了长沙高新区、望城经开区、株洲高新区等7个国家级开发区，区域综合经济实力雄厚。特别是在先进制造业、生产性服务业、文化产业等方面，长沙的发展尤为迅速，已经成为全国重要的先进制造、出版传媒、动漫设计产业基地，具有较强的临空指向性。在航空工业方面，长株潭地区拥有一批与航空工业相关的企业和科研院所，是我国较早的航空工业研究与制造基地之一。目前，长沙望城航空工业园的起落架项目已经全面启动，同时株洲航空航天产业园正在打造通用航空制造基地，湖南长沙周边地区临空经济发展具有良好的基础。

南昌虽然在工业基础、科技力量、金融支持方面不如武汉和长沙，但是我国重要的飞机制造基地。洪都航空工业集团是我国专业生产教练飞机和通用飞机的制造企业，也是我国首家整机出口型高科技企业。南昌还拥有南昌洪都飞机设计研究所、中国直升机设计研究所等相关航空科研院所以及两个航空院校。周边景德镇和九江分别有制造直升机及其配件的昌飞公司以及生产小型号直升飞机和小型固定翼飞机的红鹰飞机制造公司。除了洪都航空工业集团、昌飞公司以及红鹰飞机制造公司三大整机生产企业外，区域内还聚集了江西景航航空锻铸有限公司、江西凯贝航空科技有限公司等相关配套企业，南昌及周边区域已经形成比较完整的航空产业体系，整个航空产业具有良好的发展基础，在航空事业发展方面有着无与伦比的天然优势。

（二）三大中心机场建设加速

机场建设是临空经济区发展的重中之重。现阶段，湘鄂赣三省的省会中心机场建设都取得了飞速发展。

武汉天河机场是整个中部地区综合运力最大的机场。2014 年，天河机场先后开通了旧金山、莫斯科、大阪、巴厘岛、甲米、名古屋，以及马尔代夫、哈萨克斯坦等客货运国际航点，拥有国际、地区客货运通航点 36 个，可直飞欧、美、亚三大洲。2014 年，武汉天河机场完成旅客吞吐量 1727. 7 万人次、货邮吞吐量 14. 3 万吨，运输起降 15. 6 万架次，其中国际及地区旅客吞吐量达 131 万人次，排名中部第一、内陆第三。机场设施进一步完善，T3 航站楼进入全面施工阶段，2016 年投入使用后，天河机场将成为我国少数拥有双跑道的大型机场，旅客吞吐量将达 3500 万人次。武汉天河机场有望成为全国第四大航空枢纽。

2014 年，长沙黄花机场旅客吞吐量达 1802 万人次，在中部地区居第一。长沙黄花机场拥有130多条国际、国内航线，可以直达100多个国内外大中城市，是国家一类航空口岸。目前，长沙黄花机场正在进行东扩工程，并且已经进入全面施工阶段。黄花机场第二跑道也在积极建设之中，有望在2016年底实现通航，届时长沙黄花机场的客货运能力将有大幅提升。

按照现代大型枢纽机场的标准和要求，南昌昌北机场的三期扩建也在加紧启动，昌北机场将新建第二条跑道，同时力争飞行区等级上升为4F，以满足以空客380以及波音787为代表的现有大型客机起降的需要。三期扩建工程完工后，昌北机场的标准将有大幅提升。

（三）园区及周边基础设施建设日臻完善

目前，武汉临空港经济技术开发区形成了铁、水、公、空四路齐备的立体交通网络。拥有三条快速通道与天河机场对接，形成了10分钟空港直达快速路。“汉新欧”国际铁路货运班列每周发车，直达欧亚。公路网络四通八达，路网密度每平方千米达243千米，居湖北首位。区内拥有36千米的汉江航道、两个港口以及全国铁路集装箱武汉中心站，已经实现铁水联运。临空港经济技术开发区在湖北率先实现全域公交直达。同时，口岸功能进一步完善，临空港经济技术开发区设有国家铁路、公路以及电子口岸三大通关门户，云集了武汉海关总部、临空港走马岭保税物流区以及铁路集装箱中心三大口岸平台，临空港走马岭保税物流区与天河机场实现“虚拟空港”口岸对接，对外开放进一步加快。

长株潭（长沙）临空经济园区建设也在有序推进。目前串联黄花机场、长沙经济技术开发区、空港城的人民东路已经全线贯通，南延线－机场高速的黄金大道也已基本建成，绕城高速也在积极建设。通达机场的长沙地铁2号线（东延线）、6号线以及长沙－浏阳城际轻轨三条轨道交通线都在加紧启动建设。机场综合配套服务区处于全面建设之中，湖南省机场管理集团正在打造多元化后勤基地，兴建“湖南机场大学”、培训中心、机场度假酒店等设施。

目前，南昌临空经济区南面的环形路网已全面建设完毕，港北大道基本完工，昌北机场和中心城区之间的轨道交通快速通道在加紧建设，以南昌为中心向外辐射的快速铁路网以及龙头港 4 个 2000 吨泊位码头也在加快建设，以临空经济区为中心的公、铁、水、空“四位一体”的交通格局正在形成。同时，水、电、煤气管道及通信网络等基础设施配套项目也在不断完善，园区完成了 35 万平方米电子信息标准厂房建设，“以厂招商”模式极大地方便了电子信息类相关企业的直接进驻。

（四）园区投资如火如荼

2013 年，武汉临空港经济技术开发区自台商投资区更名以来，临空经济得到了长足发展。武汉航达航空科技、中国航天三江集团等航空企业纷纷落户开发区。外来投资增长迅猛，黄鹤楼科技园增加投资 70 亿元，周黑鸭增加投资 50 亿元，华润集团增加投资 35 亿元。产业集聚特征明显，TCL、洲明科技、东风实业等装备制造企业加大投资力度；以京东、美国联邦快递、美国安博、汉欧国际等巨头为代表的现代物流业集聚发展；以统一、可口可乐、达能食品、双汇为代表的国内外食品行业巨头在区内高度集聚；以神华集团、中信集团、华润集团、中粮集团为代表的 30 多家中央企业争相落户。商贸服务业繁荣发展，日本永旺、法国家乐福等零售巨头在区内集聚。开发区内还吸引了中国电建、湖北中烟、良品铺子、武汉海关等总部经济项目。武汉客厅、国际赛马节、国际啤酒节、中国（武汉）国际园林博览会等大型文化创意及会展项目也相继展开。外商投资企业超过 300 家，其中世界 500 强企业 29 家。2014 年，开发区财政收入达 174 亿元，人均 GDP 和财政收入连续九年位居全省第一。

长沙临空经济区设立以来，与空港紧密联系的产业投资发展势头良好。先后有奥凯航空、厦门航空、湖南金鹿公务航空等众多航空公司在临空经济区开展航空基地项目投资建设。同时，现代物流产业方面的投资力度也很大，长沙空港物流园项目以及普洛斯长沙空港物流中心项目相继建设。临空经济区的设立还吸引了众多高技术信息产业的投资，例如，以打造“信息产业群”为理念的中国联通数字阅读基地项目已经在产业园区内全面展开。

此外，戴维克珠宝、湖南国际医疗新材料产业综合园以及九龙仓奥特莱斯大型商业中心等众多重大项目也在积极筹划引进。

南昌临空经济区投资项目也发展迅速，2014 年总投资已经超过 200 亿元，其中包括海派通讯手机产业基地项目、欧菲光产业园、南昌八一基地北斗产业园以及中国北车生产基地等多个重大项目。随着临空经济区的发展，不断有新的大型企业集团加入投资行列。

三　长江中游城市群临空经济区发展制约因素分析

（一）临空经济区内外部竞争加剧

临空经济区是对外开放的高地和区域发展的重要引擎，地方各级政府对临空经济区建设都有很高的积极性。就省级层面来说，截至 2013 年 6 月，全国有 27 个省份的 58 个临空经济区正在规划和建设。因此，目前中三角武汉、长沙以及南昌的临空经济区不仅面临北京、上海、郑州等临空经济发达城市的外部挤压，而且面临全国其他城市临空经济区的竞争。就湘鄂赣三省临空经济区自身而言，以武汉、长沙、南昌为核心的三省临空经济区都处于起步发展阶段，都在积极扩大范围和强化对资源要素的集聚，因此相对于外部省份的竞争来说，三者彼此之间存在更为激烈的竞争，并且三大临空经济区还要随时应对各自省内城市分享利益的诉求。例如，以天河机场为中心的武汉临空经济区的范围就在不断扩大，从最初的天河机场核心区，不断向周边地区扩展，从武汉市逐渐扩展至孝感。除此之外，市州一级套用临空经济概念自行设立的相似经济发展园区就更为众多。这部分“临空经济区”通常是地方政府为了当地 GDP 的快速增长，延续过去设立经济开发区的老路而设立的，地方政府往往提供特殊的产业发展优惠政策，以临空经济名义大力开展招商引资，来促进地区产业发展。部分项目甚至转为变相圈地，进行房地产开发。大量“临空经济区”建设造成竞争加剧，有限的资金、技术、人才等资源要素无法有效集中利用，资源使用效率低下。

（二）临空产业特征不明显

目前，湘鄂赣三省的临空经济区的主导产业发展都集中在高端制造、电子信息、现代物流、会展旅游等领域，与传统的经济技术开发区、高新技术产业园、信息物流工业园等各类园区的主导产业没有太大差异，各类园区产业发展之间具有极高的相似度，同质性太强。而一些最能反映临空经济区特征的产业，如与航空运输业务紧密联系的机场服务配套产业、航空物流服务产业、救援性航空运输服务业、航空工具与用品的制造业等发展相对不足，根本无法体现临空经济区的独有特征。

（三）产业的内生性及关联性不足

从产业的内生性来看，目前湘鄂赣三省的临空经济区都已经形成了先进制造、生物医药、电子信息、食品、旅游休闲等产业的区域集聚。但这种集聚主要源于政府主导型外生嵌入，只是实现了地理空间的集聚，其后续支持产业发展动力不足，不利于实现由嵌入性转为地方根植性的发展模式。从产业关联度来看，当前三省临空园区内的产业之间更多的是相对独立发展，产业之间的关联度低，产业之间难以建立以临空经济为特征的有效协作机制和联动机制，无法形成集聚发展和规模效应。

（四）园区规划设计不全面

目前，中三角范围内湘鄂赣三省的临空经济区都处于大规模扩张阶段，因此相关规划都在不断的修改与更新，但更多地表现为时效性，前瞻性不足，主要体现在以下两个方面。首先是临空园区的范围。例如，随着临空经济发展越来越热，武汉临空经济区的规划区域范围在不断扩大，最初东西湖区只有部分区域属于临空经济区范围，最终整个东西湖区都属于临空经济区，目前，武汉临空经济区的总面积已经扩展到1100平方千米。其次是产业规划。目前，三大临空经济区都在大力发展招商引资，扩充自身的规模和实力，在产业方面的约束并不大，因此造成临空经济区内的部分产业与临空经济发展的联系并不紧密，呈现杂乱无序的现象。

（五）区域协调机制失效

目前，湘鄂赣三省的武汉、长沙以及南昌临空经济区在区域设置上都是跨区发展的。由于隶属不同行政区划、存在地方的利益分割，虽然建立了跨区域的协调机制，但临空经济区在实际运作过程中，仍然无法有效整合。例如，武汉临空经济区就包括两市三地，即武汉市的黄陂和东西湖以及孝感的闵集。虽然省级层面有了临空经济区规划指引，并且省级层面建立了武汉孝感临空经济区建设协调领导小组，但是在实践过程中，由于临空经济区的范围分属不同的行政区域，武汉和孝感在临空经济发展上各自为政。同样，为了协调长沙临空经济区的发展，湖南成立了临空产业领导小组，但由于无常设机构，相关部门无法实现有效对接，难以发挥强有力的协调和主导作用。南昌临空经济区则与景德镇航空零部件产业园以及九江红鹰飞机产业园之间存在利益冲突。湘鄂赣三省内部临空经济区协调机制的失效严重制约了临空经济的未来发展。

四　长江中游城市群临空经济区发展的对策分析

从发达地区临空经济发展的经验来看，当前中三角武汉、长沙以及南昌的临空经济区尚处于发展的初期，未来具有巨大的潜力。临空经济区的发展需要将区位、资本、产业环境、政策支持等相关因素有效结合，形成多方面合力，唯此才能健康发展。

（一）明确战略目标，坚持规划先行

进一步强化规划衔接。树立“大临空”的思想，加快武汉、长沙以及南昌三大临空经济区的区域合作。湘鄂赣三省要加快地区之间相关规划以及与三大机场集团相关规划的衔接，切实加强临空经济区空间结构与机场

功能分区的协调，把武汉、长沙以及南昌三大临空经济区纳入“一带一路”、长江经济带、长江中游城市群等一系列国家战略框架下科学定位、整体推进。

深化规划编制。湘鄂赣三省要按照科学性、合理性、远见性的原则，高标准、高起点地不断完善临空经济区的规划编制，并且在总体规划的基础上，逐步开展交通、信息、电力、环境保护等基础设施专项规划编制，进行合理开发建设。

加大咨询策划力度。引进国内外知名咨询机构，对临空经济区相关发展规划方案进行咨询，促进规划方案进一步完善，实现临空经济区跨越式发展。

（二）加快产业发展，突出临空特色

完善航空服务业。临空经济的动力源在于机场，机场能够有序运行，将规模巨大的人流、物流、资金流在一定空间范围内高速、有效投送，会直接促进区域临空经济的发展，因此以机场为服务对象的航空服务业发展是临空经济得以扩展的基础。武汉、长沙、南昌要进一步加快中心机场建设进程，加大国内和国际航空集团的引进工作力度，不断开拓国内以及国外新航线，扩大三大中心机场对外辐射面，扩展自身影响力。同时，以机场为核心，在周边地区大力发展航空服务产业，如航空人员培训、飞机检修与维护、航空通信服务、航空燃油配送、航空食品加工等，形成完善的航空服务体系，促进机场高效运行。加快建设以三大机场为中心的交通枢纽网络，大力推进机场大巴、地铁以及城际高铁等与机场实现无缝对接，促进人流、物流快速运转。同时，积极推进武汉天河、长沙黄花以及南昌昌北三大中心机场之间的合作，加快构建中三角航空枢纽基地。

大力发展航天航空产业。作为临空经济中的核心产业，航天航空产业具有最为明显的规模效应和集聚效应，能够带动相关产业的快速发展。利用国家大力发展航空航天事业的有利契机，武汉、长沙以及南昌三大临空经济区要加大在航天航空领域的合作力度，进一步推进航天航空产业的细化分工，强化产业联系。在产业分工上，武汉要积极推进航天装备制造产业基地以及航天创新研究院的建设，打造生产航天仪表、航空发电机设备、特种泵阀以及航天工业控制计算机的国家级生产基地。长沙要加大在飞机起落架、航空制动部件以及卫星和关键零部件等方面的研发与生产力度。南昌临空经济区则以洪都航空工业集团、昌飞公司以及红鹰飞机制造公司三大航企为依托，加快以教练机、无人机、中小型客机、直升机以及农林飞机为主的整机研发与制造。同时，利用三地航天航空领域科技力量雄厚的先天优势，加快产学研合作的步伐，积极引导洪都航空、博云新材，以及武汉大学、中南大学、南昌洪都飞机设计研究所、中国直升机设计研究所、武汉航天创新研究院等，共同积极参与国产大飞机 C919、卫星遥感应用系统、航空航天导航定位系统、通用航天技术的研发及相关设备的研制。

加快拓展临空相关产业。武汉、长沙以及南昌临空经济区要充分利用机场的枢纽效应以及航天航空产业的外部集聚效应，进一步推进临空指向性较强的相关产业在临空经济区范围内的集聚，如以现代物流、高端制造、高新技术以及会展休闲为特征的先进制造和现代服务业，提升和完善三大临空经济区自身的产业体系。同时，三大临空经济区可以借助国家大力推进工业 4.0 以及湘鄂赣三省大力发展先进制造业的迫切愿望，以三省科技等部门的协议为基础，以临空经济区为合作平台，进一步促进数控机床、机车制造、精密电子、物联信息等高新技术和高端制造产业在中三角范围内的合理布局、产业分工以及优势互补，共同推进中三角先进制造业的发展。

（三）强化政策支撑，创造发展环境

积极争取国家及省出台相关扶持政策。武汉、长沙及南昌三大临空经济区要紧抓国家实施“一带一路”、进一步开放开发长江经济带以及加快长江中游城市群建设的有利契机，借鉴外地临空经济发展的先进经验，共同研究出台航空发展引导资金、中三角航空枢纽基地建设引导资金以及中三角低空

开放试验区等相关政策建议，争取国家以及省级层面的支持，推进临空经济区建设。

进一步完善产业、土地以及财税等方面的支持政策。三大临空经济区要切实执行在园区内优先布局和发展航空指向性较强的产业，对于航空指向性较弱的产业，严格限制在区内发展。同时，在临空经济区的土地使用方面，对临空经济区年度新增建设用地予以政策倾斜，合理安排省级土地利用计划额度，对临空经济区内引进的重大项目办公用地，要优先予以保障。加大省级财政专项经费支持力度，重点用于临空经济区发展规划、前瞻性研究，以及通检报关等。加大临空经济区重点项目配套资金支持力度，加速项目落地。

（四）构建实效机制，做实组织保障

积极推进“两区合一”模式。针对目前武汉、长沙以及南昌临空经济区发展过程中存在经济功能区与行政区在管理体制方面不顺的基本情况，湘鄂赣三省要进一步解放思想，加快体制机制创新步伐，以武汉临空港经济技术开发区模式为示范，积极推进经济功能区与行政区“两区合一”，理顺区域管理体系，减少管理矛盾。

健全多级协调机制。从三省内部来说，湘鄂赣三省要进一步强化省内协调机制的实效性，构建以主要省级领导为组长的临空经济区发展协调小组，建立多部门联席会议制度，以联席会议形式对临空经济区开发建设进行统一领导、统一规划、统一政策、统一协调，合力推进自身临空经济区健康发展。同时，在整个中三角大范畴内，湘鄂赣三省可以以长江中游城市群合作协议为基本框架，以现有长江中游城市群协调机制为基础，进一步联合国家发改委、民航总局、各大航空集团等，以共同打造“大临空”、促进临空经济区健康发展为目标和突破口，切实加强三省在航天航空产业、高新技术产业、中三角低空开放试验区、中三角航空枢纽基地等方面的规划对接和合作共建。

参考文献

《临空经济发展战略研究》课题组：《临空经济理论与实践探索》，中国经济出版社，2006。

资金星、资金议：《临空经济发展的战略定位与路径选择——以湖南临空经济发展为例》，《郑州航空工业管理学院学报》2013 年第 3 期。

王兆宇：《基于国际经验的我国临空经济发展问题研究》，《生产力研究》2012 年第 3 期。

华夏：《武汉临空经济的发展及影响浅析》，《物流技术》2011 年第 5 期。

董显苹、徐增华：《南昌英雄开发区：借“临空经济”打造国家级开发区》，《中国经济周刊》2009 年第 11 期。

刘雪妮：《临空经济对区域经济的影响研究——以首都机场临空经济为例》，《经济经纬》2009 年第 3 期。

吕斌、彭立维：《我国空港都市区的形成条件与趋势研究》，《地域研究与开发》2007 年第 2 期。

王旭：《空港都市区：美国城市化的新模式》，《浙江学刊》2005 年第 5 期。

吴婷：《未来湖南临空经济将形成五大功能板块》，《中国民航报》2009 年 4 月 21 日。

城 市 篇

Reports on Cities

B.10
襄阳建设汉江流域中心城市研究

李地宝 雷 斌 白家强*

摘 要： 襄阳市位于长江支流汉江的中游，是鄂、豫、渝、陕毗邻地区的重要城市，为湖北省副中心之一。2015 年，《长江中游城市群发展规划》获批，成为第一个跨区域城市群规划，襄阳位列其中。襄阳融入长江中游城市群，就是要建设汉江流域的中心城市，带动区域发展的活力，成为长江中游城市群的节点城市。本报告即重点研究襄阳如何建设汉江流域中心城市，梳理襄阳城市发展的历史地位与现实基础、发展机遇与面临调整、发展愿景与推进举措等，为襄阳建设汉江流域中心城市和融入长江中游城市群提供理论支撑和现实对策。

* 李地宝，湖北省襄阳市发展改革研究中心主任；雷斌，湖北省社会科学院襄阳分院副院长，秘书长；白家强，湖北省社会科学院襄阳分院学术部主任。

关键词： 襄阳 汉江流域 中心城市

2015年4月，经国务院批准，国家发改委印发了《长江中游城市群发展规划》，这是国家批复的第一个跨区域城市群规划，襄阳名列其中。这为襄阳发展提供了重要的战略机遇，关乎襄阳未来10年甚至更长时间的发展。襄阳融入长江中游城市群发展，就是要积极发挥城市的辐射力与影响力，建设区域性中心城市，成为长江中游城市群的重要战略节点。

2014年，襄阳市委提出建设汉江流域中心城市的战略目标，这既是湖北省委、省政府对襄阳的新期望，也是襄阳着力打造汉江生态经济带战略引擎的新担当。襄阳建设成汉江流域中心城市，也必将进一步促进襄阳融入长江中游城市群，发挥襄阳在长江中游城市群中的节点作用。本报告拟通过梳理襄阳的历史地位与现实基础、发展机遇与面临挑战、发展愿景与推进举措，明晰襄阳建设汉江流域中心城市的发展脉络，达成共识，凝心聚力，加快建设。

一 历史地位与现实基础

襄阳，位居中华腹地，扼守汉水中游，地处湖北西北部，面积1.97万平方千米，物华天宝，钟灵毓秀，既创造了“以天下言之则重在襄阳”的辉煌，也积淀了建设湖北省副中心城市和汉江流域中心城市的坚实基础。

（一）历史地位

襄阳自然资源丰富，区位优势明显，是具有2800多年建城史的历史文化名城。“一江碧水穿城过，十里青山半入城”的自然生态环境和“一城两文化”的厚重人文环境，滋养襄阳成就了无限荣光。

1. 交通谓“南北要津”

乾隆《襄阳府志》卷三《形势》记述：“襄阳上流门户，北通汝洛，西带秦蜀，南遮湖广，东瞰吴越。”“土沃田良，方城险固，水路流畅，转运无滞。”这些翔实可靠的记载，高度概括了襄阳的区位优势。“即从巴峡穿巫峡，便下襄阳向洛阳”，“下马襄阳郡，移舟汉阳驿”，“千帆万帆来，尽过门前去”，这些耳熟能详的诗句，生动地描述了襄阳“南船北马”、交通畅达的繁荣景象。“盖据荆郢之上游，为宛洛之门户，自古称为雄郡。”良好的区位，使襄阳成为南北交通的枢纽，在陆路交通上形成了著名的南襄隘道和“十道之要路”的襄荆驿，连通汝洛秦蜀，构成了我国古代南北交通中线的重要节点。在水路交通上，向北通过汉江及其主要支流唐白河可深入南阳盆地，向南顺汉江则可直达江汉平原。新中国成立以后，虽然“南船”“北马”的交通运输方式逐渐式微，但焦柳铁路、汉丹铁路、襄渝铁路和襄阳北编组站等铁路大动脉及其附属设施，以及 G316、G207 和二广高速、福银高速等的相继建设，巩固提升了襄阳的交通枢纽地位。

2. 行政谓“代为重镇”

乾隆《重修〈府志〉序》记述：“东汉建安中，割南郡编县之北及南阳之山都，立襄阳郡。”初治宜城，未几移治襄阳。在之后漫长的岁月中，虽然封建王朝屡经兴废更替，政区设置、名称也屡经变化，但襄阳一直是州、郡、府、道、路等的治所。“自魏晋以降，名莫与更，城莫迁改。”从行政层级上看，襄阳从魏晋南北朝到隋唐五代两宋时期，基本上属于一级行政区，相当于现在的省级行政单位；元明清时期属于二级行政区，相当于现在的地市级行政单位。从发展成就上看，襄阳一直是我国区域性政治、经济、文化中心。东汉时期，襄阳可与京都洛阳相媲美，政局稳定，经济发达，文化繁荣，形成了以政治为中心的思想学术与文化高地，确立了襄阳作为区域性中心城市的显赫地位。隋唐时期，襄阳是全国 4 个人口在 10 万户以上的州治之一，成为南北客商云集的“一都之会”，“江汉间，州以十数，而襄阳为大，旧多三辅之家，今则一都之会”。明清时期，襄阳人口集聚，物产丰富，商业发达，光绪三十四年有 644135 户 3323309 人（《湖北通志》），是中原地区乃至全国的军事中心、商业中心。近代以来，襄阳仍占据重要地位。国民政府先后在此设置襄阳行政督察专员公署和湖北省政府鄂北行署等。新中国成立后，襄阳先后为湖北省襄阳专署、襄阳地区行署、襄樊市、襄阳市等，是湖北省第二大城市、省域副中心城市。

3. 经济谓“南北互市”

襄阳是汉江流域最重要的水路码头，自古以来就是区域性经济中心和商品物资集散地。川陕物资东出，晋豫煤炭南运，岭南货物北上，华东商品西进，莫不经过襄阳。新中国成立以来，襄阳围绕国家产业发展战略，大力发展工业，成为“全国工业明星城市”。20 世纪 80 年代，襄阳抓住“三线企业”“猛虎出山”战略布局调整的机遇，承接了东风、航宇等央企布局襄阳，为襄阳插上了腾飞的翅膀，形成了较为齐全的工业体系，奠定了以汽车为龙头、以高新技术产业为支撑的产业发展格局，经济社会发展在全省乃至汉江流域始终名列前茅。

4. 文化谓“汉江明珠”

襄阳是中原文化和楚文化的汇合点，是历代文人骚客荟萃之地，拥有深厚的历史文化底蕴。“襄阳好风日，留醉与山翁。”王维的《汉江临眺》，不仅生动地描绘了诗情画意的汉江美景，而且抒发了对襄阳的迷恋之情。绵延流长的汉水，塑造了襄阳丰富的地域文化，造就了襄阳汉水流域文化重镇的地位。汉水女神的美丽传说，塑造了神州江河女神第一人的诗意形象，写意地表达了襄阳是汉水文化最精彩和最有代表性的地方。宋玉的《神女赋》，开创了中国赋体文学的先河，也发扬光大了楚文化和汉水文化。受汉水滋养的世间灵物和氏璧，演绎了“完璧归赵”的佳话。李白的《襄阳歌》、元稹的《襄阳道》、张柬之的《大堤曲》等展现了襄阳的繁华。悠悠汉江，孕育了襄阳荆楚文化、三国文化、汉水文化、古城文化等灿烂文化，成就了襄阳中国历史文化名城、中国书法名城、中国旅游城市等桂冠，续写了继往开来的辉煌。

5. 军事谓“天下之腰膂”

“襄阳自昔天下雄，形势今处常蛇中”（宋·李曾伯《寿襄阃》）。“北据汉沔，利尽南海，东连吴会，西通巴蜀，此用武之国也”（《三国志》）。

“其险足固，其土足食”，“以襄阳之形胜之地，又是梁武创基之所，时平足以树根本，世乱可以图霸功”（《周书·萧詧传》）。这些记述，高屋建瓴地描绘了襄阳战略地位的重要性，理所当然地成了历代兵家必争之地。唐代“官兵守潼关，财用急，必待江淮转饷乃足，饷道由汉沔，则襄阳乃今天下喉襟，一日不守，则大事去矣”。宋朝岳飞抗金收复襄阳、李曾伯抗蒙古收复襄阳，襄阳成为南宋政权的屏障。抗战时期，襄阳成为庇护陕南、巴蜀的门户，中国军队在此与日寇进行了两次会战，张自忠将军浴血十里长山。新中国成立后，襄阳作为“三线”建设的主战场，建设了一大批军工企业，并成为全国三个“军转民”试点城市之一，为巩固国防和军民结合推进现代化建设做出了贡献。

（二）现实基础

改革开放以来，襄阳市委、市政府审时度势，先后实施了推动“中国中西部经济技术协作区”发展、打造秦巴经济走廊中心城市、建设鄂豫陕渝毗邻地区中心城市、建设现代化区域中心城市、建设汉江流域中心城市等一系列发展战略，积极推动了汉江流域综合开发。另外，汉江生态经济带、“中国有机谷”建设上升为省级战略，并得到了国家关注和重视。

近年来，襄阳市围绕建设汉江流域中心城市的战略目标，坚持以产业发展为支撑，主动适应经济发展“新常态”，放手扩大规模，努力提高质量，加快产业转型升级步伐，经济增速在全省领先。襄阳主要指标占比不断提高，逐渐成为一座繁荣的产业之城；城市文化繁荣发展，逐渐成为一座迷人的文化之城。此外，襄阳坚持稳步推进新型城镇化，城乡一体化发展成效明显，新城新区建设和旧城更新双轮驱动，城市能级、功能和品位不断提升，逐渐成为一座大气的都市之城。具体表现在以下几方面。

1. 在全国有位置

一是经济总量进入全国 60 强。2008 年全市生产总值达 1004.7 亿元，首次挤身“GDP 千亿元城市俱乐部”，排在第 88 位；2011 年达 2132.2 亿元，实现了双千亿跨越，提前一年完成“四年翻番”任务，排在全国第 67

位；2013 年达 2814 亿元，在全国 198 个 GDP 过千亿元城市中排第 59 位；2014 年突破 3000 亿元，达 3129.3 亿元，排在全国第 55 位，比 2008 年上升了 33 个位次。全球著名的投资管理公司仲量联行把襄阳评为“中国新兴城市 50 强”和“中国城市 60 强”。

二是城市竞争力进入全国百强。襄阳连续多年被评为国家科技进步先进市。2014 年，襄阳在包括港澳台地区城市在内的中国 294 个城市综合竞争力排名中列第 74 位。襄阳市鱼梁洲污水处理厂污泥和餐厨垃圾处理项目是全国城市污泥处理和餐厨废弃物处理示范项目，荣获 2013 年“中国人居环境范例奖”，得到了联合国开发计划署等国际机构的高度评价。

2. 在全省有地位

一是城市能级明显提升。襄阳是湖北省“一主两副”三个中心城市之一，实行“省官治市”体制；是襄十随城市群龙头城市、鄂西生态文化旅游圈核心城市、汉江生态经济带极核城市。襄阳东津新区是湖北省第一个城市新区，由省长担任推进委员会主任。此外，襄阳是湖北省规划建设的两个通用航空产业基地之一、汉江航运中心和鄂西北再生资源交易中心。

二是主要经济指标在全省占比大幅提升。地区生产总值占全省的比重由 2008 年的 8.9% 提高到 2014 年的 11.43%；固定资产投资由 2008 年的 6.4% 提高到 2014 年的 10.5%；地方公共财政预算收入由 2008 年的 4.2% 提高到 2014 年的 9.7%；社会消费品零售总额由 2008 年的 8.3% 提高到 2014 年的 8.7%；出口总额由 2008 年的 3.2% 提高到 2014 年的 6.5%；实际外商直接投资由 2008 年的 4.8% 提高到 2013 年的 8.0%。此外，全市居民人均可支配收入比全省人均水平高 271 元，省域副中心城市的地位得到不断巩固和提升。

3. 在汉江流域有底气

从上面的介绍中我们可以清楚地看到，无论是自然资源、区位条件、通达能力、地域文化，还是政策机遇、产业基础、城市功能和资源集聚能力等方面，襄阳与汉江流域其他城市相比，优势均较为明显。这里运用首位度评价的方法，评价襄阳在汉江流域主要城市中的首位度（见表1），以充分证明襄阳有条件、有能力、有信心建设汉江流域中心城市。

表1　汉江流域鄂豫陕毗邻地区11个城市的首位度及其排名

城　市	常住人口		GDP		地方财政总收入		社会消费品零售总额	
	首位度	位次	首位度	位次	首位度	位次	首位度	位次
襄　阳	0.3686	2	0.7245	1	0.8456	1	0.5610	2
安　康	0.1585	7	0.0622	9	0.1136	7	0.0856	8
汉　中	0.2108	4	0.1839	6	0.1586	6	0.1272	7
商　洛	0.1398	8	0.1030	8	0.0705	9	0.0599	9
南　阳	0.4977	1	0.4137	2	0.4326	2	0.6275	1
邓　州	0.0815	10	0.0577	10	0.0227	10	0.0537	10
十　堰	0.2069	5	0.2273	4	0.2410	4	0.2640	4
随　州	0.1292	9	0.1310	7	0.0982	8	0.2522	5
荆　门	0.1743	6	0.2032	5	0.1913	5	0.1593	6
孝　感	0.3124	3	0.2602	3	0.2782	3	0.3433	3
神农架	0.0043	11	0.0034	11	0.0081	11	0.0032	11

从首位度评价来看，在汉江流域鄂豫陕毗邻地区11个城市中，襄阳的GDP和地方财政总收入的首位度均处于首位；常住人口和社会消费品零售总额的首位度虽第二位，也具有比较竞争优势。常住人口首位度（3.686/10）处于合理区间，并且远高于区域最大的中心城市人口首位度不低于1/10的国际标准线，2008～2013年襄阳常住人口以年均3万多人的速度增长，2014年甚至突破了10万人。

总体来看，襄阳在11个城市中居于中心地位，具有成为区域经济增长极和带动极的基础与条件，具有成为汉江流域首位城市的现实基础和比较优势。

国家发改委国土开发与地区经济研究所选取城市人口规模、经济发展、工业化、商业发展、交通运输、义务教育发展、卫生发展、城市基础设施建设水平等13个指标，构建综合发展指数，计算汉江流域8个地级市的中心性指数，结果表明，2012 年襄阳的中心性指数最高（见表 2），且 2005 ~ 2012 年襄阳的中心性指数提升较快。

表 2　汉江流域地级城市的中心性指数

城　市	2005 年	2012 年	城　市	2005 年	2012 年
安康市	1.051	0.815	襄阳市	1.150	1.202
商洛市	0.601	0.817	荆门市	0.880	1.083
南阳市	1.262	1.182	孝感市	0.755	0.888
十堰市	1.275	1.105	随州市	1.026	0.907

从 2015 年上半年经济运行情况来看，襄阳发展势头良好，具体表现如下。

（1）总体平稳。虽然经济形势错综复杂，困难很多，但是襄阳的经济发展没有出现大起大落的现象，总体是平稳的。主要经济指标基本实现“时间过半任务过半”。其中，地方公共财政预算收入、出口、实际外商直接投资 3 个指标分别完成预期目标的 55.6%、50.5%、52%，能够实现“硬过半”；城乡居民可支配收入能够实现“与经济同步增长”的目标；固定资产投资和社会消费品零售总额分别完成预期总量目标的 44.9% 和 47.4%，与两个指标近五年的实际完成进度（分别在 42.4% ~43.7% 和 43.8% ~47.8%）相当，能够实现“软过半”。

（2）活力增强。虽然面临着很大压力，但是襄阳招商引资的形势非常好，2015 年上半年新签约项目 656 个左右，同比增长 22.8%。通过全域推广“三个一”改革，大幅降低市场准入，提高行政审批效率，推进投资贸易创业便利化，极大地释放了改革红利，激发了市场活力，市场主体蓬勃发展，平均每天新增市场主体 350 个以上。

（3）质量提升。从 2015 年上半年的情况看，在经济规模不断扩大的同时，襄阳经济增长的质量和效益不断提升，这集中表现为 2015 年上半年财政收入保持高位增长，完成地方公共财政预算收入 159.1 亿元，同比增长 35.8%，居全省第一。

（4）协调发展。各地都面临宏观经济下行压力，但是襄阳市保持了良好的发展态势，无论是整体经济指标、三次产业的发展情况，还是规模、质量和效益，以及中心城区与县域经济发展情况，都实现了协调发展。特别是在做大传统产业的基础上，襄阳大力发展战略性新兴产业，调结构、转方式步伐加快，成效显著，实现了“赶”与“转”的共同进步。

二 发展机遇与面临挑战

站在新的历史起点上，认识“新常态”、适应“新常态”、引领“新常态”，深入推进“四个全面”战略布局贯彻落实，加快建设汉江流域中心城市，襄阳既迎来了难得的发展机遇，也面临着诸多风险挑战，需要积极把握，认真对待，勇于担当，克难奋进。

（一）发展机遇

全球产业新革命的机遇。当前，全球产业结构持续调整升级，经济发展将进入新时期。以“互联网+”为代表的新一代信息技术与产业深度融合，引发了新一轮的产业变革，新的生产方式、产业形态、商业模式和经济增长点加速形成。为摆脱国际金融危机的影响，各国持续加大科技创新力度，推动以移动互联网、大数据为代表的新领域实现突破，比如欧美国家的再工业化、德国的工业4.0，产业价值链体系正在加速重塑。积极融入世界产业链、加快新型工业化进程的襄阳，推动产业转型升级、创新发展将迎来重大的机遇。

国家产业新政策的机遇。经济进入“新常态”，国家一系列稳增长、调结构、促转型的产业政策措施密集出台，定向发力，尤其是推动老工业基地改造、实施“中国制造2025”战略、加快现代农业发展和扩大内需促进消费等政策，有利于加快襄阳市传统产业向中高端迈进，促进新能源汽车、云计算、智能制造、轨道交通、航空航天等战略性新兴产业做大做强，推动现代农业和现代服务业快速发展。“中国制造2025”十大领域包括：新一代信息技术、高档数控机床和机器人、航空航天装备、海洋工程装备及高技术船舶、先进轨道交通装备、节能与新能源汽车、电力装备、新材料、生物医药及高性能医疗器械、农业机械装备。除了生物医药及高性能医疗器械之外，其他九个襄阳都有发展基础。

区域发展新战略的机遇。国家重点实施“一带一路”、长江经济带、长江中游城市群等重大区域发展战略，襄阳将承接这些战略的强力辐射，在更大范围集聚发展资源，提升城市能级。国家新十年促进中部地区崛起规划的启动实施，“一主两副”“两圈两带”等省级战略的进一步深化，襄阳作为中部地区和省级战略的核心节点，必将迎来多重政策汇聚和多项利好因素迭加的历史性机遇。

区域交通新变化的机遇。随着 3 条干线铁路、6 条高速公路、襄阳机场、汉江航运体系等一批重大交通基础设施的建设和投入运营，襄阳将成为全国重要的高铁节点城市、国家路网通达中心城市、国家一类航空口岸和全国内河航运主要港口，成为连接武汉、中原、成渝、关中四大城市群的重要枢纽，为襄阳市融入国家“一带一路”、长江经济带发展战略，拓展对外开放空间，以及深化城市合作提供强力支撑。

改革创新新探索的机遇。当前和今后一个时期，襄阳市相继开展了 100 多项国家级试点示范，在产业发展、金融创新、土地管理、社会治理等一些关键领域开展了积极的探索，积累了有益的经验，有利于襄阳加速释放体制机制创新效应，形成吸引投资、集聚项目的强大磁场，集聚发展能量。

（二）面临挑战

当前，国际国内环境继续发生深刻变化。国际金融危机深层次影响继续显现，世界经济缓慢复苏，发展问题依然严峻；国内经济进入以中高速增长、优结构、新动力、多挑战为主要特征的新阶段，稳增长、调结构、促改革、惠民生、防风险的任务艰巨。在经济“新常态”下，襄阳市经济社会发展面临了许多风险和挑战。

全面建成小康社会的挑战。中央要求在“十三五”末全面建成小康社会。对照国家统计局《全面建成小康社会统计监测方案》的指标体系（见表3），襄阳市在经济发展、生活质量、民主法制、文化教育和资源环境五个方面，与全面小康目标值有较大差距，在全省率先实现全面建成小康社会的目标压力很大，任务艰巨。目前，全市尚有27万人没有脱贫。按照市委、市政府“打好扶贫攻坚战，做到精准扶贫、不落一人”的要求，还要做艰苦的工作。

表3　全面建成小康社会统计监测指标体系

指　标	单位	权重(%)	2020年标准值
(一)经济发展		29	
1. 人均GDP	元	12	≥31400
2. R&D经费支出占GDP比重	%	4	≥2.5
3. 第三产业增加值占GDP比重	%	4	≥50
4. 城镇人口比重	%	5	≥60
5. 失业率(城镇)	%	4	≤6
(二)社会和谐		15	
6. 基尼系数	—	2	≤0.4
7. 城乡居民收入比	—	2	≤2.80
8. 地区经济发展差异系数	%	2	≤60
9. 基本社会保险覆盖率	%	6	≥90
10. 高中阶段毕业生性别差异系数	%	3	=100
(三)生活质量		19	
11. 居民人均可支配收入	元	6	≥5000
12. 恩格尔系数	%	3	≤40
13. 人均住房使用面积	平方米	5	≥27
14. 5岁以下儿童死亡率	‰	2	≤12
15. 平均预期寿命	岁	3	≥75
(四)民主法制		11	
16. 公民自身民主权利满意度	%	5	≥90
17. 社会安全指数	%	6	≥100
(五)文化教育		14	
18. 文化产业增加值占GDP比重	%	6	≥5
19. 居民文教娱乐服务支出占家庭消费支出比重	%	2	≥16
20. 平均受教育年限	年	6	≥10.5

续表

指　标	单位	权重(%)	2020 年标准值
(六)资源环境		12	
21. 单位 GDP 能耗	吨标准煤/万元	4	≤0.84
22. 耕地面积指数	%	2	≥94
23. 环境质量指数	%	6	=100

实现“两个中心”目标的挑战。当前，宏观经济形势错综复杂，经济下行压力依然很大，经济增长由高速转向中高速，襄阳要保持较快的发展速度、做大经济总量、实现省委省政府确定的“三个1/3”的目标，面临着很大压力。区域竞争更加激烈，襄阳建设汉江流域中心城市，尚未具备绝对实力。

转型发展的挑战。今后一个时期是确保我国经济发展方式转变取得实质性进展的关键时期，跨越中等收入陷阱、构建全国统一大市场、推动要素驱动向创新驱动转变、促进更高水平的扩内需、加快生态文明建设等步伐日益加快。襄阳市产业规模不大，层次不高，结构不优，竞争力不强，要素支撑发展的方式尚未根本改变，创新驱动发展的动力机制尚未建立，区域协调发展的市场体系尚未形成，促进绿色发展的激励约束机制尚待健全，稳增长、调结构、促改革、惠民生、防风险的任务艰巨。

新型城镇化的挑战。新型城镇化要坚持以人为本、区域统筹、组群发展、城乡一体，建设绿色城镇、人文城镇、智慧城镇等新型城镇是推进新型城镇化的重要任务。襄阳市在完善区域中心城市功能、增强资源要素吸纳集聚能力、优化城镇空间布局和结构形态、引导农村人口有序转移、破除城乡二元结构、构建城乡一体的体制机制、统筹城乡区域协调发展、全面提高城镇化质量和水平等方面，任务艰巨。

生态文明建设的挑战。生态文明建设被摆在了更加突出的位置，绿色发展成为主基调，“绿色决定生死”成为硬约束，人民群众对“美丽中国”的期盼更加强烈、要求越来越高。随着经济发展、城市规模扩张，襄阳市人口资源环境矛盾进一步凸显，在加快污染防治、加强环境保护、促进生产方式和生活方式“绿色化”、引领汉江生态经济带开放开发、建设长江经济带绿色增长极等方面，任务艰巨。

深化改革开放的挑战。全面深化改革是中央的重大战略部署。推进经济体制、政治体制、文化体制、社会体制、生态文明体制和党的建设等重点领域和关键环节改革取得决定性成果，是全面深化改革的主要任务。加快实施“一带一路”等战略是扩大开放的时代要求和发展方略，目标宏大，任重而道远。襄阳市经济社会领域还面临诸多体制机制障碍，经济体制和政府治理等方面的改革尚未到位，市场在资源配置中的决定性作用尚未充分发挥，开放型经济的体制机制尚不健全，在形成系统完备、科学规范、运行有效的制度体系，以及构建与治理体系和治理能力现代化要求相适应的体制机制等方面，任务艰巨。

总体来说，襄阳机遇与挑战同在，增长动力与下行压力交错，有利因素积累与保障要素约束并存。科学研判国情、省情和市情，审时度势，向改革要红利，向创新要动力，提高政府经济治理能力和水平，将确保全市经济沿着正确轨道向既定目标前进。

三　发展愿景与推进举措

（一）决策：建设汉江流域中心城市

襄阳市委、市政府决定建设汉江流域中心城市，这既是政治新要求、担当新需要，也是发展新引擎、人民新期盼。

政治新要求。湖北省委、省政府对襄阳一直寄予厚望：2003 年要求襄阳建设走在中部同类城市前列的省域副中心城市；2008 年要求襄阳建设鄂西生态文化旅游圈的核心城市；2010 年要求襄阳建设襄十随城市群的龙头城市；2011 年要求襄阳建设“两个中心、四个襄阳”从而为“建成支点、走在前列”提供强大支撑；2013 年汉江生态经济带上升为省级战略，要求襄阳当好“火车头”，襄阳责任更加重大。

担当新需要。作为省域副中心城市，襄阳必须具有相对明显的区域竞争、科技创新、对外开放和社会发展等优势，在全省经济社会发展中发挥重要的示范引领和辐射带动作用。建设汉江流域中心城市，是市委、市政府着眼大局、把握重点做出的战略选择，以期在更大范围、更高层级集聚要素资源，参与区域经济合作与竞争，不断壮大综合实力，体现为湖北“建成支点、走在前列”做出更大贡献的责任担当。

发展新引擎。建设汉江生态经济带，省委、省政府要求襄阳作为“两极”中的一极，在自身发展的同时，带动流域快速发展，提升流域总体发展水平。襄阳建设汉江流域中心城市，有利于襄阳成为湖北区域发展的增长极，成为汉江流域一体化发展的带动极。

人民新期盼。建设汉江流域中心城市，全市人民的愿望是：切实保证“一江碧水穿城过，十里青山半入城”的美景不会被破坏，可让世代襄阳人“望得见山、看得见水、记得住乡愁”；切实保证襄阳中心城市梦得以实现，让人民生活更加美好。

（二）愿景：中心城市的绚丽景象

襄阳市委十二届九次全会描绘的汉江流域中心城市蓝图，主要体现在总体要求、战略任务和总体目标三个方面。

1. 总体要求

努力把襄阳建成“经济发达、文化繁荣、发展优良、功能完善、生态一流、人民幸福”的汉江流域中心城市。

2. 战略任务

战略任务可概括为“一枢纽、六中心、一高地”。“一枢纽”，即重塑现代化“七省通衢”交通枢纽，着力点在于铁路和综合交通体系建设。“六中心”，即区域性经济中心、金融服务中心、科技创新中心、教育服务中心、医疗卫生中心、文化艺术中心。其中，经济中心的着力点在于增强实力，即放手扩大规模，努力提高质量，壮大发展基础，强化支撑力。科技创新、金融服务中心的着力点在于平台体系（总部性经济）建设，即科技创新中心着力建设两个体系（科技创新服务支撑体系、专业技术服务体系）及两个基地（政产学研合作示范基地、科技研发及成果转化基地）；金融服务中心着力建设多层次资本市场体系、多类型投融资体系、多元化金融服务体系。教育服务、医疗服务、文化艺术中心的着力点在于品牌建设，即教育服务中心主要推进名师、名校、名品（中国技工之乡）建设；医疗卫生中心主要推进名医、特色专科建设；文化艺术中心主要推进名人名家、名著名剧建设。“一高地”即区域性开放高地，着力点在于软、硬环境建设，软环境建设包括开放的氛围、文化、制度等建设；硬环境建设主要是“进得来、出得去”的基础设施建设，当前主要是建设“三港一中心”。

3. 总体目标

（1）经济发达。经济是基础。实力决定地位，只有具有绝对的实力，才能引领发展。目标：综合经济实力进入中部六省 80 个地市州（不含直管市）“第一方阵”，成为区域性经济中心。

（2）文化繁荣。文化是灵魂。文以载道，文以化人，以强烈的文化意识指导城市建设和管理，就是要加快功能型城市向文化型城市的转变，既塑形，又塑神。目标：成为引领区域风尚的文化发展高地。

（3）法治优良。法治是保障。没有规矩不成方圆，“市场决定取舍”。在市场条件下，中国传统的“德政”与西方传统的“神政”都变得苍白无力。没有和谐安定的社会环境，人们不可能安居乐业，遑论发展。目标：率先成为法治优良国家的法治城市，增强人民群众就业创业和市场主体投资的稳定预期。

（4）功能完善。基础设施是条件。城市承载发展，没有完善的城市功能体系，就不可能有好的城市能级和品质。目标：打造魅力彰显的山水园林城市，争做汉江流域城镇化发展标杆。

（5）生态一流。生态是核心。绿色决定生死，环境影响发展。目标：形成襄阳最根本、最持久、最难替代的核心竞争优势。

（6）人民幸福。民生是根本。民生决定目的，我们一切工作的出发点和落脚点，都是让人们生活得更好，让人们喜欢这座城市，增强人们对城市的归宿感。目标：成为本地人自豪、外地人向往的宜业宜居之地。

（三）实现路径

要实现“既要金山银山，又要绿水青山；既要发展持续领跑，又要生活更美好”的目标，必须充分发挥内力推动与外力牵引双引擎的作用，着重从以下七个方面努力。

1. 实施规模与质量“双提升”战略，把突出特色、培育产业作为主攻方向

以“做大总量、优化增量、提升能量”为目标，坚持发展新兴产业与改造传统产业双线推进，以建设万亿工业强市为目标，强化工业主导地位，做大做强第二产业，做到增加体量与提质增效并重。以建设“襄阳云谷”为依托，突出现代服务业的支撑作用，做大做细第三产业，做到壮大规模与提档升级并重。以加快推进“中国有机谷”建设为抓手，展示襄阳现代农业的优势和实力，做优做精第一产业。基于以上措施，打造襄阳汉江流域中心城市的钢结构、硬支撑。

2. 实施旧城更新与新城建设“双带动”战略，把完善城市功能、提升城市核心竞争力作为重要支撑

一要靠科技，就是要成为区域创新中心，占据高端，提供引领发展的动力源；二要靠风尚，就是要成为区域开放高地，站在开放前沿，引领时代潮流；三要靠流通，就是要成为交通枢纽和集散地，依靠产品生产和商品流转增强与其他城市的联系；四要靠服务，就是要成为区域现代服务业中心，依靠提供教育、医疗、金融、旅游等服务增强与其他城市的交流与合作。从国内贸易来分析，在汉江流域 11 个城市中，襄阳社会消费品零销总额首位度比南阳低 0.0665。从表象来看，襄阳的国内贸易还不够活跃；从深层次来看，襄阳的引领作用与辐射带动能力尚不尽如人意。因此，必须加快“两基两化”建设，即完善基本功能，覆盖基本服务，优化功能结构，强化产业支撑，使城市与经济发展相适应，增强城市引领带动的强大内力。

3. 实施思想与行动“双突破”战略，把改革开放作为不竭动力

襄阳建设汉江流域中心城市前景光明灿烂，但没有思想与行动的大突破，也遥不可及。因此，必须进一步解放思想，突破思维定势、传统习惯、落后手段，用新思路、新办法、新举措，落实新任务，解决新矛盾，开创新局面。必须进一步将战略付诸实践，求真务实，着眼于“放开”“法治”“放活”“共享”“转型”，把发展的难点、群众关注的热点作为改革的突破口，全面深化改革，形成体制机制新优势。积极推动“走出去”，融入“一带一路”发展，目前襄阳市正在积极申报湖北自贸区襄阳片区，着力加快“三港一中心”建设；积极推进中欧茶马古道焕发青春，加强与俄罗斯的经济联系；积极推动融入京津冀协同发展，加快打造鄂豫陕汉江“金三角”，倡导构建新汉水发展轴，加强与京津冀的对口协作；等等。

4. 实施提质与增效“双推进”战略，把创新驱动发展作为核心引擎

创新是驱动发展的不竭动力。经济提质增效唯有依靠创新。因此，要通过实施创新体系建设工程，打造创新要素集聚载体，搭建创新要素集聚平台；实施创新人才培育工程，打造区域性人才高地；实施体制机制创新工程，构建多元化的科技创新投入机制。基于以上措施，加速提升区域创新能力和创新水平，打造辐射和引领区域发展的创新型城市。

5. 实施生产与生活“双管齐下”战略，把加强生态环境保护作为重要抓手

习近平在2015年5月27日有关“十三五”的讲话中，将建设良好生态环境上升到“人民生活质量的增长点、展现我国良好形象的发力点”的高度，足见国家对生态文明建设的重视。生产绿色化、生活生态化，是时代特征、发展大势。要坚持以绿色襄阳建设引导发展，遵循“低碳、清洁、循环、集中”原则，体现尊重自然、顺应自然、保护自然的“绿色决定生死”理念，重视加强区域生态布局优化，注重生产生活方式和城镇建设经营模式创新，积极引导经济布局、人口分布与资源环境承载能力相适应，实现生产、生活、生态在空间上的协调，让城市融入大自然，让居民“望得见山、看得见水、记得住乡愁”，把襄阳打造成生态和谐、宜业宜居的幸福之城。

6. 实施城镇与乡村“两兼顾”战略，把保障和改善民生作为出发点与落脚点

经济发展、社会安定、生活幸福是人民的期盼，也是汉江流域中心城市建设的终极目标。只有城乡统筹兼顾、一体化发展，才能凝民心、集民智、聚民力。因此，必须加快破除城乡二元体制机制障碍，推进城乡规划、产业就业、基础设施、公共服务、市场体系、要素市场、社会治理等一体化，推进城乡经济社会融合发展，促进农村生产方式现代化、生活方式城镇化。

B.11

宜昌市城镇空间布局与新型城镇化发展路径

彭智敏*

摘　要：地理环境决定了宜昌的城镇布局呈现江河放射状分布、东密西疏等特点。近年来，宜昌发挥地域优势，加快城镇化进程。但在经济"新常态"背景下，宜昌新型城镇化将面临诸多挑战。本报告在认真分析诸多因素的前提下，提出了加快新型城镇化步伐的建议。

关键词：宜昌　城镇布局　新型城镇化

宜昌市位于长江上游与中游的分界点、湖北省西部，东望武汉，西连重庆，是长江中上游中心城市和湖北省副中心城市、鄂西生态文化旅游圈核心城市。宜昌市现辖夷陵、点军、西陵、伍家岗、猇亭五区，宜都、当阳、枝江三市和秭归、五峰、长阳、兴山、远安五县，面积约21230平方千米，人口410余万人，地区生产总值多年居全省第二、长江沿线同类城市前列。近年来，全市上下紧紧围绕现代化特大城市建设目标，以深化改革为动力，坚持"四化同步"，根据当地实际采取多种举措深入推进城乡统筹发展，新型城镇化建设取得了显著的成效。

---

* 彭智敏，湖北省社会科学院长江流域经济研究所所长，研究员，长江中游城市群研究中心副主任，研究方向为区域经济、流域经济。

一　宜昌城镇空间布局主要特点

（一）城镇布局沿江河呈放射状分布

宜昌市城镇的兴起深受自然环境尤其是河流分布格局的影响，一般都沿江河分布。尽管目前宜昌市铁路交通快速发展，高速公路大量兴建并形成四通八达的高速公路网，但宜昌市城镇沿江河分布的特点仍然十分明显。目前，宜昌市已经沿江河形成“一带四廊”城镇化空间布局形态。“一带”指沿长江城镇聚合带，“四廊”指沿香溪河、沮漳河、清江、渔洋河四条河流干流形成的城镇密集带，宜昌市域的大部分重点城镇均分布在此范围内。在此基础上，城镇化围绕市区、中心县（市）城区沿产业或交通轴线进一步展开，并呈现团块状发展的趋势。

（二）城镇化空间分布具有不均衡性

宜昌市地形西高东低，西部山区与沿江和东部低丘平原地区以及在此基础上形成的交通条件差异较大，山区人口向沿江和东部地区迁移的趋势明显，形成了沿江城镇密集带和山区点状乡村并存的现状。改革开放以来，随着劳动力的频繁流动和户籍制度的松动，全市人口向中心城区、枝江、当阳等区域集中，空间上与武汉城市圈的联系逐步加强。从秭归县茅坪镇，经宜昌中心城区，到宜都市、枝江市，宜昌长江城镇密集带初步形成。目前，该区域聚集了全市约75.3%的人口。东部的宜都、枝江、当阳三个县域的经济蓬勃发展，2000年以来，三市城镇人口增加超过10万人。而长阳、五峰、秭归等西部山区县目前城镇化率低，都在30%以下，而且人口外流趋势明显，近五年常住人口流失约5.7万人。从城镇密度看，宜昌中心城区、宜都、枝江每1000平方千米拥有5.5个以上城镇，处于第一层次；秭归和当阳处于第二层次，每1000平方千米拥有4～5.5个城镇；其他区域属第三层次，每1000平方千米城镇数量在3.2～4个。

（三）城镇空间分布形式：由随机型向均衡分布型过渡

城镇的空间分布形式一般可以分为集聚型、均衡分散型、随机型三种。我们可以用邻近分析法，计算宜昌市的城镇邻近指数，分析宜昌市城镇空间分布的特点。用表1中的数据计算宜昌市城镇空间分布的邻近指数为1.097，与中心地学说描述的城镇空间分布的邻近指数2.149相比还差很远，说明目前宜昌市的城镇空间分布为随机型的，但尚处于向均衡分布型过渡的阶段。

表1　宜昌市各城镇的最近城镇及其距离

单位：千米

城镇名称	最近城镇	距离	城镇名称	最近城镇	距离
中心城区	龙舟坪镇	48	古夫镇	茅坪镇	101
当阳城区	鸣凤镇	42	鸣凤镇	当阳城区	42
枝江城区	宜都城区	36	龙舟坪镇	宜都城区	45
宜都城区	枝江城区	45	茅坪镇	中心城区	51
渔洋关镇	龙舟坪镇	67			

注：样本城镇选择宜昌市中心城区、3个县级市城区和5个县的县城。

（四）城镇空间分布与资源及经济发展水平的协调性

区域资源和经济发展水平是区域城镇空间分布的基础。根据点位距公式计算宜昌市各个市县社会经济发展的点位距，我们可以获得宜昌市的城镇分布与区域资源及经济发展水平的结合程度。根据计算的结果分析，宜昌市中心城区的点位距较大，反映在城镇人口在总人口中的比例较高、单位土地面积中的城镇人口密度较大，这也说明了中心城区对经济和人口的集聚作用明显。枝江市的城镇人口数量与相关的几个经济指标比较协调，而宜都市和当阳市的城镇人口数量与工业产值指标的协调性还不够。

二　21世纪以来宜昌城镇化的发展

改革开放以来，尤其伴随三峡大坝的建设，宜昌城镇化进程明显加快，步入21世纪后，宜昌城镇化建设进入了平稳发展阶段。

（一）城镇化率显著提高

2000年以来，宜昌市常住人口总量变动不大，在400万左右，但结构呈不断优化趋势。其特征为：总人口有所减少，而城镇人口数量和城镇化水平明显提高，本地人口城镇化特征明显。宜昌人口总量经历了从高到低再逐步增加的过程，但人口增长率多数年份低于同期全省、全国水平。2013年，宜昌市城镇化率达54.7%，略高于全国53.7%的平均水平，处于长江中上游地区中等偏上水平。2000～2014年宜昌市人口城镇化率见表2。

表2　宜昌市人口城镇化率

单位：万人，%

年份	常住人口	城镇人口	人口城镇化率
2000	414.93	159.35	38.40
2005	404.90	166.01	41.00
2006	403.60	169.51	42.00
2007	403.00	179.74	44.60
2008	400.83	184.38	46.00
2009	401.37	186.24	46.40
2010	398.55	191.30	48.00
2011	406.85	208.31	51.20
2012	408.83	219.09	53.59
2013	409.83	224.59	54.80
2014	410.45	228.42	55.65

资料来源：历年《宜昌统计年鉴》。

（二）建成区面积不断拓展

新中国成立以来，宜昌城区建成区面积由1949年的2平方千米增加到2013年的130平方千米。1986～2008年，建成区面积增加了2倍多，城区人口增加了约2.0倍。此后，城区人口增速趋缓，但是建成区面积仍然呈快速增长趋势，2013年全市城镇总建成区面积达230平方千米，约占全市总面积的1.1%。总体而言，全市城镇化水平与人口城镇化水平基本协调，保持着同步发展的势头。

表3 宜昌城区建成区面积及城区人口

单位：平方千米，万人

年份	建成区面积	城区人口	年份	建成区面积	城区人口
1949	2	6.8	2009	91	124.79
1986	27	42	2010	92	124.41
2000	46	118.08	2011	100	124.59
2006	71	122.97	2012	124	125.32
2007	—	123.97	2013	130	—
2008	88	124.41			

注：1986年宜昌市辖3区，1996年市辖区变为5个。

（三）初步形成沿江城镇密集带

近年来，宜昌市城镇人口向经济发展快速的中心城区、枝江、当阳等平原及沿江区域集中的趋势比较明显，空间上与武汉城市圈的联系逐步加强。目前，宜昌沿江城镇密集带从三峡大坝所在地——秭归县茅坪镇延伸到东部与荆州市的交界处，聚集了全市约75.3%的人口。与之相匹配的是正在建设的“万亿工业走廊”。

（四）注重错位发展

综合考虑区位环境、资源禀赋、产业基础等因素，宜昌因地制宜地推行了新型城镇化试点工作，形成了不少具有示范效应的特色模式。龙泉镇以稻花香集团为龙头，带动镇域经济全面发展，形成了“一核两轴三园四区”的城镇化发展格局。安福寺镇以农副产品加工为突破口，推进新型城镇化建设，形成了工业园区、现代农业示范区、城市新区和农村新社区的“四区”共建模式。枝城镇以良好的产业基础为支撑，城乡统筹，促进厂区与镇区融合发展。远安县坚持生态优先的原则，以“三万”活动为契机建设美丽乡村，成效显著。此外，红花套镇城乡统筹、河溶镇地产开发、郭家坝镇现代农业建设、问安镇村镇建设、洋坪镇跨越式调整等都取得了一系列成果。全市新型城镇化已初步形成“一镇一韵、一乡一品、一村一业、一湾一景”的格局。

（五）产业支撑城镇化发展的能力不断增强

2014 年，宜昌市实现地区生产总值 3132.21 亿元，按可比价格计算，比上年增长 9.8%。从产业结构看，2014 年全市三次产业的增加值分别占地区生产总值的 11.22%、59.31%、29.47%。从就业结构看，全市三次产业就业人数分别占地区从业人员总数的 37.42%、24.88%、37.70%，非农就业比重持续稳定上升，产业支撑作用显著。

（六）城镇综合承载能力大幅提高

“十二五”期间，宜昌交通条件不断提升，汉宜铁路建成通车，宜巴高速公路建成，保宜高速公路路基全线贯通，宜张、宜岳高速公路实现提速。城镇基础设施日趋完善，城市燃气普及率、生活污水处理率、生活垃圾无害化处理率大幅提高。生态文明建设扎实推进，人居环境不断改善，宜昌市先后获得了全国文明城市、国家园林城市、国家森林城市、国家卫生城市、国家环保模范城市、中国优秀旅游城市等荣誉称号，并且被列为全国城镇低效用地再开发试点城市。夷陵区、远安县均获全国国土资源节约集约模范县（市、区）称号。全市教育、医疗、文化体育、社会保障等公共服务设施水平和覆盖率明显提高（见表4）。

表 4 宜昌市基础设施及公共服务变化

基础设施和公共服务	2001 年	2014 年
公共图书馆总藏书(万册)	68.6	207.5
全市参加基本养老保险人数(万人)	37.54(2004 年)	101.33
城市污水处理率(%)	57.13(2004 年)	90.64(2012 年)
互联网宽带接入用户数(万户)	6	52(2012 年)
人均城市道路面积(平方米)	8.46	13.07(2012 年)
建成区绿化覆盖率(%)	40	41.08(2012 年)

资料来源：历年《宜昌统计年鉴》。

（七）农村公共服务设施不断完善，城乡协调发展水平不断提高

农村基础设施不断改善。“十二五”期间，宜昌市新农村加快建设，农村教育、文化、卫生、社会保障等社会事业快速发展，农民生产生活条件逐年改善，呈现农村社会结构加速转型、城乡发展加快融合的态势。城乡居民生活水平全面提升，城乡差距逐渐缩小。2014 年，农村居民人均纯收入 11837 元，比上年增长 13.2%；城镇居民人均可支配收入 25025 元，比上年增长 9.6%，前者增速超过后者 3.6 个百分点。

三 宜昌市新型城镇化面临的形势与存在的问题

（一）国家空间开发政策及区域发展态势

宜昌市长期以来是国家重大工程项目葛洲坝水利枢纽和三峡水利枢纽建设地，工程建设吸引了众多人口迁入，外来人口比例较大。目前，随着国家中部崛起战略、湖北省“两圈一带”城镇化空间战略和湖北省“一主两副”重大战略的实施，宜昌市作为湖北省副中心城市，正式提出了将宜昌建设成现代化特大城市的战略目标。为此，宜昌市提出了“235”城市发展目标：到“十二五”末，宜昌城区建城区面积达 200 平方千米，常住人口达 200 万；2030 年建成区面积达 300 平方千米，常住人口达 300 万；远期建成区

面积达到500平方千米，常住人口达500万。

其具体任务是：中心城区重点抓四大新区建设，即宜昌新区、宜昌高新区、三峡枢纽港新区和三峡旅游新区建设，着力于提升城市的产业集聚、综合服务和辐射带动三大功能；重视产城一体、产城共融，产业发展与城市建设同等重视，产业项目与城建项目同步推进，在城市规模快速扩大的同时，持续提升经济实力，不断加强社会建设；优化城市环境，包括创建一流的投资环境、生活环境、服务环境、人文环境和政治环境，优化城市软环境，提升发展软实力。

在此背景下，伴随宜昌市社会经济水平的加速发展和快速城镇化、工业化，宜昌市中心城区对人口集聚的作用将会进一步增强，成为吸引外出回流人口、外出务工人口和农村富余劳动力的主要地区。

（二）生态环境承载力

宜昌市域内自然环境差异明显，西北部和西南部的兴山县、远安县、秭归县、五峰县、长阳县以及其他县市的部分地区主要为山区，以山林为主，耕地稀少，在主体功能区划分上属于限制开发区，人口承载能力低，人口一般以流出为主；东南部枝江市、宜都市、当阳市的大部分地区为平原，属于重点发展地区，具有较强的人口承载力，也是宜昌市的产业重点发展地区，成为宜昌接纳农业人口转移和外来人口的主要地区。

（三）人口的集聚程度与经济发展水平

人口的集聚程度除受自然环境的影响外，与地区经济发展的方式和发展程度也存在很大关系。目前，宜昌市正处在工业化中期阶段，伴随工业的快速发展，产业发展对人口增长的带动效应逐步显现。“十二五”期间，宜昌主城区骨架平均每年拓展6平方千米，常住人口平均每年增加近10万人。这两个数据说明，宜昌已经进入城市规模快速扩大、人口快速集聚、功能快速提升、产业快速转型的城镇化快速提升期，正在加快从大城市向现代化特大城市迈进。同时，城市的快速发展对城市基础设施建设和城市服务供给提出了更高的要求，城市服务业发展所蕴含的巨大就业机会将吸引更多的人口。依托一些产业基础较好的重点城镇，人口频繁流动成为城镇化和工业化的原动力。宜昌市近年来推出了一系列促进人口市民化的举措，农民工工作生活及其子女教育和生活保障条件等得到了显著改善，“人口市民化”走在了全省的前列。但仍然有许多进入城市的农民工及其子女，在就业、医疗、养老、教育、保障性住房等方面还未享受与当地市民同等的待遇，造成不少农业转移人口难以融入城市社会。

同时，区域发展不平衡程度加剧。总体来看，宜昌市西部山区与沿江用地的基础和交通条件差异较大，山区人口密度本来就比东部平原地区低很多。近年来人口向沿江地区迁移的趋势明显，形成了沿江城镇人口集聚和山区落后村镇人口逐步减少的“二元”结构，而且这一不平衡在相当长时间内仍然难以得到改变。

（四）城镇管理水平与公共服务能力

新型城镇化对城镇管理能力提出了更高的要求，同时也需进一步加强社会基础设施建设。总体来看，近年来宜昌市中心城区基础设施条件明显改善，但与人民群众对现代化城市的期待、日益增长的需求相比，仍然存在较大差距，城市道路比较拥挤，轨道交通尚未起步建设。同时，辖区内许多中小城镇的基础设施水平不高，配套不足，基本标准偏低，难以很好地满足快速城镇化的需求。此外，城乡区域间基础设施的不平衡也阻碍了城乡一体化进程。

作为一个快速发展的城市，宜昌市的城市管理水平需要提升的地方还很多，如环境、养老、医疗卫生、绿地和公园、文化体育、教育、住房保障、流动人口管理等方面。尤其是在乡镇，由于管理机构、管理人员缺少，人员素质偏低，以及经费缺乏，这些问题更为突出。

四　加快宜昌新型城镇化步伐的路径

（一）确立“三步走”战略

在经济“新常态”背景下，中国经济增长从高速向中高速转变，发展动力从主要依靠投资、劳动力投入转向科技投入。这就意味着，宜昌市的新型城镇化道路难以重复过去以工业化、外来人口流入为主的模式。同时，考虑到宜昌地域范围广、内部差异性大的特点，新型城镇化道路不宜采取“一刀切”的方式，而需要因地制宜，采取“三步走”战略。

2015～2020 年为第一阶段：以中心城区为核心，以东部三市为重点，兼顾县城，主要任务是扩大城市规模、提升城市功能和质量，吸引外地和本地人口向这些区域集聚。积极争取国家和省政府支持，大胆探索人口市民化、投融资体制改革各种促进措施。

2021～2025 年为第二阶段：新型城镇化进入中心城区与东部三市、县城及重点镇齐飞阶段。其中，中心城区的工作重点转向完善功能和提升质量，东部三市、县城及重点镇则成为城市基础设施建设和转移农业人口的主力军，西部山区的城镇发展进入快车道。

2026～2030 年为第三阶段：新型城镇化进入中心城区、市县、镇协调发展与科学发展阶段。不同层级的城镇功能清晰，分工合理，农村市民化任务基本完成，城乡产业一体化，重大基础设施互联互通，公共服务均等化，新型城镇化的目标圆满实现。

（二）完善市域城镇体系规划

根据宜昌市城镇人口分布情况和各市县的人口承载力，结合未来人口增长变化趋势，我们认为，宜昌市应着力构建“一主五副、一带四廊”多层次城镇空间布局体系：形成 1 个人口规模达 200 万的大城市，3 个人口规模为 20 万～50 万的中等城市，8 个人口规模为 5 万～20 万的小城市，45 个人口规模为 3 万～5 万的小城镇。突出重点培育中心城区及县（市）城区，形成大中小城市和小城镇协调发展的格局。

中心城区与宜都市、枝江市、当阳市、秭归县、长阳土家族自治县构成了大宜昌的范围。充分利用这一地区市、区、县整体发展基础较好的特点，通过实施沿长江经济带重点突破战略，加快新型城镇化建设，增强产业集聚带动能力，完善城市基础设施和公共服务设施配套，改善生态环境，提升文化特色品质，提高城市综合承载力，增强区域中心城市辐射带动作用，使宜昌市中心城区的人均地区生产总值及城乡居民收入居于中部及沿江地区领先水平，主要城建指标超过全国、全省平均水平。到 2020 年，全市城镇化率在 65% 以上，中心城区集聚人口达 230 万人。

枝江市、宜都市、当阳市三个市域副中心城市，具有区位交通优势明显、产业基础较好、经济实力较强、发展潜力大的特点。未来要通过城市管理体制创新，扩大城市管理权限，壮大城市产业实力，加快城市基础设施和公共服务设施建设，建设一批城市综合体、商业楼宇、特色商业街和现代专业市场，促进产业集群发展和人口集聚，逐步将枝江市、宜都市、当阳市发展为 20 万 ~50 万人的地区副中心城市，打造新的区域经济发展战略支点。

秭归县茅坪镇、长阳土家族自治县龙舟坪镇（区域五个副中心中的两个城镇），以及百里洲镇、河溶镇、鸦鹊岭镇、都镇湾镇、育溪镇、安福寺镇等一些产业基础较好的城镇，可以根据各城镇在主体功能区中的定位和资源环境承载力，加强城市规划，依托优势资源发展特色产业，打造一批规模适度、功能完善、各具特色的人口规模为 5 万 ~20 万的新型城市，发挥小城市在区域的规模效应和带动效应，吸纳更多的农村人口落户集聚。

此外，重点选择 40 ~50 个经济基础和资源条件较好的城镇，将其发展成规模 3 万 ~5 万人的居民集聚地，使之成为带动广大乡村发展和人口集聚的地区中心。

（三）立足资源禀赋，采取差异化发展策略

宜昌市域的自然环境差异和各类城镇的经济发展基础，决定了宜昌新型城镇化的道路宜采取差异化策略，充分发挥不同等级城镇的承载作用，重点集聚，形成市域人口流动和集聚的空间格局。

一是人口重点集聚区：包括宜昌市中心城区和东部地区的枝江市、宜都市和当阳市的沿江平原地区。宜昌市中心城区通过集中用地指标、优化人居环境、提升核心城市综合功能，推进本地区人口和产业进一步向城镇集中，2015 年、2020 年、2030 年城镇化率分别争取达 80%、84%、90%。对于长

江城镇聚合带上的枝江市、宜都市和当阳市的沿江平原地区城镇，鼓励集聚、优先发展，2015 年、2020 年、2030 年城镇化率争取分别达 55%、60%、70%。

二是人口适度集聚区：包括除重点集聚区外的平原地区乡镇和丘陵地区的重点镇、特色镇。这些处于山区与平原过渡性地区的乡镇，需根据镇区实际情况，不断提高建制镇的公共服务水平和改善人居环境，推进农业产业化发展，引导人口向镇区适度集聚。按照人口的自然增长规律，实行常态增长的策略，2015 年、2020 年、2030 年城镇化水平争取分别达 45%、51%、63%。

三是人口适度外迁区：包括高山地区、偏远山区、水源保护地区、自然灾害易发地区等生态敏感地区的城镇，主要分布在兴山、五峰、长阳、秭归和远安。重点推进生态移民工作，将人口进行适度转移，进入中心城区和沿江平原城镇，适当减少人口规模，增强区域可持续发展能力，2015 年、2020 年、2030 年城镇化率分别控制在 36%、43%、53%。

（四）全面深化改革，促推新型城镇化进程

一是创新土地管理制度。积极推进低丘缓坡土地综合开发利用、城乡建设用地增减挂钩、建设用地征转分离试点，探索保护耕地、缓解建设用地供需矛盾的新途径。建立集约用地考核奖励机制，扩大城乡一体化建设用地空间。创新农村集体建设用地流转制度，建立农村集体建设用地使用权流转交易平台，集体建设用地可以出让、出租、转让、抵押、入股。创新农村集体农用地承包经营权流转制度，建立农村土地承包经营权流转市场，探索承包经营权和宅基地退出机制，建立健全流转中的土地收益分配机制。坚持依法、自愿、有偿原则，鼓励农民以转包、出租、互换、转让、入股等形式流转土地承包经营权和宅基地，发展多种形式的适度规模经营。鼓励农业产业化龙头企业通过租赁和入股等多种形式参与农用地流转。鼓励各种金融资本、城市资本、工商资本和民间资本等依法参与农用地流转。加快推进农村土地确权登记颁证工作。

二是创新农村产权制度。进一步明晰集体和农户拥有的各类资产的权属关系，赋予农村集体经济组织和农民更加有保障的所有权和用益物权。加快建立现代农村产权制度，建立健全产权评估、产权流转、抵押融资、纠纷调处、风险防范等制度体系，促进农村生产要素合理流动和科学配置。积极支持城郊村、城中村推进集体资产股权改革。

三是创新户籍管理制度。主动适应“四化同步”的新形势，稳妥有序地推进户籍管理制度改革，建立城乡统一的户籍管理制度，有序推进农业转移人口市民化。认真落实《湖北省流动人口服务和管理条例》，在中心城区推进居住证制度，建立健全以就业年限、居住年限和城镇社会保险参加年限为基准的积分制落户政策。中小城市和小城镇要以具有合法稳定职业和合法稳定住所为基本条件，有序放开落户限制。对在城镇稳定居住1个月以上的外来人口，可实行居住证管理制度；在城镇就业有固定居所、具有大专以上学历或中级以上职称的，可在就业地申请落户；在宜昌就读的大中专学生，可自愿将户口迁往学校集体户；在城镇购买住房（含二手房）的，本人及其直系亲属可以在购房地申请落户；放宽直系亲属在城镇投靠落户的年龄及时间限制；新生婴儿可按随父随母自愿原则及时落户；鼓励到宜昌投资企业中层以上管理人员及其直系亲属落户。市公安局根据中央、省有关规定，结合宜昌建设现代化特大城市实际，制定具体实施细则，经市委、市政府批准后发布公告并实施。

四是创新社会保障体制机制。继续完善养老保险转移接续办法，逐步推进城乡社会保障制度并轨。规范和完善城镇居民基本医疗保险和新型农村合作医疗制度，加快实施城乡大病医保。落实农民工失业人员保险待遇，完善生育保险政策，扩大参保范围。逐步扩大农村低收入困难群众救助面，加大救助力度，不断缩小城乡居民最低生活保障水平的差距。切实解决被征地农民的就业、住房、社会保障问题。

五是创新投融资体制机制。通过创新金融产品和服务，优先满足专业合作社、家庭农场和经营大户的信贷需求，加大新型生产经营主体信贷支持力度。认真落实县域金融机构涉农贷款增量奖励、农村金融机构定向费用补贴、农户贷款税收优惠、小额担保贷款贴息等政策。支持社会资本参与设立新型农村金融机构。推进建立财政支持的农业保险大灾风险分散机制。鼓励和引导各县市区组建壮大投融资平台，探索将政府性平台改制为股权多元化的一般性公司，扩大融资范围。支持各县市区采用 BT、BOT，以及发行中票和企业债券等多种形式筹集建设资金。鼓励和引导社会资金参与城乡建设管理，统筹经营政府资源，充分挖掘土地、矿产等资源的潜在价值，科学谋划基础设施建设与土地出让时序，实现资源价值最大化。

六是创新社会管理体制机制。建立城乡一体的城乡社会管理体制，实行管理重心下移、管理权限下放。推进“扩权强镇”改革试点，下放项目审批、社会管理、综合执法等行政管理权，采取委托执法、联合执法、派驻机构等办法，赋予重点镇、特色镇部分县级经济社会管理权限。理顺乡镇规划建设管理体制，健全乡镇规划建设管理机构，在全市所有乡镇成立城建管理机构，核定人员编制，落实管理经费，纳入财政预算。

参考文献

秦尊文：《长江中游城市群发展报告（2013～2014）》，社会科学文献出版社，2014。

魏后凯、成艾华：《携手共同打造中国经济发展第四极》，《江汉论坛》2012 年第 4 期。

秦尊文：《建好“中三角”亟须体制机制创新》，《政策》2012 年第 11 期。

B.12

荆门市城镇化发展现状与对策建议

汤鹏飞 熊乾钧*

摘 要： 本报告介绍了荆门市城镇化的发展现状、存在的问题，明确了下一步发展的思路和目标，并提出了优化城镇化布局和形态、强化交通运输体系支撑、提升土地综合利用效能、提升城镇基本公共服务水平、提升城镇基本公共服务水平等对策建议。

关键词： 新型城镇化 荆门市

荆门位于湖北中部，长江中游城市群西北部，东眺武汉，西临三峡，南望潇湘，北通川陕，素有“荆楚门户”之称，面积1.24万平方千米，市域常住人口289万人。近年来，荆门市城镇化建设取得了较大成效，今后应抢抓长江经济带、长江中游城市群建设机遇，进一步加快新型城镇化步伐，在长江中游城市群“二广”开发轴上发挥重要的支点作用。

一 城镇化发展现状

（一）城镇化水平持续提高

进入21世纪以来，随着经济发展速度的不断加快，荆门市城镇化水平

* 汤鹏飞，湖北省社会科学院长江流域经济研究所助理研究员，博士，研究方向为人文地理、城市规划、城市经济；熊乾钧，湖北省社会科学院图书情报中心研究实习员，研究方向为产业经济、信息化。

保持持续提高态势。2000～2014年，荆门城镇人口年均增长3.02万人；城镇化率年均提高0.97个百分点。2012年，荆门市城镇化率突破50%，实现城乡人口比例的首次逆转。2014年，全市城镇人口达152.43万人，城镇化率为52.76%（见图1）。

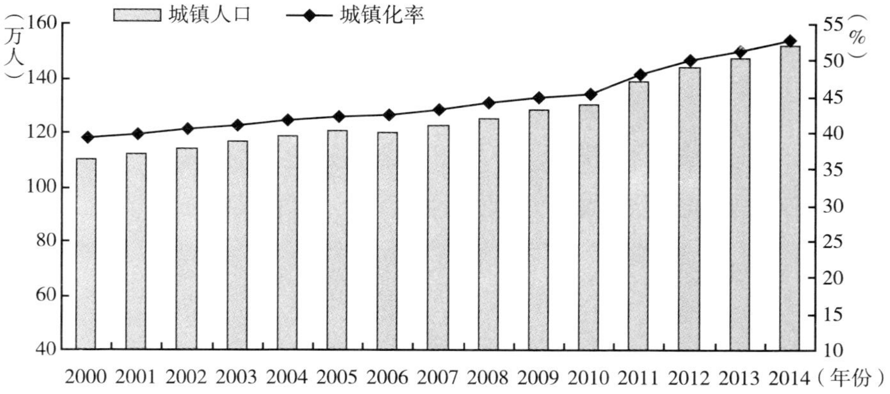

图1　荆门市城镇人口和城镇化率变化

荆门中心城区人口2013年首次突破50万人，按照过去标准已进入“大城市”行列；按照《国家新型城镇化规划（2014～2020年）》出台之后的新标准，正式进入“中等城市”行列。其中，东宝区建成区常住人口26.10万人，掇刀区建成区常住人口24.55万人。荆门城市规模和城镇化水平跃上一个新台阶。2014年，中心城区常住人口继续增长，达52万人。

（二）实施“1331”布局

荆门大力实施“1331”城镇发展战略，推进荆门城区及漳河、子陵、牌楼、麻城、团林五个卫星城镇重点开发，逐步形成以荆门中心城区为龙头，以钟祥、京山、沙洋3个县市城区为支撑，以3类重镇（镇级市、工业重镇、旅游重镇）为结点，以1000个左右新型农村社区为基础的城镇化新格局。

中心城区：“一心四城”的空间布局，全面启动漳河新区建设，加快推进北城新区、荆门高新区、荆门化工循环产业园区建设。

县市城区：按现代中等城市目标加快建设，加强城市基础设施和公共服务设施建设，中心城市要素集聚和环境承载能力明显提升，产业集聚与人口集聚、产业功能与社会功能实现有机统一。

镇域城市：钟祥市胡集镇、沙洋县后港镇、京山县宋河镇、屈家岭管理区易家岭街道办事处开展镇域城市建设试点。

新型农村社区：石牌镇彭墩村、官垱镇王坪村等新型农村社区已成为全省新农村建设示范典型，杨竹流域“2 +6”“1 +5”区域、京山县石龙镇义和村“1 +8”等万人新型农村社区正在加快建设。

（三）城镇产业带动能力增强

从产业结构来看，荆门三次产业结构由2000年的28.6∶36.0∶35.4调整为2014年的15.1∶53.9∶31.0，产业结构不断优化，以化工产业、农产品加工业、建材产业为代表的传统产业持续转型升级，装备制造、新能源、新材料和新一代信息技术等战略性新兴产业及高新技术产业发展势头迅猛，体育用品、生物医药、健康食品、健康养老等“大健康”产业创新发展。从就业结构来看，2014年新增城镇就业5万人，三次产业从业人员结构由2004年的44.02∶23.98∶32.00调整为2013年的38.31∶24.93∶36.76，非农就业比重持续稳定上升，产业支撑城镇发展作用明显增强。

（四）城镇承载功能日益提升

城镇交通不断优化，高速公路和干线公路、县乡公路、村组公路有机衔接，逐渐形成内外衔接、城乡互通、方便快捷的交通网络体系。市政设施及公用事业加快发展，电力、通信、供水、供气等基础设施不断改善，城市能级不断提升。推行市政设施网格化管理，城市建设管理日趋规范。城市环境有效改善，城区“花化、香化、生态化”工程成效显著，正积极申报国家绿色生态示范城区，中心城区建筑节能达标合格率为100%，新型墙材应用率为100%，污水处理率为84.93%。教育、医疗、文化体育、社会保障等公共服务设施水平和覆盖率明显提高。

（五）城乡一体化发展步伐加快

荆门通过统筹城乡规划布局、产业发展、基础设施、社会管理、公共服务、生态环境，以建设中等城市、特色城镇和示范基地为重点，城乡一体化发展步伐加快。城乡一体化相关试点成绩突出："彭墩模式"成为全省统筹城乡发展的典型；官垱镇被列为省"四化同步"第一批试点示范乡镇；钱场、后港、子陵、漳河、团林等10个镇入围全国重点镇；胡集镇进入省十强乡镇行列；镇域城市试点逐步深化；新型农村社区数量逐年增加。

二 问题与挑战

荆门在城镇化快速发展过程中，存在一些亟待解决的突出矛盾和问题，其主要表现为以下几方面。

一是城镇化水平较低。部分城镇在集聚企业、劳动力和经济总量等方面能力较弱，缺乏优势产业尤其是第二产业的强力支撑。2000～2014年，荆门市城镇化率均低于湖北省平均水平，其中2010年相差最大，达4.2个百分点（见图2）。

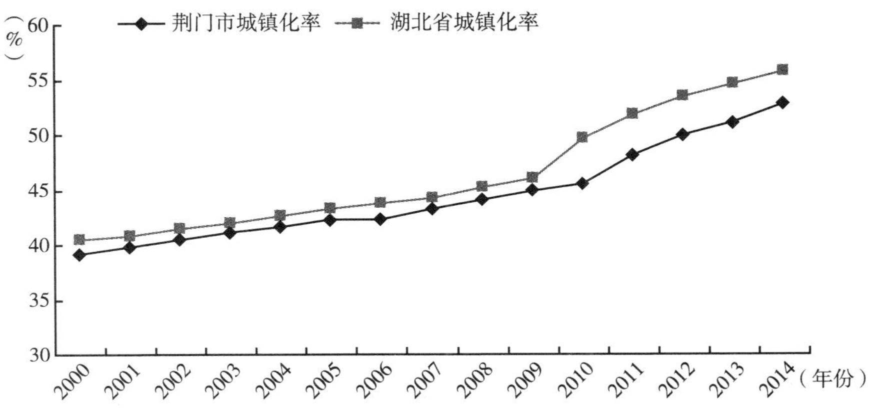

图2 荆门市与湖北省城镇化水平比较

二是农业转移人口市民化进程相对滞后。全市户籍人口城镇化率与常住人口城镇化率相差10多个百分点，农民工及其随迁家属在教育、就业、医疗、养老、保障性住房等方面未能完全同等享有城镇居民的基本公共服务，造成大量农业转移人口难以融入城市社会，市民化进程滞后。

三是城镇管理水平与公共服务能力不能适应新要求。城镇化加速发展对城镇管理能力提出了更高的要求，城市能级不够，城镇功能缺失，市政基础设施和公共服务能力还需进一步提升。城市交通、生态环境、垃圾处置等基础设施与建设大城市目标甚远；社会事业发展滞后，文化、教育、卫生、养老、住房等公共服务供给不足。户籍人口与外来人口公共服务差距造成的城市内部二元结构矛盾日益凸显。

四是资源环境制约日益加剧。京山、沙洋、钟祥属于限制开发区域中的国家层面的农产品主产区，这在资源环境方面对当地新型城镇化发展构成了较大的制约，不能重复过去土地扩张的外延式城镇化道路。

未来荆门人口流动规模将持续扩大，中心市区成为人口跨区域流动的重点集聚区，县级城市和中心镇成为农业人口就近转移的主要载体，小城镇成为农业转移人口的分流区。要顺应城镇化发展规律，把握城镇化发展阶段性特征，以人的城镇化为核心，推动城镇化发展由规模扩张向功能提升转变，由偏重经济发展向注重经济、社会和生态协调发展转变，由偏重城市发展向注重城乡统筹发展转变，切实转到质量与速度并重、以提升质量为主的轨道上来。

三　发展思路与目标

（一）基本原则

荆门城镇化下一步的发展，应遵循以下基本原则。

（1）以人为本，公平共享。以人的城镇化为核心，合理引导人口流动，有序推进农业转移人口市民化，稳步推进城镇基本公共服务常住人口全覆盖，不断提高人口素质，促进人的全面发展和社会公平正义，使全体居民共享现代化建设成果。

（2）五化协同，城乡一体。推进新型工业化、信息化、城镇化、农业现代化和绿色化协同发展，相互促进，加快城乡要素平等交换和公共资源均衡配置，建立健全以城带乡、以工促农的长效机制，加快城乡一体化进程。

（3）优化布局，集约高效。根据资源环境承载能力、发展基础和潜力，以综合交通网络、信息网络为依托，以城市间分工协作为纽带，科学谋划城镇空间布局。结合主体功能布局，因地制宜地分区指导城镇化发展，合理控制城镇开发边界，节约集约、紧凑高效地利用土地，促进城市紧凑发展，提高国土空间利用效率。

（4）生态文明，绿色发展。把生态文明理念全面融入城镇化进程，加强山水脉络和生态环境保护，扩大绿色生态空间比重，让居民“看得见山、望得见水、记得住乡愁”。着力推进绿色发展、循环发展、低碳发展，节约集约利用土地、水、能源等资源，加强环境保护和生态修复，减少对自然环境的干扰和损害，推动形成绿色低碳的生产生活方式和城市建设运营模式。

（5）文化传承，彰显特色。深入挖掘楚文化、屈家岭文化、三国文化、明文化、长寿文化等文化资源，促进城镇文化形态的多样化，发展有历史记忆、文化脉络、地域风貌、民族特点的美丽城镇，形成符合实际、各具特色的城镇化发展模式。

（6）改革创新，统筹推进。以体制机制创新为重点，鼓励试点先行先试，着力破除制约城镇化发展的制度障碍，促进城镇化从追求规模速度向提升质量转变。正确处理政府和市场的关系，坚持使市场在资源配置中起决定性作用；更好地发挥政府作用，市政府统筹总体规划、战略布局，加强分类指导；县级政府因地制宜、循序渐进地贯彻落实，积极稳妥、扎实有序地推进新型城镇化。

（二）战略定位

（1）全国“五化”协同发展示范区。发挥国家循环经济试点市、全国创建创业型城市、全国农机化示范区、国家现代林业建设示范市、国家节水型社会试点和国家生态示范区试点等“国字牌”优势，围绕绿色化的主线，推动信息化和工业化深度融合、工业化和城镇化良性互动、城镇化和农业现代化相互协调，创新发展模式，完善协同发展机制，树立全国“五化”协同发展的典型。

（2）汉江中下游中心城市。抢抓汉江生态经济带开放开发机遇，围绕实力荆门、文化荆门、生态荆门和幸福荆门的建设目标，加快区域性交通枢纽、商贸物流中心、生态文化旅游休闲度假基地建设，进一步增强要素集聚、科技创新和服务功能，加快产业发展和城市建设“双转型”，建设魅力宜居城市，全面提升城市综合实力和现代化水平，打造汉江中下游中心城市，辐射带动汉江中下游地区发展。

（3）“两圈两带”联动枢纽。发挥荆门居中独厚的区位优势，加强鄂西生态文化旅游圈节点和京山武汉城市圈观察员的建设，推动武汉城市圈与鄂西生态文化旅游圈的联动发展，加强汉江运河生态文化旅游带建设，推动长江经济带与汉江生态经济带的联动发展，创新区域联动和利益协调机制，将荆门打造成湖北“两圈两带”的联动枢纽。

（三）发展目标

（1）城镇化水平和质量有新提升。有序推动农村人口向中心城区、县城等城镇转移。到2020年全市人口城镇化率超过60%，中心城区（含漳河新区）人口突破70万人。城镇公共服务能力明显提升，义务教育、就业服务、基本养老、基本医疗卫生、公共文化、保障性住房等基本公共服务覆盖全部常住人口。

（2）城镇化空间形成新格局。“一区、三纵、四横”的新型城镇化战略格局基本形成，建成汉江中下游中心城市，“两圈两带”的联动功能凸显，成为湖北区域发展的重要增长极，全面融入长江中游城市群建设。建立“1+3+6+X”的现代城镇体系，中心城市辐射带动作用更加突出，中小城市数量增加，小城镇服务功能增强，四个层次的城镇实现协调发展，城镇体系结构进一步优化，城镇承载能力和综合实力进一步增强。

（3）城镇可持续发展迈出新步伐。城镇综合承载能力不断提升，产业支撑能力明显增强，产城融合发展态势良好，建成全国“五化”协同发展示范区。创业环境比较优势更加凸显，创业吸引力和创业活力显著增强，成为创业创新创造的国家创业型城市，城乡居民收入水平持续提高。污染防治与生态环境保护取得有效进展，空气质量逐步好转，绿色生态空间明显扩大，人居环境不断优化，形成全国示范的国家生态示范区。城镇集约紧凑型开发模式成为主导，人均城市建设用地控制在110平方米以内，建成区人口密度逐步提高。城市地下管网覆盖率和安全稳定性明显提升，建设全国典型示范的“海绵城市”。文化特色充分彰显，形成全国知名的历史文化名城。居民生活便利度进一步提升，多层次的精神文化需求得到有效满足，社会治理体制更加完善，城市管理人性化、智能化，社会更加和谐稳定。

（4）城乡一体化加快推进。统筹城乡经济社会成效显著，以城带乡的能力进一步增强，城乡产业、生态保护融合联动，公共服务差距显著缩小，人才、技术、信息交流密切，城乡一体的户籍、就业、社保、土地、投资和公共服务体制基本确立。城乡基础设施和公共服务设施显著改善，城乡居民生活品质和文明水平显著提高。

（5）城镇化发展体制机制取得新突破。全面推进深化改革各项举措，加强统筹谋划，推动户籍管理、土地管理、社会保障、住房保障、社会治理、财税金融、生态建设等重点领域和关键环节改革取得重大突破，为加快新型城镇化和城乡发展一体化提供体制机制保障。

四　优化城镇化布局和形态

根据人口、土地、资源条件和生态环境承载能力，与全国和湖北新型城镇化战略相协调，按照统筹规划、集聚高效、合理布局、分工协作、以大带小的原则，明确城镇等级规模结构，促进各类城镇协调发展，强化交通支撑体系，全面优化全市城镇化布局与形态。

（一）构建新型城镇化战略格局

按照“全域统筹、城镇联动、轴带展开”的城市空间战略，构建分工明确、有机联系、功能互补的新型空间与功能体系，打造“一区三纵四横”的新型城镇化战略格局。

1. 建设荆门都市区

以荆门市区为核心，依托二广高速和焦枝铁路、长荆铁路、武荆高速公路、武荆城际铁路等重点交通轴线，辐射带动50千米范围内的城镇发展，打造荆门都市区，探索城镇联动发展机制，围绕公共服务、产业发展布局、都市绿网、综合交通、市政基础设施等重点领域加快协同发展和一体化步伐。积极建设区域性的先进制造业基地、生产服务中心、社会服务与休闲游憩中心，形成联动“两圈两带”的区域性经济增长极。

2. 强化“三纵四横”的轴线联动功能

依托复合交通廊道的建设，搭建“三纵四横”的城镇联动功能框架（见图1），带动全市梯次推进、均衡发展。

“三纵”是：（1）二广高速复合发展轴。以二广高速（湖北段称“襄荆高速”）为主体，与蒙华铁路、焦枝铁路及襄宜城际铁路等重点交通通道联合建设带动人流、物流运转的复合型发展轴，全面对接长江中游城市群建设，形成北连襄阳、南连荆州、西连宜昌的格局，打造城市对外联动发展的重要通道。（2）汉江生态经济发展轴。全面对接湖北汉江生态经济带“水线”主轴开发，发挥水运优势，发展近水产业，促进港、产、城融合发展，对内实现钟祥与沙洋的联动发展，建设汉江中游城镇密集区。（3）随岳高速发展联动轴。依托随岳高速公路，建设城市东部纵向联动发展轴线，贯穿京山县，实现北连随州、南接天门和仙桃，打造联动武汉城市圈的重要发展轴线。

“四横”是：（1）长荆铁路发展联动轴。依托长荆铁路推动荆门市区与钟祥、京山的联动发展，对外实现西通宜昌、东连武汉的发展格局，加快区域一体化步伐，打造城市横向城镇联动的重要主轴。（2）武荆高速发展联

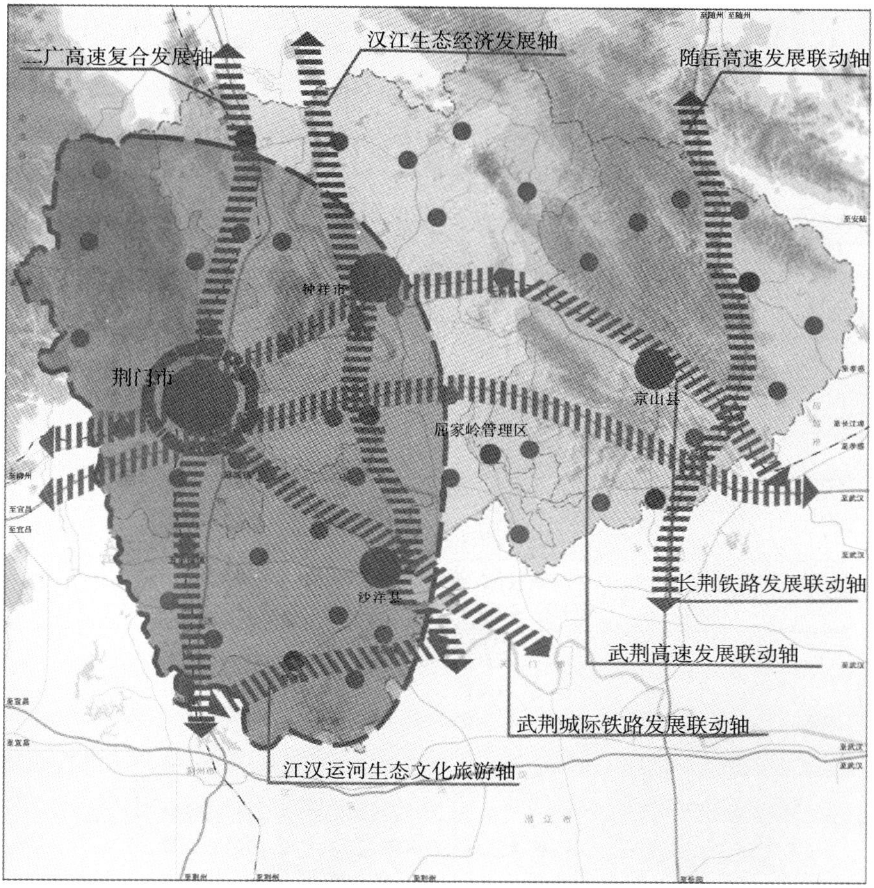

图 3　荆门市新型城镇化“三纵四横”空间发展轴

动轴。依托武荆高速公路，发挥荆门市区的辐射带动作用，加强漳河新区、大柴湖经济开发区、屈家岭“中国农谷”等重点开发区的联动发展。（3）武荆城际铁路发展联动轴。依托荆门－天门－武汉城际铁路的建设，对内加强荆门市区与沙洋的联动发展，对外打造荆门与武汉城市圈联动发展的重要主轴。（4）江汉运河生态文化旅游轴。依托江汉运河建设，以旅游业为引擎，有效推动区域联动、资源整合、整体开发，促进江汉运河沿线小城镇又好又快发展。

（二）完善现代城镇体系

1. 建设“1 +3 +6 +X”的城镇体系

按照组团式、集约式、内涵式发展思路，根据人口发展趋势、城镇人口变化趋势和人口空间分布特征、城镇空间发展特征，优化城镇规模等级结构，形成以中心城区为龙头、以市域副中心城市和县域城市为骨干、以小城镇为支撑、以特色乡镇为依托的“1 +3 +6 +X”的现代城镇体系结构（见表1）。

表1　2020年荆门市城镇规模等级结构

类别	规模（万人）	个数	城镇名称	总人口（万人）
大城市	>100	1	荆门城区（含子陵铺镇、牌楼镇、麻城镇、团林铺镇和漳河镇）	97 ~ 102
中等城市	20 ~ 40	3	京山（含永兴镇）， 沙洋（含高阳镇、官垱镇）， 钟祥（含九里乡、文集镇）	70 ~ 80
小城市	5 ~ 10	6	宋河镇、钱场镇、后港镇、胡集镇、柴湖镇、易家岭	30 ~ 40
新型小城镇	>0.3	35 +100	石牌镇、双河镇、旧口镇、丰乐镇、永隆镇、冷水镇、磷矿镇、纪山镇、罗店镇、毛李镇、五里镇、曹武镇、沈集镇、曹集镇、长寿镇、孙桥镇、马良镇、洋梓镇、三阳镇、张集镇、李市镇、东桥镇、坪坝镇、栗溪镇、杨集镇、长滩镇、马河镇、绿林镇、石龙镇、客店镇、仙居乡、十里铺镇、石桥驿镇、雁门口镇、拾回桥镇； 马岭社区、彭墩社区、王坪社区、郭店社区、义和社区、石牌社区、何场社区、雷集社区、三化社区、凤凰社区、月湖社区、东岳社区、双龙苑社区、白泥河社区等	40 ~ 50

2. 加强城镇功能的分类引导

坚持“全域荆门”理念，走“引导外来输入、重视域内转移、鼓励就地转化、分类分区差异引导”的特色化道路，加强城镇功能的分类引导，实行“老城优化控制、小城镇合理增量、乡村减量提质”的策略模式，实现城镇的特色发展与协调发展。

（1）大城市实施控制下的增量城镇化。老城区是城市空间“转、调、改”的重点区域，以优化控制为主，提升城市的综合服务功能，全面改善人居环境，解决“城市病”问题，加快外来常住人口的市民化进程。依托漳河新区、荆门经济技术开发区及各类高端服务业功能区建设，引领和带动荆门市产业和城市功能的转型升级，吸引和留住国内外高层次的外来人口、职业技术人才、多层次白领和蓝领等。

（2）中等城市加快增量城镇化步伐。以沙洋经济开发区、钟祥经济开发区、京山经济开发区及各类特色工业园区为载体，增强特色产业和人口集聚能力，引领产业和人口集聚，以增量为主，吸引和留住外地职业技术人才、多层次白领和蓝领，培训当地原有农业劳动力向产业工人转变。

（3）小城市和新型小城镇以就地城镇化为主导。小城市以增量为主导，吸引和留住外地职业技术人才，强化本地就地城镇化。新型小城镇主要以就地城镇化为主导，重点吸引本地农民转移，留住本地人口，实现辖区范围内农村剩余劳动力的就地城镇化。农村以减量提质为主导，积极转移富余劳动力。

（三）促进各类城镇协调发展

1. 增强中心城区辐射带动能力

（1）明确功能定位。建设鄂中区域中心城市、湖北省石油化工和新型制造业基地、以荆楚文化为特色的山水宜居城市，预计到2020年人口规模达100万人，其中主城区78万人。

（2）优化中心城区空间结构。进一步调整优化中心城区发展空间，按照“南进、中兴、东拓”的思路，构建“一主五组团”的空间结构。“一主”是指主城区，作为城市的核心，加快发展北部东宝都市产业园区、东部化工循环产业园区、南部高新技术产业园区、西部漳河新区，使之分别承担不同的城市功能。“五组团”包括漳河组团、子陵组团、牌楼组团、麻城组团和团林组团，将五个城郊镇作为城市组团纳入中心城区范围，构建乡村与城市的强关联，提升发展动力，创新城市近郊乡村的发展模式。

（3）提升城市发展品质。增强中心城区主体功能，保护老城区历史文脉，有序推进老城区升级改造，合理控制城区的居住人口和土地开发强度；加快市政基础设施建设，围绕“三环八射六隧”路网骨架，加快城市道路建设，加大交通拥堵治理，完善市政管网，推进“海绵城市”建设；围绕“五城同创”的目标，创优绿色城市环境，建设由东宝山绿地构成的城市生态绿心和由沿河绿地及沿铁路、城市主要道路绿化带组成的防护绿带，实施中心城区公园及广场建设、道路绿化、公共绿地和防护林建设、中心城区采石塘口植被恢复等系列工程，优化人居环境，建设开放度高、辐射力强、功能完善的现代化、生态化城区。

（4）加快产城融合步伐。以产业园建设带动城镇就业，打造人口融入城镇硬基础，统筹推进漳河新区、荆门经济技术开发区、化工循环产业园和东宝都市产业园区建设。漳河新区建设以行政、金融服务、居住、教育研发、休闲功能为主的综合区；荆门经济技术开发区以发展高新技术产业为主，打造配套居住、生活服务的综合片区；化工循环产业园区以荆门石化为基础，以发展石化、电力产业为主，打造全国循环经济示范区；东宝都市产业园区重点发展节能环保型产业。推动城镇化与服务业融合发展，鼓励中心城区加快形成以服务经济为主的经济结构，不断增强城市现代服务业向广大农村辐射能力。积极探索“产业集聚－产业配套完善－人口空间重组－城镇化”的产城融合促进城镇化建设的模式，实现“城镇产业与生活并存，人口与城镇互促”的发展格局。

2. 提升市域副中心城市综合实力

将加快发展县域城市作为优化城镇规模结构的着力点，推进京山、钟祥、沙洋的市域副中心建设，强化城市理念，推动城市扩容提质，彰显特色，引导产业和人口向县域城区聚集，加快建成中等城市。

京山县。发挥武汉城市圈观察员优势，积极融入武汉城市圈，加快京山温泉新区和京山经济技术开发区建设，承接产业转移，重点发展机械制造、农副产品深加工、新能源材料等现代工业，突出生态特色，建设以休闲旅游为主的山水园林城市，打造武汉“后花园”和生态文明示范区，到2020年城区总人口达30万人。

沙洋县。发挥引江济汉工程优势，加快航道、港口、码头和城区基础设施建设，对接武汉－沙洋－荆州千吨级航道圈；加快沙洋经济开发区和沙洋滨江新区建设，重点发展新型建材、有机食品、现代物流等产业，加快建成汉江流域的明珠城市和滨江宜居城市，到2020年城区总人口达20万人。

钟祥市。发挥独特的人文优势和城区“一江两湖”自然地理优势，大力发展旅游业，建设世界文化遗产地和国家级历史文化名城；加快钟祥经济开发区建设，打造全省食品加工基地和纺织基地；推动莫愁湖生态新区发展，建设生态园林城市，到2020年城区总人口达36万人。

3. 加快培育小城市

以工业重镇、旅游名镇、“四化同步”示范镇、新农村建设试点镇为重点，加快宋河、钱场、后港、胡集、柴湖、易家岭6个小城镇建设，将其建设成集聚产业和人口、服务“三农”的重要载体。

推进改革创新先行先试。强化规划管理，推进体制机制创新，赋予镇级市与人口规模和经济规模相适应的管理权限，鼓励在管理服务、财税、土地、基础设施投资、房地产、户籍、就业、金融等领域先行先试。

提升产业集聚要素功能。发挥土地、劳动力等要素成本较低的优势，吸引发达地区产业资本集聚，承接大中城市产业转移，因地制宜地发展劳动密集型产业，加快培育特色鲜明的产业集群，促进农业转移人口就近城镇化，增强其以工促农、以城带乡的节点功能。

增强人口集聚和服务的支撑能力。按照小城市标准，完善镇域内水、电、路、气、通信等基础设施建设，构建覆盖城乡的社会保障、医疗卫生、文化体育、科技教育、旅游服务等生活性服务网络，以及服务城乡的商贸物流、农村金融、人才培训、技术推广等生产性服务网络。

4. 有序发展特色小城镇

推动小城镇发展与疏解城市功能相结合、与特色产业发展相结合、与服务“三农”相结合，加快推进特色镇建设，按农业综合型、工矿型、工贸型、农业型、商贸型和旅游型进行分类引导（见表2）。

表2 荆门特色小城镇发展分类引导

单位：个

类型	数量	城镇名称
农业综合型	1	屈家岭
工矿型	3	磷矿镇、双河镇、石桥驿镇
工贸型	8	冷水镇、十里铺镇、永隆镇、罗店镇、马良镇、洋梓镇、纪山镇、石牌镇
农业型	13	长滩镇、丰乐镇、长寿镇、五里铺镇、拾回桥镇、毛李镇、李市镇、曾集镇、孙桥镇、坪坝镇、雁门口镇、三阳镇、石龙镇
商贸型	2	曹武镇、沈集镇
旅游型	9	仙居乡、栗溪镇、马河镇、张集镇、客店镇、东桥镇、旧口镇、杨集镇、绿林镇

五 强化交通运输体系支撑

（一）优化对外联系的综合交通体系

（1）完善“三纵一横”高速公路网络。“三纵”包括二广高速、枣阳高速、随岳高速、武荆高速；“一横”为武荆－荆宜高速。按照一级公路标准，建设中心城区、钟祥、沙洋、京山、屈家岭至高速公路网连接线；二广高速在中心城区设3个出入口；武荆高速在中心城区设2个出入口，在沙洋、钟祥、京山、屈家岭各设1个出入口（沙洋出入口位于钟祥境内，屈家岭出入口位于京山石龙镇）；随岳高速在京山设2个出入口。

（2）推动铁路网建设。纵向推进蒙西－华中运输通道、襄阳－荆门－宜昌城际铁路、荆门－荆州城际铁路建设，横向推进武汉－天门－荆门城际铁路建设。加快对现有焦柳铁路、长荆铁路、荆沙铁路的电气化改造。开展对荆沙铁路局部线路（凤凰水库以南段）的调整。实施“客货分离”，推动铁路站场调整，形成“一主一次”客运站，主客运站即漳河新区铁路客运枢纽，次客运站为麻城铁路客运站；构建“一南一北”货运站，其中北货运站即子陵货运站，为蒙西－华中铁路的主要货运站，南货运站为麻城货运站。

（3）提升汉江水运功能。推动汉江干流荆门段航道达Ⅲ级（1000 吨级）标准，打造“长江－江汉运河－汉江”810 千米的千吨级内河航运圈。提升汉江沿线的钟祥港、沙洋港等港口枢纽作用，加快石牌核心港区、沙洋中心港区建设，积极推进荆门组合港与武汉新港合作。大力加强港口集疏运大通道建设，全力打造公铁水联运大枢纽，努力实现各种运输方式在港区的无缝衔接。

（4）有序推动航空发展。推动冷水机场按 4C 标准改造成军民两用机场，积极拓展机场的客运功能。开展对漳河机场的改造，提高通用航空服务能力，建设中部独具特色的通用航空基地。

（5）建设“四位一体”的物流体系。结合全域交通基础，打造双十字形物流快速集疏运通道，为全市物流发展提供基础保障。按照“物流中心－物流园－货运中心－农村物流节点”的结构，建设“四位一体”的现代物流体系（见表 3）。

表 3　荆门对外综合交通运输体系

类别	交通设施构成	
高速公路	公路网	二广高速、枣阳高速、随岳高速、武荆高速、武荆－荆宜高速
	连接线	中心城区、钟祥、沙洋、京山、屈家岭一级公路连接线
	出入口	中心城区 5 个；京山 3 个；沙洋、钟祥、屈家岭各 1 个
铁路	新建铁路	蒙西－华中运输通道、襄阳－荆门－宜昌城际铁路、荆门－荆州城际铁路、武汉－天门－荆门城际铁路
	铁路改造	焦柳铁路、长荆铁路、荆沙铁路电气化改造；荆沙铁路局部线路调整
	客运站	漳河新区铁路客运枢纽；麻城铁路客运站
	货运站	子陵货运站；麻城货运站
航运	航道	汉江干流荆门段Ⅲ级航道、“长江－江汉运河－汉江”810 千米的千吨级内河航运圈
	港口	沙洋港、钟祥港、东宝港、京山港
	港区	石牌、转斗、浰河、皇庄、沙洋、江汉运河（后港）、漳河
航空	军民两用机场	冷水机场
	通用航空机场	漳河机场

续表

类别	交通设施构成	
物流	物流中心	物流信息服务中心、杨家桥物流中心、深圳大道物流中心、荆门港石牌核心港区物流中心、钟祥现代交通物流中心、京山物流中心、纺织服装物流中心、花卉物流中心、汽车零配件物流中心
	物流园	京山村村通物流园、屈家岭农产品物流园、冷水空港物流园、皇庄港专用物流园、危化品运输物流园、京山工矿专用物流园、胡集磷化物流园、众诚物流批发大市场、宏业物流园、通旺达物流园、楚元石化物流园、群得利物流园、掇刀区货物综合物流园、石化产品物流园、荆门农产品物流园、掇刀建材物流园、沙洋中心港综合物流园、洪森粮油产品物流园
	货运中心	
	农村物流节点	

（二）构建支撑市域城镇化空间格局的交通网络

（1）市域公路网络。加快“五纵六横一环”公路干线网络建设，实现任何两个相邻城区中心之间和片区之间均有交通性主干路连接，市域内所有中心镇均有高等级道路通过。“五纵”包括 G207、G234、G240、S266、S247；“六横”包括 G347、G348、S311（原 S107 汉宜线）、坪仙线、S342、S439；“一环”为荆门中心城区三环线。打造“126”机动车交通圈，保证机动车在荆门市区范围的各片区中心、各重要节点进入高等级路网不超过 10 分钟，市域主要交通集散地互通不超过 20 分钟，中心城区抵达市域内周边县市不超过 60 分钟。

（2）城区道路网络。加快形成中心城区“三环八射六隧”的道路网骨架。一环由天鹅路、象山大道、掇刀石大道、阳光大道组成；二环由象山一路、月亮湖大道、荆山大道、凤袁路、荆东大道构成；三环由东三环路、西三环路组成。“八射”由荆襄大道、月亮湖大道－S311、白庙路、培公大道、白云大道－G207、凤袁路、漳河大道、象山大道－泉口路组成。“六隧”即罗汉山隧道、荆西大道隧道、碑凹山隧道、凌云路隧道、双喜大道东隧道、双喜大道西隧道。规划干路网密度为 3.2 千米/平方千米，其中主干路次干路密度分别为1.56千米/平方千米和0.41千米/平方千米。推动城区“一环三射”快速路体系建设，规划快速路总长度66.36千米，密度为0.41千米/平方千米。一环由象山一路、月亮湖大道、荆山大道、凤袁路、迎春大道、荆东大道构成快速路环线，其中，象山一路为双向四车道高架路；“三射”由白云大道、培公大道、月亮湖大道部分路段组成。

（3）农村公路网络。提升县、乡道等级，按照二级公路标准，完善各乡镇之间的公路网；按照三级公路标准，完善镇村之间、村村之间的公路网。

（三）推动城乡公共交通发展

加快公交快速通勤网络建设，优化主城区公交线网布局，打造“公交+慢行”主导的绿色交通体系，以及“免费单车”服务体系。以县市至乡镇公共交通网络建设为重点，整合城乡公共交通资源，稳步推进城乡公共交通一体化，形成城乡交通“一小时通勤圈”。发展绿色公交，加快配置绿色公交车，积极开展城市公共交通行业节能减排工作。

（四）加快城乡一体的客运枢纽建设

按照综合性客运枢纽和客运场站两种类型，形成以荆门城区为中心，以钟祥、京山、沙洋为副中心，以各乡镇为节点的城乡一体化客运网络（见表4）。

表4　荆门客运枢纽建设

类别	地区	名称	位置
综合性客运枢纽	中心城区	荆门南站	焦柳铁路荆门站
		荆门公铁换乘中心	城区西南
		掇刀客运中心	城区东南
	钟祥	机场综合客运枢纽	钟祥冷水镇
		钟祥汽车客运中心	钟祥市区北部
	屈家岭	屈家岭汽车客运中心	屈家岭管理区
	沙洋	沙洋汽车客运中心	沙洋城区

续表

类别	地区	名称	位置
客运场站	中心城区	月亮湖汽车客运站	城区东北
	钟祥	钟祥城南客运站	钟祥城区南部
		长荆铁路钟祥站	钟祥市区北部
	京山	京山汽车客运站	京山县城北部
		长荆铁路净山站	京山县城北部
	沙洋	武荆城际铁路沙洋站	沙洋城区
		沙洋后港汽车客运站	沙洋县后港镇

六　提升土地综合利用效能

加大城市规划落地、基础设施建设和城市管理的力度，全面推动城市品质的提升。

（一）新城新区与旧城更新双核带动

东宝、掇刀老城组团基础设施完善，承担了全市及周边地区的金融商贸服务、科研教育、文化娱乐等各项职能，重点发展综合服务、高新技术、物流等相关产业，促进产业升级，提升服务能力，加强对外围城镇的支持作用。

打通老区与新区的道路，加快新城新区建设。以拓展发展空间、推进产城融合为重点，不断提升城市品位和能级。统筹推进漳河新区、东宝、掇刀新城新区和荆门高新区建设，重点围绕“三环八射六隧”路网骨架，加快城市道路建设，完善市政管网，推进海绵城市建设，加大交通拥堵治理力度，加快建设城区南、北汽车客运站，荆门火车南站，高铁站及公交换乘中心，提高城市综合承载力，加快发展商务金融、通用航空、体育文化、健康养老等产业，实施产城并进，推进产城融合。

（二）县级城市扩容提质

加快推进京山温泉新区、沙洋滨江新区、钟祥莫愁湖生态新区建设。京山突出生态特色和区位优势，打造武汉“后花园”和全国生态文明先行示范区，规划2020年京山城区人口达30万人，城区建设用地为31.5平方千米；沙洋发挥引江济汉工程优势，加快航道、港口、码头和城区基础设施建设，加快建成汉江流域的明珠城市和滨江宜居城市，规划2020年沙洋城区人口达20万人，城区建设用地为21.2平方千米；钟祥发挥独特的人文优势，突出旅游特色，建设国家级历史文化名城，规划2020年钟祥城区人口达36万人，城区建设用地为36平方千米。

（三）完善特色镇基础设施

以工业重镇、旅游名镇、“四化同步”示范镇、新农村建设试点镇为重点，加快宋河、钱场、后港、胡集、柴湖、易家岭6个小城镇和官垱、孙桥、东桥等省级试点示范镇建设，强化规划管理，完善基础设施，突出产业特色，加快园区建设，打造产业较发达、功能较完善、特色较鲜明、生态环境良好、辐射带动力较强的小城市。

（四）改善农村生产生活条件

以城镇、园区为重点，规划建设一批新型农村社区，完善配套设施，加大城中村、园中村、城郊村改造力度。推广“彭墩模式”，抓好一批省、市新农村示范村建设，打造生态良好、环境优美、产业兴旺、农民富裕的新农村。

七　提升城镇基本公共服务水平

（一）优先发展城市公共交通

建立切实有效的城市公共交通规划实施保障体系，加强场站规划控制，完善用地供应、综合开发等制度；调整公交车辆与其他社会车辆的路权使用分配关系，科学设置公共交通优先车道、专用车道、路口专用线、单向优先专用线等，提高公交车辆运营速度和道路资源利用率；加快构建城市公交微循环网络，扩大微循环公交覆盖面；统筹规划发展城市出租汽车，优化出租车服务网点布局，科学投放出租车数量；在具备条件的城镇适时发展水上公交线路，丰富城市公交体系，服务水上旅游发展；推动城乡客运公交化发展，逐步提高中心城区及中小城市城区周边农村公共交通线网通达深度并扩大其覆盖面，逐步建立城乡客运一体化服务体系，实现城乡公交衔接，2020年镇村公路铺装率达100%。

（二）加强市政公用设施建设

以强化城镇功能薄弱环节为重点，推进城镇基础设施升级，加快形成相对完备的城镇基础设施体系。

（1）完善城市路网系统。中心城区道路网按照快速路、干线性主干路、一般性主干路、次干路、支路五级设计，突出公共交通在中心城区的重要地位。国省道按二级及以上公路标准进行改造，构筑市域各县（市）城之间的环路。到2020年，中心城区畅通便捷的路网系统基本形成。

（2）完善城市管网系统。统筹电力、通信、供排水、供热、燃气等地下管网建设，新建道路、城市新区和各类园区按照综合管廊建设模式进行开发建设。加强重要基础设施廊道保护与管理，重要基础设施通道建设，避免穿越生态敏感地区，集约节约用地，协调与沿线城镇建设的关系。

（3）加强防洪排涝设施建设。加快老城区雨污分流管网改造，全面推进新区雨污分流管网建设。距离市政污水管网较近的村镇，污水可就近接入市政管网统一进行处理；距离市政污水管网较远，但制造业或旅游业发达的镇村，宜采用雨污分流的排水体系，单独设置污水处理厂，集中处理污水；距离市政污水管网较远且无条件的镇村，可采用雨污合流体系，雨污水经收集后，可利用组合生态处理技术进行处理。中心城区城镇污水处理率在98%以上，规划区城镇污水处理率在95%以上。建成分布合理、功能强大、运行稳定的抽排泵站体系，提升综合排水防涝能力，中心城区防洪标准达到百年一遇。

（4）加强城市供水设施建设。推进汉江以西水系连通及城市备用水源、汉东引水、鄂北水资源配置（荆门部分）等重大水利工程和荆门四水厂、屈家岭自来水厂建设，加快农村自来水入户建设，实施饮水提质增效工程。

（5）加强重要基础设施廊道保护与管理。建设漳河、双喜、杨店、双井、碧桂园变电站及中低压配网工程。规划荆门城区建设天然气第二门站，同时在屈家岭城区修建门站，完善燃气站点、设施及输配官网系统。

（三）完善基本公共服务体系

1. 完善中心城区公共服务设施

完善政务服务中心功能，整合民生保障类审批服务事项，设立社会保障服务分中心。合理配置商业、教育、文化、医疗、体育等公共服务设施，依托城市社区建立健全社区公共服务站、市民学校、社区文化活动室、社区健身场所、社区卫生服务中心（站）、居家养老和日间照料中心等服务平台，构建“布局均衡、全面覆盖，分工协作、有效衔接，功能完善、服务便利”的公共服务网络，打造“15 分钟社区公共服务圈”。

2. 增强县级城市基本公共服务功能

统筹规划和布局建设公共服务设施。优化学校布局和建设规模，合理配置中小学和幼儿园资源。围绕“大病不出县”目标，加强县级医院以人才、技术、重点专科为核心的能力建设，全面提升县级医院的综合服务能力；加强社区卫生服务机构建设，建立与医院分工协作、分级医疗、双向转诊的城市医疗服务模式，完善重大疾病防控、妇幼保健等专业公共卫生和计划生育服务网络。加强公共文化、公共体育、就业服务、养老服务、社保经办等便民利民服务设施建设，完善县级城市公共服务功能。

（四）创新公共服务供给方式

对于适合由社会承担的基本公共服务事项，引入市场机制，公平开放准入，扩大开放领域，鼓励和引导社会资本参与基本公共服务设施建设运营。鼓励各类社会组织提供基本公共服务。大力发展志愿服务。

B.13 黄冈市新型城镇化发展现状及展望

卢　青*

摘　要：黄冈城镇化发展呈现速度加快、质量提高、城乡面貌改善的特征，城市首位度提高，城镇体系健全，临江四城镇开发如火如荼，山区开发后来居上。随着国家、湖北省新型城镇化规划的出台，黄冈确定了以“顶层设计、以人为核心、强化制度改革、全面提升质量”为重点的新型城镇化发展战略方向，并提出了以下发展路径：从市区、县城等不同层面优化城镇空间布局与形态，通过加强交通骨干、枢纽、综合运输通道建设来强化交通支撑功能，加强与武汉、武汉城市圈、长江经济带、大别山试验区的区域性合作，逐步完善相关体制机制。

关键词：新型城镇化　空间布局　区域合作

党的十八大报告提出要以改善需求结构、优化产业结构、促进区域协调发展、推进城镇化为重点，着力解决制约经济持续健康发展的重大结构性问题。积极稳妥地推进新型城镇化建设，是黄冈持续较快发展的强大支撑，是实施开创战略的必然选择，对促进大别山革命老区经济社会发展试验区建设、加快实现“四个大别山”具有重要意义。

* 卢青，湖北省社会科学院农村经济研究所助理研究员，经济学博士，研究方向为产业经济、农村经济。

一　黄冈城镇化发展现状

近年来，革命老区黄冈市的城镇化发展速度不断加快，质量不断提高，城乡面貌不断改善。2014 年全市城镇化率达 42.1%，2010～2014 年平均增长 1 个百分点以上。

（一）城市首位度提高

黄冈市城镇规模体系正在趋向合理，城市首位度逐步提高。2000 年，黄冈中心城区黄州区城镇常住人口为 22.3 万人，仅高于麻城 2.22 万人，城镇户籍人口 17.4 万人，低于麻城近 12 万人，城市首位度并不明显。黄冈市区通过加强空间布局、路网结构、交通组织、河湖体系、生态廊道等多个方面的建设，实现新老城市结构的整体性与连续性，形成由城市级中心、城市级副中心、分区中心和邻里中心组成的多级中心体系。市区城东新区 63 平方千米概念规划、25 平方千米控制性详细规划、10 平方千米城市设计规划和 1.5 平方千米景观规划编制完成。已完工 27 条市政道路路基工程、25 座桥梁基础处理工程，基本贯通了 63 千米长的道路桥梁交通网络，集中开展了城市道路刷黑改造、遗爱湖综合治理、五大社会事业项目建设、城市双改等重大建设。对市区 87 千米、59 条主（次）干道进行了黑化、绿化、亮化、美化，遗爱湖公园已建成开放景区 9 个。按照“六个统一”（统一规划、统一管理、统一建设、统一投资、统一招商、统一征税）的要求，大力推进市区一体开发。到 2014 年，黄冈中心城区经济综合实力稳步提升，城镇常住人口超过 35 万人，较 2000 年提高了近 60%，城镇化率提高到 75.6%，稳居黄冈市首位。

（二）城镇体系不断健全

黄冈按照“双十支撑、两区互动”的要求，加快县市区城区建设。县市区城区总规修编全部完成，小城镇、村庄规划编制率分别达 96.7% 和

75.6%。各县市区城区建设投资力度不断加大，累计为300多亿元，新增城市建成区面积50平方千米，麻城的西城新区、河东新城，浠水的城北新区，英山的城西新城等一大批城市扩容新城已具备雏形。麻城紧抓大别山革命老区振兴发展的机遇，充分发挥交通区位优势，完善城镇功能，强化产业支撑，着力构造大别山地区交通枢纽中心、新型制造业中心、商贸物流中心、旅游集散中心、农产品加工交易中心、文化服务中心，打造黄冈副中心城市和武汉城市圈的地区性中心城市。

同时，黄冈各县市区围绕湖北省政府提出的重点中心镇、特色镇建设，从区域布局和现实基础条件出发，加快基础条件好、辐射能力强的中心镇、特色镇建设，使其成为农村人口转移的重要节点、经济发展的重要支撑点，打造一批特色鲜明的重点旅游镇、工业镇和商贸镇，规划建设了38个重点镇、21个文化小镇、109个美丽乡村。黄冈24个镇入选全国重点镇，入选全国重点镇数量为全省最多。按照依山傍水、宜居宜游、突出特色的要求，黄冈建成了浠水河东街村城郊公寓型、蕲春李山村自然生态型、罗田圣人堂村旅游观光型等中心村和新型农村社区。开展美丽乡村建设试点，其中，陈策楼镇蛤蟆湾、甄家仓成为全省示范点。

表1　黄冈市全省重点中心镇名单

单位：个

县市区	中心镇	数量
团风县	总路咀镇	1
浠水县	散花镇、巴河镇	2
红安县	七里坪镇	1
麻城市	宋埠镇、白果镇	2
英山县	石头咀镇	1
罗田县	三里畈镇	1
武穴市	梅川镇	1
黄梅县	小池镇	1
蕲春县	蕲州镇、横车镇	2
黄州区	陈策楼镇	1

（三）临江四城镇开放开发如火如荼

近年来，黄冈以黄梅小池、武穴田镇、蕲春蕲州、浠水散花临江四城镇为重点，以冲击全省“二十强乡镇”为目标，以实施经济发达镇体制改革为动力，大力推进沿江城镇带建设，临江四城镇开放开发如火如荼。

一是推进大建设。四城镇充分利用各种政策优势，积极筹措建设资金，强力推进产业园区和城镇基础设施建设。2012 年 6 月以来，黄梅县小池镇投入 100 多亿元资金，基本建成了 10 平方千米的主城区，路网辐射面积达 30 平方千米。浠水县散花镇建设了道路水系、服务大楼、还建小区、给排水、污水处理、绿化亮化等 47 个重大基础设施项目，形成了“十路两港”“六纵六横”路网格局。武穴市田镇投资改造田镇老城区，建设长江流域智慧文化旅游仿古镇、马口医药化工产业园。蕲春县蕲州镇对全镇的交通、文娱、环卫、照明等基础设施和配套设施进行了改造或扩建，初步形成了“四纵六横”城市交通网络。

二是引进大产业。临江四城镇充分利用自身资源禀赋和外部政策优势，以大智慧推进招商引资，一大批产业项目落户。小池镇强化政策、用地、融资、水电气和人才保障，落实招商“315 工程”。散花镇实行“签约项目促落地、落地项目促开工、开工项目促投产、投产项目促达效”，实现了项目布满建满。田镇把招商引资作为经济发展的主要抓手，科学量化招商引资的主体目标，更加注重招商引资的社会效益、生态效益。蕲州镇努力培植具有本地文化特色的新型产业，逐步淘汰落后的传统产业，形成以文化健康旅游业为主、以现代化农业和工业为辅的产业结构。

三是实施大创新。临江四城镇代表了四种不同类型的城镇发展模式，承担着不同类型城镇发展路径的探索试验任务，四城镇分别立足自身实际和战略定位，按照“先易后难、逐步推进”的原则，在行政管理体制、投融资机制、土地管理制度、项目服务机制、科技创新机制、循环发展机制等体制机制方面，加强自主改革创新，着力破除体制机制上的束缚，激发发展活力。

四是寻求大合作。小池镇积极与九江开展跨江合作，充分利用两地资源，实现互利共赢。两地在产业、民生、市场、旅游、规划、交通等方面开展了对接合作。散花镇与黄石市也开展了跨江跨市合作，散花镇将自身定位为黄石都市功能区，与黄石工业园建立了信息共享机制，连接黄石的公交线路已经开通运营。

（四）山区开发后来居上

黄冈市充分利用全市山区的生态、旅游等自然资源优势，在遵循主体功能区开发原则的基础上，有序推进山区城镇化，山区开发后来居上。红安紧抓大别山连片扶贫开发、大别山试验区建设等重大战略机遇，以发展理念、基础设施、产业融入、文化旅游、红色教育基地等方面为重点，全面融入大武汉，加快建设武汉北部发展的副中心。红安以经济开发区为载体，积极承接产业转移，大力发展配套产业，积极对接、融入武汉产业园区；充分发挥旅游资源和交通区位方面的优势，优先联动发展旅游业和现代物流业；加快建设与武汉无缝衔接的综合运输大通道，积极推进水利设施共建共享、生态环境同治同护、通信同网同共享，构建互利共赢、安全和谐、日益完善的基础设施体系。此外，罗田、英山等地充分利用当地旅游资源，积极打造全域旅游链条，有力地推动了当地城镇化发展。

但与此同时，黄冈城镇化仍然存在一些问题：一是城镇化水平较低，远低于全省、全国平均水平，农业大市主导地位仍未发生实质性变化。二是城镇规划缺乏顶层设计，土地集约化水平偏低。三是城镇集聚辐射功能弱，小城镇虽然数量众多，但规模偏小，难以发挥桥梁纽带和辐射带动作用。四是城镇建设的市场运作能力较弱，县市的城市建设依赖政府财政投资的现象较普遍，融资渠道单一。

二　黄冈新型城镇化发展战略方向

（一）新型城镇化的总体战略是顶层设计

我国城镇化已经进入关键时期，区域发展不平衡、资源环境约束制约等问题突出，形势错综复杂，土地、户籍、财税等体制改革滞后，城镇基本公共服务和社会保障不足。黄冈新型城镇化总体战略需要顶层设计，加快新型工业化、农业现代化、信息化与城镇化的同步协调发展，因势利导，趋利避害，积极引导走集约、智能、绿色、低碳的新型城镇化道路，形成经济高效、“两型”发展、文化繁荣、社会和谐的城乡全面、健康、协调、可持续发展的新格局。

（二）新型城镇化的核心内容是“人”的城镇化

近年来，黄冈全市户籍人口城镇化率比常住人口城镇化率低 20 个百分点以上。城市存在大量的流动人口，处于“半城镇化”的状态，数量众多的农民工虽然实现了职业、地域转换，但并没有真正融入城市，身份和地位没有发生根本性转变，仍然处于“钟摆式”和“候鸟型”的流动状态。然而，新型城镇化绝非单纯的城市规模扩张，其实质是以人为本，以存量带动增量，不仅使城市居民更幸福，而且使农业转移人口同等享受城市基本公共服务，有序推进农业转移人口市民化。有序转移农业人口，不仅能提升农业的规模效益，而且有利于扩大内需。黄冈在推进新型城镇化过程中，要加快农民工及其家庭成员的市民化，构建统一的就业、社保、定居制度，建立农民工农地权利合理传承的制度，解决农民工参与城市社区治理的市民权利的确认与落实等一系列问题。

（三）新型城镇化的成功关键是制度改革

制度改革及时跟进、政策调整全面到位以及相应措施配套齐全，是新型城镇化成功的关键性因素，其中最重要的是户籍制度和土地制度的改革。黄冈要加快推进户籍制度改革，合理分类放开大城市、中小城市和小城镇的落户限制，引导和促进符合条件的农业转移人口在城镇落户。土地制度改革或将成为未来城镇化道路上必经的环节。黄冈新型城镇化过程中要加强土地资源集约利用，加快农村土地流转制度改革和土地资本化进程，改变二元结构束缚，推进城乡统筹发展，切实保障农民权益，这些都将是未来黄冈城镇化发展的着力点。

（四）新型城镇化的最终目标是全面提升质量

以往城镇发展方式仍旧比较粗放，大多数城市偏重用地规模的外延扩张、耗能规模的扩大，出现了“土地城镇化”速度快于人口城镇化、环境污染和生态破坏严重等现象。特别是一些地方政府片面将城镇化发展认为是城市规模的扩张，肆意开展“造城运动”，单纯强调城市人口数量的增加，造成失地农民“被上楼”。新型城镇化的最终目标不在于城区面积和人口的增加，而在于实现农村经济社会发展由“乡”到“城”的飞跃，使城乡居民公平共享城镇化发展成果，全面提升城镇化质量。因此，黄冈在推进新型城镇化进程中要坚持突出内涵式城镇化的发展理念，以转变经济发展方式来提升城镇化发展质量，不断提升城镇带动农村、服务“三农”的潜在能力，实现由土地城镇化向人口城镇化的转变、由数量增长型向质量增长型的转变。

三 优化城镇空间布局与形态

黄冈突出“强工兴城、强农兴文”的发展重点，探索推进具有黄冈特色的“城乡统筹、城乡一体、产城互动、节约集约、生态宜居、和谐发展”发展路径；通过加强规划顶层设计，高标准完善城镇规划体系，引领城乡融合、产城融合、人文融合，形成层次分明、布局合理、规模适当的“市区－县城－重点镇－文化小镇－美丽乡村－现代农业示范区”新型城镇化布局体系。

（一）加快建设区域性中心城市

坚持对接大武汉、建设新黄冈的总体思路，以建设新城、改造老城、提升全城为重要手段，进一步提升市区首位度，深入推进实施“东扩北进、跨河发展”；引领主城区实现人口规模100万、城市用地规模110平方千米的“双百”发展目标；加快促进黄冈市区由中等城市向大城市转变，把黄冈市区建设成现代化大城市和湖北省区域中心城市。

1. 高昂城市龙头

统筹推进黄州北部新城建设。加强市区基础设施、商业街区、居民小区建设，深入推进“城管会战”“四城联创”等工作，完善城市功能，打造城市品牌。全力推进城东新区房屋征迁、土地征用等工作。实施环白潭湖绿化生态工程、核心区绿化景观工程。加快遗爱湖公园东湖片区建设。按照政府主导、市民主体、市场运作的原则，统筹推进城中村改造和城市棚户区改造，努力将其建设成提升城市形象的市政项目、提高居民生活品质的民生项目、促进现代服务业发展的经济项目和提升基层治理水平的和谐项目。

2. 深入推进市区一体开发

完善市区一体开发“六统一”工作机制和实现形式，坚持规划引导、产业主导、设施先导，加大园区基础设施、功能配套、社会工程、市场筹资和管理创新等方面的工作力度，完善园区落户项目环保、能评、安评机制，提升黄冈高新技术产业园、黄冈化工产业园、南湖工业园三大工业园区承载能力和开发水平。大力发展总部贸易型经济，推进建设总部经济专业街区、专业园区，谋划和推进建设总部经济大楼。推进南湖汽车产业城跨越发展。积极引进和培育发展总部贸易型经济经营管理人才。努力建设市域发展中心城，全面增强市区的聚集能力、辐射能力和带动能力，让市区真正成为黄冈长江经济带的产业龙头，全市的政治、经济、金融、科教和文化中心，武汉的“后花园”和“休闲区”，以及大别山革命老区振兴发展的重要发动机。

（二）推进县市城区提质扩容

各县市城区是推进黄冈市城镇化的重要节点，明确不同的发展定位和主攻方向，推进城区提质扩容。以“双十支撑、两区互动”为抓手，推进各县市城区扩规升级，加快实施园区和城区“双轮驱动”，不断提升黄冈各县市城区的产业支撑能力，有效提升人口集聚功能，推动城镇化由以规模扩张为主向规模扩张和功能提升并重转变，由以城市发展为主向注重城乡统筹发展转变，由以经济发展为主向经济、社会和生态协调发展转变。

团风县城按照“钢构之都、临港新城”的发展定位，围绕“两轴四区”（江北一级公路、团方大道发展轴，城南、城北、城东、城中四区）的空间布局，开发建设新城区，改造管理旧城区。

红安县城以“建新区、拉框架、搭平台、树形象”为主攻方向，实施南扩西进，重点改造民主街、胜利街、解放街等老城区街道。通过完善杏花大道、迎宾大道、发展大道、一河两岸景观带等，拉开城区框架。

麻城市区以“建新区、抓配套、强功能、提档次”为主攻方向，围绕“工贸新区、生态新城”的总体定位开发新城区，突出新区“沿路、沿河、沿山”的特点，西扩南进，扩大城区规模。老城区以举水河为轴线，加强一河两岸的规划控制和生态小区建设，加大排水、绿化、卫生、道路等基础设施建设力度，把老城区建成生态宜居区和商贸休闲区。

罗田县城按照“顺河发展、带状结构、平行布局”的空间发展战略，构筑四个组团化的空间结构（城北老城区、城南核心区、经济开发区、城西郊区）。中心城区实施“南进西拓、北调东控”战略。

英山县城以“老城区抓管理、新城区拉框架”为主攻方向，扎实推进“三区一城”（城西新区、工业园区、温泉旅游度假区和锦绣山城）建设。

浠水县城规划形成散花－清泉双核带动结构，并沿江集聚，向散花、巴河地带集聚人口和产业。

蕲春县城以推进中心城区向城东新区延伸和新建蕲河二桥向西拓展为主攻方向，一手抓城东新区建设，一手抓老城区改造。重点推进路桥改造、“三河”治理、污染治理、生态建设四大工程。

武穴县城规划将行政中心移出老城区，并结合部分移民搬迁和广济药业高级住宅区建设，规划在距官桥 4 千米的杨林地区建设新的城市行政中心。

黄梅县城规划采用“南拓西跨、中心疏解、远期东扩、协调发展”的空间发展战略，构建“东居西职、一心三区”的城市空间结构。

（三）加快县域产业发展

根据城市功能定位，明确产业发展方向，做强特色主导产业，狠抓产业集群，注重技术密集型产业和劳动密集型产业相结合，加快传统产业的改造升级，发展壮大支柱产业。

1. 建设沿江城镇产业带

重点建设“一区两带”沿江城镇产业带，即黄团浠城镇密集区、S308沿路城镇发展带、临江城镇发展带。黄团浠城镇密集区包括黄州区、团风县、浠水县，是围绕黄冈中心城区，以团风县城、浠水县城，以及散花、淋山河、方高坪、巴河、兰溪等城镇为基础构成的市域城镇化密集区。S308沿路城镇发展带是以S308为依托，以黄梅县城、梅川镇、蕲春县城、浠水县城为主的城镇发展区。临江城镇发展带是以浠水散花镇、蕲春蕲州镇、武穴田镇、黄梅小池镇为主的临江城镇发展带。各小城镇错位发展，协调关联，小池以现代物流业、临港产业为主，田镇以医药化工业、建材业为主，散花以纺织服装业、建材业、机械产业为主，蕲州以旅游业、医药产业为主。

在产业定位上，坚持突出特色、优势互补、链式对接，发展支柱产业。团风以钢构产业和临港产业为主，黄州以食品饮料业、物流电商业、电子信息高科技产业为主，浠水以农副产品加工业、汽车配件业为主，蕲春以医药化工业、纺织服装业为主，武穴、黄梅以农副产品加工业、医药化工业为主。按照用地集约、产业集聚的思路，加快建设工业园区，建立健全以企业为主体、以市场为导向、产学研相结合的创新体系，不断提高自主创新能力。

2. 建设大别山生态文化旅游带

根据黄冈自然资源优势和未来文化产业发展分析，形成黄冈“一个核心区”（黄冈城区）、“四个重点区”（红安县、麻城市、蕲春县、黄梅县）、“六个支撑区”（团风县、罗田县、英山县、浠水县、武穴市、龙感湖管理区）的文化产业空间布局，实施大项目拉动、美丽文化小镇、文旅融合等战略；完成黄冈“一核”（黄冈市区旅游核），“两带”（大别山、长江旅游产业发展带），“三心”（黄冈、麻城、蕲春旅游集散中心），“四片”（红色、蓝色、绿色、古色旅游片区），“十一区”［黄州古城旅游区、团风自驾旅游区、红安红色旅游区、麻城杜鹃（花卉）旅游区、罗田山地旅游区、英山温泉旅游区、浠水农业旅游区、蕲春草本旅游区、武穴山水旅游区、黄梅禅宗旅游区、雷池湖泊旅游区］的旅游总体布局。

四　强化综合交通网络支撑能力

按照统筹规划、适度超前、优化结构等原则，加快形成“一区”（黄团浠交通一体化示范区）、“一网”（沿江综合交通运输网）、“一圈”（大别山连片开发旅游交通圈）的综合交通新格局，基本建成集公路、铁路、水路、航空、城际铁路以及城际公交线路于一体的现代化综合交通运输体系，支撑城镇化发展能力明显增强。

（一）完善交通骨干建设

1. 大力加快铁路建设

加快推进武汉新港江北铁路、京九客运专线黄冈段、武汉至杭州快速铁路的黄冈至安庆段以及随麻安铁路等干线铁路的建设。有条件的工业园与港口码头，可引入铁路专用线，支撑公铁水联运。铁路复线率和电气化率不断提高，全面形成“三纵三横两联三支”的铁路网。

2. 稳步推进公路建设

继续完善高速公路结构。构建“三纵五横两联”的高速公路网，基本覆盖人口 20 万以上的城市。建设麻竹高速公路延伸线、麻城至罗田高速公路，形成武汉城市圈高速大外环。加快推进蕲太高速公路建设，缓解沪渝高速公路的交通压力。打通黄梅至英山高速公路，构建红色旅游大通道。构建蕲春机场高速公路，服务于机场快速高效集散。

加快推进普通干线公路提等升级。一是对沿江、经济发达区域的国道、省道按一级公路建设，黄冈主城区及各县市城区过境及出口路段达到一级公路标准；二是对地形地貌复杂、经济欠发达的地区的现有国省道不达标的路段按二级公路建设，使普通国省干线公路二级及以上比例达 100%；三是对靠近城区或乡镇的部分国省道实施绕城化改扩建；四是重要交通枢纽、重要景区、重要乡镇与国省道干线，至少在两个方向实现二级及以上公路快速连通；五是打造一批经济干线，服务于重要乡镇的经济发展，实现重点镇互联互通。依托普通国省道及重要经济干线，连接市区与各县市区，以及各县市区与重点镇、重大景区、交通枢纽及工业园，形成“四纵八横”快速干线公路网。连接一般乡镇，优化路网布局，形成“九纵六横八联”的次干线公路网。

着力完善港口集疏运公路。一是加快构建港口码头至国省干线的港区专用公路，实现港口货物快速集散至国省干线。二是构建港口码头至后方产业园、物流园区的快速联系通道，支撑黄冈临港产业发展。

深化农村公路网建设。进一步撤并村通村公路，加强村组连通公路建设，提高农村公路的通达度，所有具备条件的建制村通沥青（水泥）路，加强农村公路循环路建设，基本消灭“断头路”，加强农村公路安保工程建设和危桥改造，加大农村公路养护力度。

3. 畅通内河航道网

积极响应省“645”工程（安庆至武汉6米、武汉至宜昌4.5米水深长江航道工程），对长江航道黄冈段按6米水深进行疏浚。依托长江黄金水道，加快对倒水、举水、巴河、华阳河－广济内河等航道的疏浚，形成“五水一河”的内河航道体系，共疏浚Ⅱ级航道23千米，Ⅲ级航道30千米，Ⅳ级航道121千米，Ⅴ级航道78千米，Ⅵ级航道86千米。

4. 积极发展支线航空

完成蕲春机场的前期研究工作，落实机场选址、征地以及拆迁工作，加快推进机场建设工作。开通黄冈至国内主要城市的民航线路，提升黄冈的交通枢纽地位与对外辐射能力。

（二）打造区域交通运输枢纽

加快推进黄冈市域以浠团黄核心区为主枢纽，以麻城、武穴为副枢纽，以其他县市区为节点的“一主两副多点”的枢纽总体格局的形成。

在客运站场方面，构建层次分明、无缝衔接的客运枢纽体系。一是依托城铁站、普通铁路站以及机场，打造多个公铁、公空无缝对接的综合客运枢纽；二是在重点县市的重点城区、重点乡镇和人流密集的农村居住区新建一批等级客运站；三是服务重点旅游景区的集散，打造一批旅游集散中心；四是继续推进农村综合服务站的建设，保障农村客流与货流畅通；五是在重点服务区和大型场所新建一批客运候车亭。

在物流站场方面，促进传统货运站向综合化、现代化的物流园区转变。一是依托港口码头、铁路货运站、机场等区域交通基础设施，打造多个公铁、公水以及公铁水多式联运物流园区或中心；二是依托大型企业、后方产业园、商贸市场，建设一批服务于黄冈钢结构产品、石材、农产品的物流中心、配送中心，支撑地方产业发展；三是积极探索新的物流模式，例如甩挂运输、电子商务、第三方与第四方物流，打造多个示范性物流项目；四是整合全市物流基础设施，打造一体化的物流公共信息服务平台，提高物流服务能力与水平。

在港口码头方面，依托黄冈丰富的岸线资源，打造一批现代化的港口码头。一是以长江黄金水道为主轴线，以“五水一河”为航运发展的支线，围绕团风、黄州、浠水、蕲春、武穴、黄梅六大港区，重点推进罗霍洲、唐家渡、散花、管窑、田镇以及小池等作业区的开发，提升港口吞吐能力。二是依托黄冈境内丰富的湖泊、水库资源，以发展水上旅游为导向，推进湖域、水库旅游客运码头的建设。

（三）发展智慧交通

利用GPS、GIS、物联网、移动互联网等信息化技术，建设以全面感知为基础的智慧交通系统和实时准确的出行信息服务体系。同时利用智慧城市共享平台（云平台和基础资源数据库）的数据，建设“一库三平台”，即构建交通综合基础数据库，建成交通综合智慧调度平台、交通信息资源综合服务平台、交通行业监管系统平台。实现交通行业的跨部门联动和城市交通的动态管理，提高交通运行效率，保障城市畅通有序，有效促进黄冈城市交通管理水平的提升。

（四）构建综合交通运输通道

以国家构建长江经济带综合立体交通走廊为契机，打造对接周边城市群、衔接江（长江）山（大别山）、贯通大别山的“两纵四横”的立体综合运输大通道。“两纵”为黄州至麻城综合运输通道、江西至大别山腹地综合运输通道；“四横”为大别山综合运输通道、红安至麻城综合运输通道、黄州至英山综合运输通道以及沿江综合运输通道。

五　加快推进城镇区域性合作

（一）推进与武汉同城化发展

推进交通基础设施建设，促进黄州全面融入武汉快速立体交通体系，实现与武汉基础设施同城化。推进武汉新港黄州港区建设，建立健全港口物流集疏运体系，推进港园城互动发展，建成长江中游综合物流枢纽港。积极参与长江港口协作，全力争取将黄州港纳入武汉新港阳逻港保税区建设范围。推进结对共建友好城区。推进建立与武汉的区校合作、区院合作、园区合作、区区合作、产业合作机制，促进产业融合、资本融合、企业融合、市场融合，实现错位发展、互补发展、共聚发展、共同发展。深入分析武汉发展规划、产业结构和城市转型升级方向，结合黄冈的优势和资源，主动对接武汉大光谷、大汽车、大临空、大临港四大板块，加快培育黄冈的新兴产业和现代服务业。

（二）强化与武汉城市圈的对接

强化黄冈城镇化发展与武汉城市圈建设的对接，主要应体现在充分利用建设“两型社会”的重大战略机遇，用“两型社会”的理念推动沿江地区经济社会的发展。在产业发展、基础设施、科技教育、生态环境、城乡统筹等重点领域和关键环节实施创新突破，特别是在产业对接上走在全省前列。

（三）推进对长江经济带的开放合作

建立与黄石、九江、武汉、鄂州等周边地区交通、投资、产业等方面的互联互通机制，做到互利共赢合作，把沿江地区打造成集聚各种要素和资源的地方。密切长江经济带与大别山腹地的联系，实现综合协调发展。理顺沿江各县市区与长江经济带的整体关系，强化主体功能，优化空间结构，形成合理有序的开发格局，提升整体竞争力。通过加快城镇化发展，把黄冈沿江经济带建设成特色鲜明、竞争力强、国内一流的沿江产业（现代制造业、现代农业、现代服务业）集聚带，承接产业转移的主要集聚地，湖北长江流域北线的明星城市群，武汉城市圈改革开放开发和创新的先导区，投资兴业的首选区，以及和谐宜居的新城区，形成黄冈沿江地区与大别山腹地互为支撑、共同发展的新格局。

精心打造黄梅小池镇、浠水散花镇、蕲春蕲州镇和武穴田镇临江四城镇，为全省探索小城镇跨越升级的不同路径以及“省际、市际、县际”区域合作发展的新模式。把临江四城镇建设成“中三角”的先导区、湖北长江经济带的示范区、区域合作发展的开发区、体制机制创新的试验区、城乡一体化的样板区。坚持“跨区合作、共建共享”的理念，以临江四城镇为突破口，大力推进沿江城镇带建设。加快推动小池与九江、龙感湖开展跨江跨区合作；散花与黄石市、鄂州市开展市际合作；田镇与大法寺镇、武穴城区开展城市组团合作；蕲州与八里湖、漕河开展镇际合作。深化设施共建、产业布局、文化交流、市场共享、资源互换、人员互动等方面的合作，加强工业项目、仓储物流、商贸服务、交通航运、石化产业配套、文化旅游等方面的对接，形成互利共赢、融合发展的新格局。

（四）推进大别山试验区的区域协作

加强与省内随州及孝感、武汉、襄阳等纳入《大别山革命老区振兴发展规划》的区域开展协作，主动承接产业转移和辐射，积极提供产业配套和服务，促进生产要素流动和优化配置，实现优势互补。加强试验区内部协作，共同推进试验区基础设施建设一体化、产业发展一体化、社会管理一体化。

加强与安徽、河南两省的联合互动，加快大别山革命老区振兴发展，优化城乡布局，培育壮大一批区域性中心城市，支持条件较好的县域和重点镇加快发展。加强与试验区接壤的河南、安徽的县（市）的经济文化联系与合作，以及与大京九经济协作带相关城市的合作，探索推动试验区区域协作的新机制。

六　完善城镇化发展体制机制

加强在人口、土地、财税金融、住房、生态环境等方面的体制机制创新，建立健全有利于城镇化健康发展的制度。

（一）推进人口管理制度改革

适应推进新型城镇化的需要，加快落实国务院《关于进一步推进户籍制度改革的意见》，逐步放宽户口迁移政策。加快建立城乡统一的居民户口登记制度，创新和完善人口服务和管理制度，促进人口有序流动，逐步消除城乡区域间的户籍壁垒。以居民居住证为重要依托，建立健全与居住年限、工作时间等相挂钩的城镇基本公共服务提供机制。统筹推进统一的城乡户口登记制度与教育、卫生、计生、就业、社保、住房、土地及人口统计制度相适应的相关配套改革。

（二）深化土地管理制度改革

完善城乡建设用地增减挂钩机制，合理安排和调控城乡用地布局，有效提高城镇化过程中的土地利用效率和水平。在农村土地集体所有权的基础上，探索出台农民享有承包土地经营权抵押、担保权能的具体办法和实施细则，建立健全农村产权流转交易市场。在武穴市及其他每个县（市、区）的3个村，加快推进农村土地承包经营权确权颁证试点工作，完善土地经营权流转市场，建立健全县、乡、村三级农村土地流转服务体系。保证农村集体经营性建设用地与国有土地享有同等入市条件，探索并制定同权同价的具体措施办法。设立龙感湖土地信托化改革试验区。

（三）建立多元化城市建设投融资机制

发挥市场在配置资源中的决定性作用，建立健全多元化、可持续的城镇化资金保障机制。建立财政转移支付同农业转移人口市民化挂钩机制。通过以国有资本经营公司为基础组建控股集团公司，不断发展壮大城建、文化旅游、交通、水利、农业等投融资平台公司。加快推进城投公司向城市资源运营平台战略转型。理顺市政公用产品和服务价格形成机制，积极探索特许经营、投资补助、政府购买服务等多种融资方式，吸引民间资本参与。大力推行 PPP 模式，吸引社会资本参与黄冈城市公用设施和工业园区的建设与运营。

（四）健全城镇住房制度

建立市场和政府相结合的住房保障制度，构建总量平衡、结构合理、房价与消费能力相适应的供需格局，有效解决城镇常住人口的住房问题。立足保障基本需求，推动合理消费，在住房供应中政府以提供基本保障为主，建立各级财政保障性住房稳定投入机制；市场主要满足多层次的市场需求，通过调整完善土地、财税、金融等方面的政策，共同构建房地产市场调控长效机制。

（五）强化生态环境保护制度

建立健全城镇化发展中的生态环境保护制度，注重生态保护红线。建立自然资源资产产权制度，实施最严格的自然资源保护制度，在能源、土地、矿产、水资源等方面提高节约集约水平。建立健全各部门、各区域、各流域在大气、水等领域的污染防治协调联动机制。制定并实施对黄冈市境内大别山区、长江及其他河流、湖泊等重大生态系统的保护办法。积极探索构建资源有偿使用和生态补偿机制，在碳排放、排污权、水权、节能等方面勇于探索创新。以武汉城市圈“两型社会”建设综合配套改革为契机，打造全国资源综合利用示范基地和“双百工程”示范基地。

B.14

岳阳市构建“一极三宜”江湖名城战略研究

马 骏*

摘 要： 岳阳提出“一极三宜”江湖名城战略，是贯彻中央“四个全面”战略部署的地方化实践，符合湖南省委、省政府对岳阳的定位。该战略既是对岳阳发展的全面总结和思考，也是指导岳阳当前和今后一段时期经济社会发展的基本纲领。为实现这一战略使命，岳阳应因时而动，乘势而为，顺势而上，在口岸经济发展、基础设施先导、产业转型升级、县域经济壮大、城镇扩容提质、全民创新创业六大领域精准发力，把岳阳打造成湖南发展新增长极，建设成中国宜居、宜业、宜游的江湖名城。

关键词： 岳阳 “一极三宜” 江湖名城

在经济“新常态”背景下，岳阳发展迎来了难得的重大机遇，肩负着新的时代使命。党的十八大以来，以习近平同志为总书记的党中央做出了“四个全面”的战略布局，为岳阳指明了发展方向。2014 年以来，湖南省委、省政府提出把岳阳建设成湖南通江达海的新增长极，这是对岳阳发展的新定位、新要求，赋予了岳阳前所未有的历史重任。长江经济带、洞庭湖生

* 马骏，湖南省社会科学院城市发展研究中心副主任，博士，研究方向为城市经济、区域经济。

态经济区、长江中游城市群等国家战略叠加于岳阳，岳阳加快发展、和谐崛起，其时已至，其势已成，岳阳要乘势而上，发挥优势，坚持一张蓝图绘到底，保持定力，久久为功，抢抓历史机遇，完成历史重任。

一　岳阳市构建“一极三宜”江湖名城的现实基础

（一）岳阳拥有多重战略机遇优势

岳阳提出“一极三宜”战略，恰逢其时地策应了国家层面“一带一路”、长江经济带，区域层面长江中游城市群、洞庭湖生态经济区，以及省级层面“一带一部”新定位、“发挥岳阳作为融入长江经济带‘桥头堡’的作用，将其培育成全省发展的新增长极”等一系列重大战略决策和部署。这既是岳阳在适应“新常态”、融入新格局、重塑新定位的背景下自我重启、主动刷新的勇敢探索和重大突破，也是岳阳在更大范围、更宽领域和更深层次上提升自我、融入全局的一种自信和前景展示，不仅符合岳阳发展的现实要求，而且有力地推动了湖南对接国家和区域战略、提挡加速。

（二）岳阳享有通江达海的交通区位优势

岳阳是国家长江经济带和长江中游城市群中的节点城市、洞庭湖生态经济区的骨干城市和湖南的门户城市，交通区位优势十分明显。岳阳拥有163千米的长江黄金水道，是湖南唯一的临长江口岸城市、国家首批沿江对外开放城市、长江沿岸亿吨级大港城市，是长株潭城市群和武汉城市圈之间的重要节点城市。城陵矶港是长江八大深水良港之一，是国家对外开放一类口岸、海峡两岸首批货运直航和港澳直航港口，开通了海轮航道、“五定”班轮航线和“21世纪海上丝绸之路”岳阳－东盟接力航线。境内京广铁路、京广高铁和京港澳高速、随岳高速、通平高速、石华高速、岳常高速、G107纵横穿越，岳望高速、大岳高速和蒙华铁路荆岳段正在加快建设，岳阳三荷机场启动建设。

（三）岳阳持有领跑区域的经济发展实力

2015 年上半年，岳阳市地区生产总值 1220.02 亿元，同比增长 8.6%；固定资产投资 883.56 亿元，同比增长 21.1%；社会消费品零售总额 479.25 亿元，同比增长 13.2%；公共财政预算收入 154.52 亿元，同比增长 21.0%；规模工业增加值同比增长 7.7%；进出口总额 51.69 亿元，同比增长 202%；城乡居民人均收入分别为 12024 元和 6255 元，分别同比增长 9.1% 和 10.4%。公共财政预算收入增幅居全省第 2 位；规模以上工业增加值和农村居民人均纯收入增幅居全省第 4 位；GDP 增幅居全省第 5 位；固定资产投资、社会消费品零售总额、进出口、城镇居民人均可支配收入增幅均居全省第 1 位。

（四）岳阳具有优势特色的产业发展基础

岳阳沿长江 30 千米分布着长岭炼化、巴陵石化、华能电厂、泰格林纸等大型国有企业，是中南地区重要的石化、造纸、电力能源基地。石化、食品产业是湖南两大千亿产业集群，北斗应用、生物医药、新材料、节能环保等新兴产业加快发展。岳阳经济技术开发区为国家级开发区，汨罗再生资源产业园为国家级循环经济产业园，湖南岳阳绿色化工产业园入选全国 20 家循环化改造试点园区和国家首批低碳工业园区试点，岳阳军民融合北斗卫星应用产业园正式开园，中国洞庭湖国际电子商务新城启动建设。岳阳被《福布斯》（中文版）列为“中国大陆最适宜开设工厂”的 20 个城市之一、“最适宜发展物流业”的 25 个城市之一和 2014 年度“中国大陆最佳商业城市”，被商务部评为“中国最佳投资城市”，成功入选新中国成立 60 年 60 个城市发展代表，城市综合实力居全国地级城市第 57 位。

（五）岳阳拥有知名厚重的历史人文资源

岳阳早在春秋时期就已筑城设治，为江南地区较早的古城之一，是一座有着 2500 多年灿烂历史的文化名城，先后被评为国家历史文化名城、中国优秀旅游城市、中国楹联文化城市、中华诗词之市。境内有岳阳楼、君山岛、屈子祠、张谷英古建筑群等风景名胜193处，有平江起义旧址、任弼时纪念馆等革命文物纪念地22处。《岳阳楼记》流传千古，君山岛秀美浪漫，汨罗江被誉为“蓝墨水的上游”，杜甫归葬平江小田让巴陵成为“文化人的圣地”。以屈原为代表的求索文化，以岳阳楼为代表的忧乐文化，以任弼时为代表的骆驼精神传承不息。岳阳楼－君山岛晋级国家5A级旅游景区，岳阳正在加快推进中国洞庭湖博览园、环南湖旅游交通三圈等建设，致力于打造国家级洞庭湖旅游度假区。

（六）岳阳保有生态宜居的山水资源

岳阳是山水相融的现代生态宜居城市。岳阳有山有水，有江有湖，湖光山色，美不胜收，气候舒适宜人，环境秀美宜居。岳阳拥有洞庭湖60%以上的水域面积，城内南湖被誉为“东方的日内瓦湖”。岳阳正在实施以王家河流域综合治理为重点的“四湖两河”连通工程，致力于打造流水环城的水墨丹青岳阳。岳阳先后被评为国家卫生城市、国家园林城市、全国绿化模范城市，还被授予“中国观鸟之都”和“最值得驻华大使馆向世界推荐的中国生态城市”称号。2014年，岳阳成功获评“中国最具幸福感城市”“中国最具文化软实力城市”，是全国唯一同获两项殊荣的地级城市。2015年，岳阳又被评为全国文明城市，入选全国宜居城市百强榜。

二　岳阳市构建“一极三宜”江湖名城的主要挑战

（一）开放发展的氛围不浓

从客观上讲，岳阳仍是内陆城市，地理上相对于沿海仍较封闭，历史上虽凭舟楫之利也曾商贾云集，但依托的仍是农耕文化，最终没有形成通衢之势。岳阳虽然改革开放得早，但醒得早、起得迟、出门晚，根源在于解放思想、开放发展的认识不足，氛围不浓。一是各地注重GDP增长、围绕财税抓经济的思路没有根本改变，抓开放型经济缺乏科学有效的工作机制。二是考核评价体系也不尽科学合理，如对外贸易、外经合作等开放型经济内容没有被纳入全市绩效考核范畴，导致各地发展开放型经济动力不足，氛围不浓。三是部分干部对发展开放型经济的重要性认识不深，存在短视现象，工作急功近利。四是极为缺乏真正懂外贸管理、了解国际规则和国际市场的专业人才。

（二）外向发展的质量欠优

从反映开放型经济的主要指标来看，无论是在全省范围，还是置身长江沿岸城市，岳阳市开放型经济总量指标均处下游水平。一是与全国、全省相比，岳阳进出口总额、实际利用外资均居全省第 8 位，外贸依存度仅 1.66%，分别比全国、全省平均水平低 45.1 个百分点和 4.6 个百分点，居全省第 12 位。二是与长江沿岸 13 个地级市相比，岳阳仅仅超过了四川泸州、湖北鄂州，不到江苏镇江、安徽铜陵的一个零头，与江苏南通相比少了近 300 亿美元，差距十分明显。三是在产业结构和产品比较优势方面，岳阳低端产品出口比重大，外贸产品中绝大部分是低端的“两高一资”产品和化工产品、纸浆、农副产品等，成套设备、先进技术产品含量太低。80% 以上的出口产品以贴牌生产为主，自有品牌的销售比例不到 10%。四是龙头企业带动作用不强。全市 400 多家外贸企业真正具备出口能力的不到 70%，除巴陵石化、长岭炼化外，真正进出口过亿美元的大型企业仅有 2 家。五是贸易方式相对单一，服务贸易、服务外包亟待发展，加工贸易严重滞后，国家加工贸易梯度转移重点承接地的优势没有得到有效发挥。

（三）资源优势的发挥不足

岳阳承东联西、贯穿南北，区位优势十分明显。岳阳处于长三角和珠三角向内陆辐射地带、长江经济带和京广铁路经济带的黄金十字架上，是湖南唯一的临江口岸城市，城陵矶港是长江八大良港之一，铁路、高铁、高速贯穿东南西北，岳阳机场建设顺利推进，四通八达的交通运输体系日益成型。

但目前这些潜能发挥不够，加快发展、跨越崛起仍需加速加力。同时，岳阳拥有非常丰富的生态农产品资源、旅游资源，是全国商品粮、棉、生猪、水产品生产基地，国家商品茶生产基地，水产品产量居全省第一，粮食、生猪等产量也位居全省前列；全市旅游资源有590处，其中五级资源27处、四级资源41处、三级资源90处。但是资源优势还没有转化为强劲的产业优势，缺少品牌效应。

（四）高能耗产业比重较大

依赖外地资源的工业以高能耗产业为主，转方式、调结构压力大。石化产业在岳阳具有举足轻重的作用，是湖南省除装备制造业外第二个“千亿级”产业。由于过于依赖外地资源，且属于高能耗产业，石化产业是岳阳发展的一大劣势。一是石化行业直接影响岳阳的经济运行。2014年上半年，长炼炼化和巴陵石化分别进行停产检修，给全市规模以上工业增加值和财政收入增长带来很大影响。二是使得岳阳能耗产业占比过高，节能降耗压力大。三是高能耗产业抵御经济调整能力弱，原材料受国际市场波动影响大，产品效益低，竞争力不强，不能适应经济“新常态”的要求，亟待优化升级。

（五）平台服务的功能不强

岳阳虽然有9个省级以上工业园区，城陵矶综合保税区、进口肉类指定口岸、汽车整车进口口岸、进口粮食指定口岸全部申报成功并正在筹建，平台数量居全省前列，但是平台和服务功能仍然亟待加强。一是园区平台仍然存在基础设施不完善、承载聚集能力薄弱、外向依存度低等问题。二是从目前已建成的进口肉类查验平台来看，其正常功能还不能完全发挥，知名度、应用水平不高，平台综合效能难以发挥。三是与发展开放型经济相配套的功能性平台和服务性平台仍有缺失，如产品研发、电子商务、电子口岸、航运交易、国际结算、国际物流、商品展示、人力资源等生产性服务体系建设还很滞后。四是在发展环境方面，一些行政审批程序仍然烦琐，耗时较长，不少审批涉及多个行政层级和行政部门，环节不顺畅，上下不协调，权力部门化与利益化的问题亦没有得到根本遏制。

三 岳阳市构建"一极三宜"江湖名城的战略内涵

（一）"一极三宜"是战略目标

打造湖南发展新增长极，就是要努力做大经济总量、提升发展质量、增加人均量，将岳阳真正打造成具有较强经济拉动力、市场辐射力和区域影响力的名副其实的湖南新一极。一极的内核就是"四区两中心"，即现代产业集聚区、开放合作引领区、新型城镇拓展区、生态文明示范区，以及长江中游重要的航运物流中心、环湖区域发展辐射中心。其中，现代产业集聚区，将深度对接"互联网+""中国制造2025"，推进产业园区化、集群化、"两型"化，建设中南地区重要的绿色石油化工基地、食品加工基地、造纸基地、电力能源基地、北斗卫星导航产业基地和再生资源产业基地，形成若干具有全省乃至全国影响力的产业集群。开放合作引领区，将立足通江达海、黄金节点的区位优势，以"一区一港四口岸"为依托，主动融入长江经济带，呼应"长三角"，着眼"中三角"，对接"长株潭"，打造中部地区重要的承接产业转移、外贸加工示范基地和湖南对外开放的桥头堡。新型城镇拓展区，应抢抓国家推进长江中游城市群发展机遇，构筑以沿江开发为龙头、以重要交通干线为骨架、以中心城区为核心、以县城和小城镇为节点的新型城镇体系，谋划和推动岳阳长江新区建设，打造一批滨江镇、省市边界镇、历史文化名镇、特色产业强镇、生态旅游镇等具有岳阳特色的示范城镇。生态文明示范区，应充分发挥江湖交汇、山清水秀的生态优势，推动绿色发展、循环发展、低碳发展，在沿江地区率先形成资源节约和环境友好的空间格局、产业结构和生产生活方式，打造生态宜居的岳阳品牌。长江中游重要的航运物流中心，要加快完善区域性综合交通运输体系，构建人流、物流、资金流快速集散、大进大出新格局，打造长江中游地区联通三湘四水、辐射川渝鄂赣的重要航运物流枢纽。环湖区域发展辐射中心，则要树立洞庭湖生态经济区的龙头地位，不断提升要素资源吸纳吞吐能力和区域经济辐射牵引能力，争当环湖区域经济社会发展的先行者、引领者、示范者。

（二）宜居宜业宜游是发展理念

宜居宜业宜游彰显的是民本岳阳、执政为民的发展理念，追求的是可持续发展的绿色 GDP，折射的是岳阳人民幸福指数的不断攀升，蕴涵着富强、文明、生态、和谐、幸福的价值内核，是生产发展、生活富裕、生态良好的高度统一，是对内有向心力和凝聚力、对外有吸引力和综合竞争力的集中体现。“宜居”即建设山清水秀、生活便利、平安文明、适宜健康养生、可以惬意深呼吸的民生福地；“宜业”即建设就业渠道广、创业机会多、产业发展旺、创新能力强、充满生机与活力的创新创业高地；“宜游”即建设要素齐备、服务优良、人气兴旺、独具魅力、令人流连忘返的旅游目的地。

（三）“江湖名城”是品牌形象

岳阳因江湖而生，因江湖而名，也将因江湖而富、因江湖而强。做好做足大江大湖水文章，是岳阳发挥优势的必然要求，也是岳阳加快发展的必然选择。岳阳应依托中国历史文化名城、国家首批沿江对外开放城市、国家卫生城市、国家园林城市、中国最具幸福感城市、中国优秀旅游城市、中国最具文化软实力城市、全国文明城市和岳阳楼－君山岛国家 5A 级景区等一张张闪亮名片，立足江湖特色，抢抓机遇，挖掘潜力，优势优先，以优制胜，打响岳阳滨江畔湖的区位品牌、江湖形胜的生态品牌、通江达海的开放品牌、浩瀚包容的文化品牌，让江湖名城的品牌走出中国、走向世界。

四　岳阳市构建“一极三宜”江湖名城的战略举措

（一）积极务实地对接国家战略

针对“一带一路”、长江经济带、长江中游城市群、洞庭湖生态经济区等国家区域经济大战略，岳阳要立足多重叠加的战略和政策优势，找准岳阳在国家、区域、省域等不同参照系中的位置，最大限度地提升岳阳的战略品位和政策推力。应重点在建设口岸开放平台、提升长江黄金水道功能、建设综合立体交通枢纽、促进产业转型升级、全面推进新型城镇化、培育全方位对外开放新优势、保护江湖流域生态环境、创新区域协调发展机制等多方面主动对接，积极有为。在强化沿江港口功能，提升铁路、公路、机场等立体交通枢纽能力，紧密省际毗邻城市组团经济产业联系，以及协同治理流域生态环境等方面充分发挥岳阳的功能和作用，使岳阳真正成为长江中游城市群、长江经济带大局中的重要城市。

（二）促进口岸经济开放发展

依托城陵矶国家一类水运口岸和临港沿江核心资源优势，积极对接“一带一路”战略，加强与丝绸之路经济带沿线重要城市的经贸联系，主动融入长江经济带，深化与长三角、珠三角区域合作，建设大口岸，促进大流通，加快大通关，推动大开放。重点实施口岸平台升级、航运物流通达、通关协作一体化、外贸扩量增效等工程，建成城陵矶综合保税区、进口肉类指定口岸、进口粮食指定口岸、汽车整车进口口岸和固废进口指定口岸等。积极推动与长沙、宜昌、咸宁、九江等密切关联和相互竞合的城市形成共轭、互动、差异、共赢的发展格局，将岳阳打造成水、陆双向开放型经济高地和开放合作的引领区。

（三）推进基础设施先导支撑

按照“科学规划、合理布局、突出重点、适度超前”的原则，统筹推进交通、能源、水利、信息等“四网”建设，夯实发展基础保障。重点实施交通枢纽织网工程、湘北能源基地建设工程、水利安全保障工程、信息互联共享工程等。其中，港口：完成城陵矶新港二期建设和城陵矶老港改扩建，加快推进城陵矶综合枢纽工程前期建设工作。公路：建成岳望、临岳、平益高速公路，建设沿江一级公路、环洞庭湖一级公路等，构建“五纵四横”高速公路网、“四纵两横”国道网、“五纵七横”省道网。铁路：建成蒙华铁路岳阳段、松阳湖铁路支线，加快启动岳长铁路、长平汨城际铁路、常岳九铁路、月益铁路建设，构建“五纵两横两支”铁路网。航空：到2017年，建成岳阳三荷机场，并投入运营。

（四）加快优势产业转型升级

以绿色化工、电力能源、造纸、食品加工等传统产业提质为关键，以电子信息、生物医药、装备制造、文化旅游、现代服务业等新兴产业壮大为重点，以龙头企业集聚为突破，打造一批有影响的主导产业集群，构筑新增长极，形成强有力的实体支撑。在提质传统产业方面，要积极打造国家级石化产业基地，建设多元发展的能源体系，构建清洁节约的现代造纸产业体系，建设食品加工基地，大力推进信息技术应用，严控新上“三高一资”项目。在培育新兴产业方面，要加快拓展电子信息产业发展领域，健全生物医药产业链条，建设省级新材料示范基地，打造全省重要的先进装备制造业基地，推进节能环保产业快速发展，培育国内外文化旅游增长点，促进现代服务业发展。

（五）加速推进建设“三宜”城市

坚持规划引领，着力优化空间开发格局，科学配置要素资源，提升城市功能品质，加快实施以沿江开发为龙头、以重要交通干线为骨架、以中心城区为核心、以县城和小城镇为节点、以新农村为依托的新型城镇化战略，加快实施大都市区构建工程、特色城镇示范工程、城镇管理增效工程等，形成“一核三片区”发展格局（“一核”即都市区核心区，包括岳阳楼区、岳阳经济技术开发区和南湖风景区；“三片区”即城北片区、城西片区、南部片区）。重点推动岳阳长江新区建设，打造一批滨江镇、省市边界镇、历史文化名镇、特色产业强镇、生态旅游靓镇等具有岳阳特色的示范城镇，注重保护江湖水系特色，推进产城融合发展，营造健康宜居环境，提升城市治理水平，将岳阳建成全省经济社会发展次中心。

（六）努力壮大县域经济实力

坚持“补短板”与“扬优势”两手抓，根据资源禀赋、人文历史、产业基础、发展水平找准发展定位，将县域经济分到沿江环湖地区、环长株潭地区、中心城区三个板块，加强分类指导，构建区域协作、错位发展的县域经济新格局。坚持特色差异化发展，统筹自身优势和产业前景，加快实施优势产业扩张工程、工业园区扩园提质工程、民营企业帮扶工程等，重点发展岳阳经济技术开发区电子信息和生物医药，岳阳楼区现代服务，云溪区绿色化工能源，汨罗市循环经济和汽车及工程机械零部件，平江县生态旅游休闲、食品和机电轻工，湘阴县装备制造和食品，岳阳县生物医药和粮食加工，临湘市化工建材矿产，华容县纺织服装和食品，君山区绿色食品和乡村旅游，以及屈原管理区现代农业等产业，不断提高县域经济的发展水平。

（七）加快全民创新创业步伐

大力实施创新驱动发展战略，积极搭建创新创业平台载体，营造良好的创新创业环境，有效激发全社会创新创业活力，重点推进平台载体搭建工程、巴陵人才工程和服务环境优化工程，加快形成大众创业、万众创新的生动局面。落实《关于加强高层次创新创业人才引进工作的实施办法（试行)》，加大领军人才、高级专业技术人才、高成长性优秀青年人才引进力度，设立“引进高层次创新创业人才服务窗口”，为引进人才提供“一站式”服务。实施四海揽才、科技创新创业人才团队、巴陵青年英才、文艺岳家军、名师名医、扎根基层优秀人才等人才支持计划。

（八）深化改革，激发市场活力

要充分发挥市场在资源配置中的决定性作用，激发各类市场主体和社会主体的活力，重点完善港区园区的管理体制和运作机制，在打破区划、消除壁垒、整合资源，以及产业项目招商、投融资、人才开发等方面大胆突破，积极发现和培育新的增长点。政府及其职能部门要勇于革自己的命、削自己的权、让自己的利，积极推行权力清单、负面清单和责任清单，深化行政审批制度改革，进一步简政放权，打破或拆除“玻璃门”“弹簧门”“旋转门”，切实提高行政效率。加快完成市级投融资平台公司规范整合，实现向市场化、实体化转型发展。千方百计破解用地难、用工难、融资难、征地拆迁难等瓶颈问题，强化生产要素保障，为加快发展创造有利条件。

参考文献

盛荣华：《乘势而上　扬帆竞发　为把岳阳建设成“一极三宜”江湖名城而接力奋进——在市委六届十一次全体（扩大）会议上的讲话》，《长江信息报》2015 年 7 月 20 日。

湖南省发展和改革委员会：《全力把岳阳打造成湖南新增长极行动方案（2015 ~ 2020 年）》，2015。

《2015 年岳阳市政府工作报告》，2015。

岳阳市统计局：《岳阳市与九江市经济发展比较分析》，2015。

岳阳市商务局：《关于岳阳市开放型经济发展的调查与思考》，2014。

B.15

衡阳市新型城镇化的发展现状、问题及对策

杨立国　王 鹏*

摘　要：城镇化建设是一项事关经济社会长期发展的重要战略，党的十八大以来，从中央经济工作会议到中央农村土作会议，新一届中央领导多次强调以新型城镇化为主题开启新一轮改革的序幕。近年来，衡阳取得了新型城镇化思路明确、城镇承载能力明显提升、新型示范区建设亮点频现、城镇发展低碳化明显、城镇建设宜居性明显提高等成绩，但依然存在城镇化增速放缓、县域城镇化差异明显、城镇集聚能力不高、配套设施相对落后等问题。本报告基于以上分析，提出了推进衡阳新型城镇化发展的建议。

关键词：新型城镇化　衡阳市

城镇化建设是一项事关经济社会长期发展的重要战略，党的十八大以来，从中央经济工作会议到中央农村工作会议，新一届中央领导多次强调以新型城镇化为主题开启新一轮改革的序幕，把城镇化确定为调整经济结构、转变社会形态、扩大内需的重要战略和主要抓手，未来5～10年，将是湖南省城镇化发展的重要机遇期和关键期。2008年湖南省委、省政府召

---

* 杨立国，衡阳师范学院城市与旅游学院副教授，博士，研究方向为聚落景观与城乡发展；王鹏，衡阳师范学院城市与旅游学院教授，博士，研究方向为区域发展与生态安全。

开新型城镇化工作会议以来，湖南推进城镇化工作取得了明显成效，并于2012年出台了《湖南省推进新型城镇化实施纲要（2014～2020年）》，作为湖南工业重镇的衡阳，适应经济发展方式转变，推进新型城镇化的发展，是湖南“四化两型”实施的重要内容，也是衡阳富民强市的发展之路。本报告通过实地调研与文献查阅相结合，了解衡阳市推进新型城镇化的条件，分析衡阳新型城镇化的发展现状、存在的主要问题以及推进的对策建议，为推进衡阳新型城镇化建设、促进衡阳社会经济发展提供参考依据。

一 衡阳市新型城镇化建设成绩

（一）新型城镇化思路明确

早在2010年10月，衡阳市就提出：要走新型城镇化道路，以党的十七大精神为指导，用科学发展观统领全局，科学确定城市发展目标，以新型工业化统揽工作全局，不断创新城市发展理念和模式，加快推动城市向“建管并重”转变、城乡一体化转变，向内涵、集约式发展转变，全面提升城市综合素质和竞争力。随后，“大力推进新型城镇化”被写进了《衡阳市国民经济和社会发展第十二个五年规划纲要》。2014年，衡阳提出“宜居家园”建设。2015年，衡阳提出创建全国文明城市。

（二）城镇承载能力明显提升

2012年，衡阳市大力实施城乡建设三年大提升行动计划，加大对“城市新区、产业集聚区和园区”的建设投资力度，加快城中村和旧城区改造，加强城镇基础设施及公共服务设施建设以及城镇环境综合整治，城镇综合承载能力得到明显提升。全市共完成城市基础设施投资486.89亿元，城镇新建污水管网519千米，建设5个污水处理厂；建成垃圾无害化处理设施8个，城镇垃圾无害化处理率达76%；新建燃气管网240千米，新增天然气用户6万户；累计建设廉租房96892套，经济适用房27193套，公共租赁房25639套，完成各类棚户区改造97463套。

（三）新型示范区建设亮点频现

新型农村社区建设是统筹城乡发展、推进新型城镇化的可贵探索和实践，也是环长株潭城市群建设需要解决的重大问题。2010年，衡阳市开始实施新农村示范村工程，以发展农村区域经济社会中心暨现代化特色村镇为目标，启动了15个中心镇建设；以发展新兴城镇化和新农村建设的示范点为目标，实施了300个中心村建设。在推进新型农村试点建设的过程中，各地积极探索，打造了一个个成功的样本。

（四）城镇发展低碳化明显

衡阳是一个以传统产业为经济支撑的工业城市，经济发展方式粗放，资源消耗高，浪费大，污染重，发展低碳经济对衡阳城市发展至关重要。为此，衡阳市提出“发展低碳经济、建设低碳城市”的目标，制订了低碳经济发展规划，调整信贷资金结构，鼓励企业突破低碳经济发展的技术瓶颈，实行“绿色信贷”政策，控制产能过剩、高能耗、高污染等行业的信贷准入，促进了资源节约型和环境友好型社会建设。衡阳市低碳化发展水平总体上从2000年的0.2058提高到2014年的0.8326，提高了0.6268。

（五）城镇建设宜居性明显提高

2014年底，衡阳市共建成11座污水处理厂，处理规模达35万吨/日；建成8座生活垃圾无害化处理设施，新增无害化处理能力2280吨/日；开工建设餐厨废弃物处理中心、城区消防设施、城市生活垃圾焚烧发电厂。中心城区推动耒水东西两岸风光带、蒸水西堤风光带、蒸水南堤风光带三期、蒸水北堤风光带、湘江风光带（铜桥港－白沙南路）建设，建成三江六岸风光带24.5千米。完成16个公园建设，绿化覆盖率达35.1%，绿地率达32.9%，人均公共绿地面积达7.6平方米。持续推进中心城区8条主干道、

3 条次干道、2 个园区路网及配套场站建设，南岳机场竣工，立体交通网络基本形成。

二　当前衡阳市新型城镇化发展存在的主要问题

（一）城镇化增速放缓

2014 年，衡阳市城镇化率为 48.52%，比湖南省平均水平（49.28%）低 0.76 个百分点，在全省排第五，比 2013 年提升了 0.71 个百分点，比湖南省平均提升水平（1.22 个百分点）低 0.51 个百分点，提升幅度与城镇化水平较高的省会长沙基本持平，株洲、湘潭、岳阳的增幅都在 1.1 个百分点之上。与省内城镇化率较高的城市相比，衡阳比长沙低 20.24 个百分点，比株洲低 10.20 个百分点，比湘潭低 5.12 个百分点，比岳阳低 1.20 个百分点。尽管衡阳市与城镇化水平较高的地区相比有一定的差距，但在全省的排名还是靠前的。

（二）县域城镇化差异明显

2014 年，衡阳市城镇化率总体较 2013 年提高 0.81 个百分点，辖区内各县市区城镇化率也普遍提高，较上年提高 0.89 个百分点。从七个县份的城镇化水平静态比较中也可看出，与衡阳市平均水平相比，五高二低。若按照诺瑟姆 S 曲线来划分，大部分县份刚进入城镇化加速阶段，而市辖区已处于稳定阶段。县域城镇化率提升慢的主要原因是其城镇化水平在不同区域间受地理环境、历史条件、自然资源、经济基础、社会发展的作用和影响，同时也受镇区与周边乡村地理连接不够紧密，以及乡级政府占比过高的影响。

（三）城镇集聚能力不高

城镇化研究发现，城镇人口规模具有集聚效应，2 万人是小城镇集聚效应形成的门槛，镇区人口 5 万时才对周边发展起到带动作用，10 万人是城区公共基础设施有效利用的起码条件。2014 年，衡阳市有 111 个建制镇，平均每个镇 3.9 万人，据城镇化发展规律，大多数建制镇处于城镇人口集聚发展阶段，辐射带动能力还很小；相当一部分小城镇建设不集中，城镇基础设施缺乏，公共服务设施不健全，导致小城镇功能不全、城镇发展的集聚力不强。

（四）配套设施相对滞后

规划相对滞后，加之对规划的控制缺乏严肃性，擅自更改规划的现象时有发生。财政投入十分有限，绝大部分项目要靠平台融资或招商引资来解决资金问题，这种方式具有极大的不确定性，资金到位周期长，城建资金压力巨大。教育、卫生、商业、交通、地下管网等配套设施建设滞后，旧城区的管网建设尤为突出。由于重地上建设、轻地下建设，加之财力有限，旧城区大部分排水管网尚未改造，雨污河流现象较为严重，配套的污水管网建设滞后。

三　加快推进衡阳新型城镇化的对策建议

（一）城镇规划引领策略

新型城镇化建设，应当充分发挥规划的引领作用，具体应从以下几个方面展开。

第一，实现“多规融合”。将国民经济与社会发展规划、主体功能区规划、城市规划、乡村规划、土地利用总体规划和其他各种专项规划等相衔接，统筹区域的各类资源利用，尽快实现社会经济发展规划、城市规划和土地利用总体规划的“三规融合”。

第二，完善规划体系。加快制定《衡阳市城乡总体规划条例》，建立村－镇－市规划、总规－控规－详规、专项规划的三维科学规划体系。

第三，保障规划运行。各类规划的有效衔接、规划体系的整体运行是目前规划界存在的主要问题，建立村 - 镇 - 市的规划运行机制和各类规划衔接机制是首要任务，是城镇化发展的保障条件。

第四，构建城镇化制度。市民的参与、专家的咨询、规划的评估修订与批准公布等都要用相应的制度予以保障，确保新型城镇化的有效推进。

（二）城镇化空间布局优化策略

完善衡阳市城乡发展的空间布局，壮大衡阳城市群发展的轴带，加快衡阳城区的中心性和重点城镇建设，稳妥推进新型农村社区建设，形成以城带乡、城乡统筹的城镇化新格局。创新发展机制，整合区域资源，优化空间结构，加快产业发展，强化基础设施建设，加速人口和产业集聚，不断增强“西南云大”都市圈的影响力和辐射力，将其打造成我国湘南地区最具竞争力的城市群、实现衡阳跨越发展的重要增长极和湖南重要的经济增长板块。

第一，构建新型城乡一体化结构。城镇化地区和乡村地区发展协调，即城乡互动和融合发展是城乡一体化的内在要求，以此理论为基础，打破衡阳市城乡的原有界限，构建城乡居民和各种生产要素能够自由流动、基础设施一体化、城乡人口一体化、城乡经济一体化、城乡文化一体化、城乡生态一体化的新型城乡结构。

第二，构建新型城镇紧凑形态。紧凑城市理论的核心是节约集约用地，人口、资源、环境协调发展的本质是科学发展。根据衡阳的自然条件特点和紧凑城市理论，构建建设用地规模严格控制、整体布局紧凑、多样性街区与公共交通引导土地开发的新型城镇形态。

第三，构建新型田园城镇体系。以新田园城市理论为基础，从功能布局、资源利用、生态环保、定位发展等方面，构建以衡阳中心城区为核心、以“西南云大”都市圈为重点、以县城为依托、以中心镇为基础、大中小城市和小城镇协调发展、城市与田园相间的新型城镇体系。

第四，构建新型网络化城镇空间。针对衡阳城镇与区域发展的现实格局，根据区域网络化发展理论，从市场需求、产业布局、经济联合三个方面，以交通干线为发展轴，以交通节点城市为增长源泉，以各种建制镇为辐射点，着力构建一个由衡阳中心城区为核心，以“西南云大”城市圈为重点，以衡阳－衡东、衡阳－邵阳、衡阳－常宁、衡阳－祁东、常宁－耒阳－安仁五条城镇道路为发展廊，以衡东、衡山、衡阳、衡南、祁东、耒阳六大区域中心城市为主体的“一核一圈五廊六心”的城镇特色鲜明、基础设施配套、生态环境良好、文化内涵丰富的新型城镇网络化空间。

（三）示范区带动策略

衡阳市新型城镇化可以由以下几类示范区带动。

第一，工业示范园区带动。2010 年，湖南省委、省政府出台《关于加快长株潭试验区改革建设全面推进全省“两型社会”建设的实施意见》，将衡阳定位成全省综合制造产业基地、区域性物流中心和现代服务业示范城市，并同意在衡阳市设立“两型”社会建设示范区，通过白沙“两型”示范区，带动衡阳“两型”社会建设，通过三大优势（交通区位优势、产业资源优势、招商引资优势）、三个加快（“规划加快编制”“基础建设加快推进”“先进制造业加快聚集”）及两个政策（《2010 年“两型社会”建设工作要点》，《白沙“两型社会”建设总体方案》），在新型城镇化、重大基础设施、园区经济、循环经济、对外融资平台建设等方面取得重大突破，带动建成“两区一中心”，建成长株潭城市群向大湘南辐射的主要区域性中心城市，建成经济发展、社会进步、生态文明、城乡统筹、和谐统一的“两型社会”。

第二，老城区社区改造示范区带动。截至 2014 年，衡阳市通过老城区社区改造示范片区（石鼓区环北社区、演武坪社区，蒸湘区太平小区、南三角线社区、莲子塘社区、意兴社区、风口社区、西站社区、北塘村、岳屏村、幸福路社区，红湘街道衡祁社区、冶金社区、联合村社区、联合新村社区、雁峰区先锋街道片区、白少洲街道社区、珠江桥棚户区、纺织新村棚户区、珠晖区扶小里铁路小区、冶金片区、新湘华新小区等）建设，完善设施条件，美化环境，提升文化水平，保护历史遗迹，提升了老城区新型化水平。

第三，新农村示范片区带动。通过新农村示范片区建设，综合整治农村环境，改善农村卫生状况，建设或改造农村公路，改造行政村电网，解决农村安全饮水问题，注重农村水库除险加固，方便农村村民生活，提高农村生产积极性和效率，带动农村经济增长，增强农村与城镇的联系，缩小城乡差距，推动城乡互动与一体化发展。

（四）城乡产业统筹发展策略

第一，强化产业支撑能力。2011 年 10 月，湘南地区正式获国家发改委批复，是第四个国家级承接产业转移示范区。湘南地区包括郴州、衡阳、永州三个市，合计 34 个县（市、区）。衡阳承接产业转移示范区通过形成沿江开发格局，夯实承接产业转移平台；通过构建现代产业体系，打造三个千亿产业群；通过构建基础设施保障体系，推进与环长株潭城市群的“两型社会”建设；通过构建创新支撑体系，推进产业结构升级；通过构建人才支撑体系，强化人力和智力支撑；通过构建资源和生态环境支撑体系，提高可持续发展能力；通过构建高效运作的体制机制，大力开展先行先试，推动衡阳新型城镇化发展。

第二，优化产业布局。根据衡阳市的产业发展规划，优化新增长区域的产业布局，引导中心城区商贸物流业的发展，加快拓展区先进制造业的发展。根据城镇的综合实力、区位条件承接中心城区转移的劳动密集型产业。结合城镇自身条件、区位条件和功能定位，积极培育地方特色产业。

第三，推进产业集聚。充分利用公共投资和基础设施的导向与牵引作用，重点在衡山、衡阳、耒阳、常宁等县域城镇规划范围内集中力量发展一批特色产业园区，引导园区外的工业企业向园区集中，促进产业集聚、集约经营，打造特色明显的工业。应根据城镇综合条件，遵循“分层分类、梯度培育、特色发展”的原则，支持中心城区和衡山的省级开发区升级，以及耒阳、常宁的开发区扩区，优化产业发展的空间组织形式。

第四，大力发展现代农业。根据各城镇的资源禀赋和社会经济背景，突出打造各地品牌产业，发展农产品的精深加工和储保运销等产业，实现农民的就地城镇化。根据衡阳南方紫色土和干旱走廊的特点，以发展设施农业为抓手，加大节水农业设施、生物能源装备的推广力度，引导企业、农户、家庭提升经营规模水平。引导农民积极发展体验旅游、休闲养生、生态经济等新兴产业，实现资源向产业的转化。

（五）创新城镇化体制机制

衡阳市新型城镇化可以从以下几个方面创新城镇化体制机制。

第一，畅通人口市民化的户籍制度。全面放开建制镇及县城落户限制，建立以县城为单元的城乡统一户籍登记管理制度，逐步放开地级市的落户限制，从而消除就业、教育、社会保障等依附在户籍制度上的各种城乡差别待遇。建立财政转移支付与农业转移人口市民化挂钩机制，保留进入中心镇和一般集镇落户农民的集体土地承包权，加快实施居住证制度，真正让流动人口稳定下来，更好地融入城镇。

第二，建立城乡统一的建设用地制度。深化农村产权制度改革，在规划用途管制下允许农村集体经营性建设用地与国有土地同等入市，从法律上赋予农户物权性质的农用土地承包权，建立农村土地产权制度，促进其土地和宅基地的流转，以助推农村土地使用的规模化和集约化。探索农村住宅小区用地、农村基础设施项目用地、公建项目等集体用地的审批权下放，保障失地农民的长远生计。

第三，建立统筹城乡的就业制度。新型城镇化要求统筹城乡发展，推进新型城镇化必须实现农民工同酬、同时、同权的平等化企业待遇和社会待遇，取消对农民工的不合理限制和规定，真正实现农民工的市民化。统筹就业、产业、投资、外资、社会之间的政策关系，实现城乡经济和社会发展的良性互动与一体化发展，推进新型工业化、农业现代化、信息化与新型城镇化的协调发展。真正实现城市就业和农村就业的整体有机、统筹规划、良性互动和健康发展。

第四，建立统筹城乡的社保制度。建立统筹城乡的社会保障制度，将农民工纳入城市社保体系，对进城务工的农民工实行工伤、医疗、失业、养老保险，并针对农民进城后流动性大的特点，探索社会保障基金和待遇可承接转移的办法，建立以城市为单元覆盖城乡的统一的社会保障体系。将农民工纳入城镇社会保障，建立包含农民保障的统筹城乡的社会保障制度，农民工享受城镇职工同等的工伤、医疗、失业、养老保险，建立全市统一的社会保障基金，并逐步过渡到全省，最后建立全国统一的社会保障体系。

第五，建立联动推进“三化”机制。加快推进衡阳“三化”联动发展，新型工业化、先进生产要素和公共服务的自由流动，为新型城镇化提供了空间，为传统产业转型升级腾出了空间，为农业的现代化注入了内在的动力，为农业综合生产能力的提高提供了保障。因此，联动推进“三化”可以形成引领主体突出、两大支撑有力的“三化”协调科学发展新格局，增强城乡发展动力。

参考文献

胡际权：《中国新型城镇化发展研究》，西南农业大学博士学位论文，2005。

段进军：《基于区域视角下对中国城镇化空间转型的思考》，《苏州大学学报》2011年第4期。

仇保兴：《中国的新型城镇化之路》，《中国发展观察》2011年第4期。

仇保兴：《新型城镇化带动西部大开发——以南疆为例》，《现代城市研究》2010年第2期。

仇保兴：《中国特色的城镇化模式之辨——“C模式”：超越“A模式”的诱惑和“B模式”的泥淖》，《城市规划》2008年第11期。

中共绍兴县委党校课题组：《新型城镇化：发展动力、制约因素及其思路对策》，《资料通讯》2007年第6期。

王成吉：《加快城镇化进程，走中国特色的新型城镇化道路》，《经济研究导刊》2011年第3期。

王发曾：《中原经济区的新型城镇化之路》，《经济地理》2010年第12期。

常益飞：《新型城镇化发展道路研究——以甘肃为例》，兰州大学硕士学位论文，2010。

张占仓：《河南省新型城镇化战略研究》，《经济地理》2010年第9期。

杨晓东：《我国新型城镇化发展道路探讨——以陕西省榆林市新型城镇化发展为

例》，《中国市场》2010年第42期。

唐娅娇、李晓燕：《低碳路径下推进长株潭城市群新型城镇化的思考》，《特区经济》2011年第7期。

彭红碧、杨峰：《新型城镇化道路的科学内涵》，《理论探索》2010年第4期。

徐建华：《一条新型城镇化之路：南山经验解读》，《城镇化研究》2003年第10期。

高峰：《江苏新型城镇化之路：进程、挑战与走向》，《苏州大学学报（哲学社会科学版）》2011年第4期。

何静：《湖南新型工业化与新型城市化联动发展战略研究》，《中国科技信息》2011年第23期。

谢守红：《湖南城镇空间布局探讨》，《衡阳师范学院学报》2002年第6期。

刘沛林：《城市化进程中的"新型田园城市"构想》，《中国乡村发现》2011年第16期。

刘沛林、申秀英：《诗意地栖居：和谐社会人居环境建设的新境界》，《求索》2005年第12期。

赵娅奇：《区域景观生态规划研究——以重庆市江北区为例》，西南大学硕士学位论文，2006。

林文棋：《试论新农村建设中的规划创新》，《规划师》2007年第2期。

王金岩、吴殿廷、常旭：《我国空间规划体系的时代困境与模式重构》，《城市问题》2008年第4期。

高中岗、张兵：《论我国城市规划编制技术制度的创新》，《城市规划》2009年第7期。

李永军、王欢：《论改革户籍制度对农民社会保障的影响》，《中国集体经济（下半月）》2007年第7期。

丁关良：《农村土地承包经营权流转存在的法律问题与对策建议研究——以浙江省为例》，《法治研究》2009年第8期。

辜胜阻、郑凌云、易善策：《新时期城镇化进程中的农民工问题与对策》，《中国人口、资源与环境》2007年第1期。

刘志军、陈娇娇：《从"二元"到"双低"：农民工社会保障的"浙江模式"探析》，《中南民族大学学报（人文社会科学版）》2010年第3期。

国家发改委宏观经济研究院课题组：《中国加速转型期的若干发展问题研究（上）》，《经济研究参考》2004年第16期。

袁定明、熊晓梅、周长春：《农村社区化建设的思考——重庆万州区实证研究》，《农村经济》2007年第9期。

林宪斋、王建国：《河南城市发展报告（2012）》，社会科学文献出版社，2012。

B.16

萍乡市推进新型城镇化的新动力

——赣湘开放合作试验区的模式与发展路径

陈 斐 魏博通*

摘 要： 萍乡市新型城镇化建设虽然取得了突出的成就，但传统产业所占比重较大，产业专业化水平不高，被区域政策边缘化，这些成为制约萍乡新型城镇化继续深入发展的重大障碍。打破区域行政界限，加强和浏阳、醴陵的合作，共同设立赣湘开放合作试验区，是推进萍乡新型城镇化建设的新动力。

关键词： 赣湘开放合作试验区 新型城镇化 萍乡市

一 赣湘开放合作试验区建设背景与意义

（一）萍乡市新型城镇化的实践与赣湘开放合作试验区的建设背景

近年来，萍乡市坚持科学发展和城市转型，大力推进城镇化战略，城镇化水平稳步提高，城镇人口快速增长，新型城镇化建设格局初步形成。2012年，萍乡市的城镇化率达63.95%，城镇人口达119.84万人，提前实现了

---

* 陈斐，南昌大学经济与管理学院经济系副主任，教授，博士，学院学科带头人，区域经济学、数量经济学专业硕士生导师；南昌大学中国中部经济发展研究中心主任助理、专职研究员；中国人民大学应用经济学博士后流动站博士后。魏博通，南昌大学经济与管理学院经济系副教授，博士。

2015 年提出的城镇化率达 60%、城镇人口达 110 万人的目标。这说明萍乡市已经步入城镇化发展的快车道，进入工业化和城镇化良性互动发展的新时期。虽然萍乡市的城镇化发展速度较快，取得了较大成就，但依然存在一些问题，制约着萍乡市城镇化水平的提高。

首先，萍乡市是传统老工矿城市，历史上，传统工业促进了萍乡市的经济增长，提升了其工业化水平，同时也推动了城镇化的较快发展。但从目前来看，由于面临资源衰竭与产能过剩的困境以及产业转型的沉重压力，资源型产业对城镇化的推动作用已经大大减弱，亟须其他产业替代原有的传统工业，形成助推萍乡城镇化发展的新动力。

其次，萍乡的烟花鞭炮和工业陶瓷在全国占有重要地位，和萍乡毗邻的浏阳是全国烟花鞭炮的重要生产基地，醴陵的工业陶瓷在历史渊源上与萍乡的工业陶瓷一脉相承。但由于浏阳与醴陵在行政区划上归属湖南，长期以来萍乡虽然与两地有共同的比较优势和产业基础，但优势生产要素不能集中，产业发展层次和产业集聚程度无法有效提高，从而对城镇化的支撑力度不强，新型城镇化发展缺乏后劲。

最后，萍乡在国家区域政策上面临被边缘化的境地，制约了萍乡城镇化水平的提高。2007 年长株潭城市群获批为“两型社会”建设综合配套改革试验区，萍乡市虽然和长株潭城市群山水相连、人文相通、经济交往密切，但由于不隶属湖南，不能享受相关优惠政策。2009 年，《鄱阳湖生态经济区规划》作为江西省第一个上升到国家战略层面的区域性发展规划获得批准，但萍乡市没有被纳入规划，难以享受国家对鄱阳湖生态经济区的相关优惠政策与投资关怀。由于受国家区域政策边缘化的影响，萍乡市的劳动力和资本等生产要素倾向于净流出，这会影响产业专业化和工业规模水平的提高，从而制约城镇化水平的提高。

对萍乡来说，在面临产业结构转型升级与区域政策边缘化的双重压力下，要想推进新型城镇化的发展，就必须在国家推动区域合作的大背景下，利用毗邻长株潭城市群的区位优势，突破区域发展的瓶颈，在江西和湖南区域合作政策的引导下，探索设立“赣湘开放合作试验区”。如果能够通过

“赣湘开放合作试验区”体制机制的改革创新，健全基础设施，完善各种配套服务，促进两省优势生产要素的集中和产业的共同发展，必将提升萍乡的产业层次，促进萍乡产业集聚程度的提高和城镇化水平的提升。另外，这也是萍乡市积极实践优势互补、合作共赢理念，主动寻求更多的创新和改革空间的战略选择之一，也是萍乡市着力先行试点，促进经济转型和新型城镇化可持续发展的现实选择与新探索。

十八届三中全会通过的《关于全面深化改革若干重大问题的决定》明确指出，“紧紧围绕使市场在资源配置中起决定性作用深化经济体制改革”。这就要求地方政府在发展经济的过程中大胆创新，打破行政界限，以统一市场为导向加强区域合作，形成有利于推动产业集聚和经济快速发展的体制机制及全方位开放的新格局。2013 年 12 月 28 日，《中共江西省委贯彻落实〈中共中央关于全面深化改革若干重大问题的决定〉的实施意见》要求，加快构建区域发展和开放型经济升级新体制，积极融入国家“依托长江建设中国经济新增长带”和建设长江中游城市群战略，“着力推进昌九一体化和赣东北扩大开放合作、赣西经济转型等省级战略，加快区域经济一体化”。这些为“赣湘开放合作试验区”的构建提供了坚实的战略层面的支持。

（二）赣湘开放合作试验区对推动萍乡新型城镇化建设的意义

1. 赣湘开放合作试验区对拓展萍乡新型城镇化建设的空间有重要意义

按照萍乡的规划，构建“一带两翼”的城镇发展空间架构是新型城镇化建设的主要内容。“一带”是指以主城区为中心，沿 G320 和沪昆铁路两侧，东起泸溪县宣风镇、西至湘东区老关镇的市域中部城镇带；而“两翼”则包括向北展开的以上栗县城（含金山镇）为中心的区域和向南展开的以莲花县城为中心的城镇群。湘赣开放合作试验区的初步规划是以湘东区的老关镇为中心向西对接醴陵的东富工业园，以上栗县的金山镇为中心向西北对接浏阳的大瑶园。可见，赣湘开放合作试验区是萍乡新型城镇化建设的重点区域，如果进展顺利，其对拓展萍乡新型城镇化建设的空间有重要意义。

2. 赣湘开放合作试验区对充实萍乡新型城镇化建设的内容有重要意义

新型城镇化建设是和产业发展互为依托的，产业发展既是新型城镇化建设的动力，也是新型城镇化建设的重要内容。赣湘开放合作试验区的构建充分考虑了萍乡与醴陵、浏阳共同存在的要素禀赋优势和产业基础，通过萍乡与醴陵、浏阳在赣湘开放合作试验区的优势要素聚合和产业链打造，壮大传统优势产业即烟花鞭炮产业和工业陶瓷产业的规模，并衍生一匹相关的配套产业和地方服务业。这对充实萍乡新型城镇化建设的内容有重要意义。

3. 赣湘开放合作试验区对创新萍乡新型城镇化的体制机制有重要意义

改革开放以来，萍乡的城镇化进程一直是在地方政府的主导下完成的，虽然市场化改革促进了资源配置的优化，进而通过工业化推动萍乡城镇化取得了巨大成就，但受行政分割的影响，要素的不完全流动降低了资源配置效率，进而影响了产业专业化和城镇化水平的提高。如果江西和湖南能通力合作，在两省边界设立合作试验区，通过政府的引导，强化市场价格机制的作用，则资源配置效率的改善会提升萍乡的城镇化水平。这一体制机制创新对萍乡城镇化的政策含义在于，不能囿于本身的行政界限进行城镇化，如果加强区域合作，进一步促进要素的流动，会为萍乡城镇化注入新的活力。

二　赣湘开放合作试验区的战略定位与发展目标

（一）战略定位

按照“合作开发、园区先行”“政策叠加、互利共赢”“优化布局、集聚发展”“改革创新、先行先试”的基本原则，将试验区打造成中西部沿长江区域经济支撑带的重要分支、赣湘经济一体化的先行区、中部省域间经济发展合作共赢的典范、赣湘优势产业集聚的跨区域性园区生长地。

（1）中西部沿长江区域经济支撑带的重要分支。加快促进萍乡市融入长株潭城市群的步伐，拓展长株潭经济区的经济腹地与发展空间，增强区域的整体发展实力，将试验区打造成中西部沿长江区域经济支撑带的重要分支。

（2）赣湘经济一体化的先行区。创新合作机制，探索建立两省直管、两省优惠政策共享叠加、两省边界区域行政管理和社会管理一体化的先行区。

（3）中部省域间经济发展合作共赢的典范。按照科学发展观和区域协调发展的总体要求，大力推进赣湘边界区域一体化，将赣湘开放合作试验区打造成萍乡承接产业转移示范区、长株潭城市群产业转移的优选区。

（4）赣湘优势产业集聚的跨区域性园区生长地。着眼于优势互补、合作共赢，两省在构建园区先行与改革创新的组织机制、工作推进与协调机制、利益共享机制等方面形成并确立明确的思路和措施，重点打造若干优势要素集中、优势产业集聚的跨区域性园区。

（二）发展目标

近期目标：到2018年，试验区初步落成，品牌概念得到认可，基础设施体系基本完善，产业协调发展的体制机制基本形成，产业对接合作的模式初显，开放型经济格局初步形成。

中远期目标：到2023年，建成品牌概念响亮、基础设施完善、产业集群特征突出、产业空间布局合理的重要经济功能区。赣湘两省协调发展的政策体系完善，跨省合作成效显著，体制机制成熟运作，开放型经济发展格局全面形成。

三　赣湘开放合作试验区的选址与空间布局

（一）选址区域与范围

结合赣湘开放合作试验区的战略定位、赣西经济发展转型尤其是萍乡市积极融入长株潭城市群的需要，对赣湘开放合作试验区选址区域与范围的确立提出两阶段发展的方案，具体实施方案将基于后续的试验区综合规划与各种详规确立。

1. 第一阶段

以先行试点区建设为主，以重点产业发展为依托，整体上大致规划 65 平方千米，作为赣湘开放合作试验区的先行试点区域。

考虑到萍乡市、长沙市、株洲市在赣湘开放合作试验区建设推进方面的综合布局有所差异，萍乡市、浏阳市、醴陵市各方应主动探索推动赣湘开放合作试验区加快形成，各方可以考虑的试验区选址区域与空间范围如下所示。

萍乡市湘东区以陶瓷产业基地为依托，沿 G320 向西拓展，以老关镇为主；上栗县以花炮科技创业基地、轻工产业基地为依托，以金山镇为中心，沿 G319 向西北拓展。分别规划约 15 平方千米的先行试点区域，并分别确立 6 ~ 8 平方千米的开发建设区。

株洲市的醴陵市以醴陵市经济技术开发区（原陶瓷工业园）、东富工业园为依托，主要以东富工业园规划区域为主适当向东拓展，除醴陵市经济技术开发区外，形成约 20 平方千米的区域，将其整体纳入试验区开发建设范围。

长沙市的浏阳市以花炮产业基地为依托，以大瑶镇为中心，沿 G319 向东南拓展，规划约 15 平方千米的试验区先行试点区域，并确立 6 ~ 8 平方千米的开发建设区。

2. 第二阶段

以先行试点区为核心，以区域性高等级路网建设为依托，以带状一体化融合发展为目标，在两省交界地带规划约 100 平方千米，作为开放合作试验区的规划区域。

随着赣湘合作开放试验区先行试点与建设的推进，萍乡市、长沙市、株洲市三市在赣湘开放合作试验区建设综合规划与总体布局、重点产业分工与协作方面基本达成共识后，可以考虑以比较详细的框架协议的形式，确立赣湘开放合作试验区的范围。

大致范围的确立以先行试点区为核心，以区域性高等级路网建设为依托，以带状一体化融合发展为目标，在“一区两园”的前期布局基础上，在两省交界地带规划约100平方千米，作为开放合作试验区的规划范围，重点打造东富－老关园区、金山－大瑶园区，然后逐步扩散至全规划区。

在赣湘开放合作试验区进入稳定成长阶段后，萍乡市、长沙市、株洲市三市应站在积极申报区域产业转型发展国家示范区的目标高度，将赣湘开放合作试验区建设融入中西部沿长江区域经济支撑带国家战略，并将试验区范围拓展，在三市的交界区域形成比较完整的带状区域，涵盖两大重点园区，规划范围将超过300平方千米。

（二）空间布局与功能

1. 总体空间布局：“一区两园”

在先行试点建设阶段，赣湘开放合作试验区的总体布局倾向于“一区两园”的形式，即分别重点打造东富－老关园区、金山－大瑶园区。

东富－老关园区以萍乡市和醴陵市两市交界的G320为中轴，包括萍乡市湘东区老关镇以西、醴陵市东富工业园以东的区域，主要沿G320布局，双方各划15～20平方千米的土地作为先行试点区域。萍乡市考虑在老关镇率先规划约5平方千米作为先行试点启动区，力争在2014年率先建设。

金山－大瑶园区以萍乡市和浏阳市两市交界的G319为中轴，包括萍乡市上栗县金山镇以北、浏阳市大瑶镇以南的区域，主要沿G319布局，双方各划约15平方千米的土地作为先行试点区域。

2. 东富－老关园区的主要功能

在先行试点建设阶段，萍乡市（湘东区）、株洲市（醴陵市）按照“产业集聚与产业链分工、创新发展与先行先试”的基本思路，在试验区产业发展基础与产业集群发展总体规划的基础上，利用两市的产业基础和优势条件，构建以陶瓷、玻璃、现代物流三大产业集群为核心的产业协作发展示范性园区。

东富－老关园区初步规划五大功能板块，即陶瓷生产与研发区（主要生产日用陶瓷、工业陶瓷、陶瓷艺术、电瓷电器）、玻璃产业及其深加工区、现代物流与商务中心区、综合服务功能区（主要提供行政服务、科技研发）、配套型生态居住区。

3. 金山－大瑶园区的主要功能

在先行试点建设阶段，萍乡市（上栗县）、长沙市（浏阳市）立足“打造国家级花炮产业生产、集散与文化区”的基本思路，率先在花炮产业发展总体规划方面达成一定的共识，利用两地的花炮产业基础和优势条件，构建以花炮产业、花炮物流与商贸业、花炮文化业三大产业集群为核心的产业协作发展示范性园区，建成花炮产品国家级集散区和世界级示范区。

金山－大瑶园区初步规划四大功能板块，即花炮产业生产区、花炮集散与商贸物流区、特色轻工设备制造区、花炮文化园区。在功能区布局方面，金山片区与大瑶片区各有侧重。

四　赣湘开放合作试验区的开放合作模式与组织协调机制

（一）开放合作模式

赣湘开放合作试验区各参与方应以“开放合作发展与优惠政策叠加”为基本出发点，积极探索试验区开放合作模式。具体而言，赣湘合作开放试验区的开放合作模式可归纳为：以优势产业集群发展与区域分工协作引导为方向，以共建型园区建设为载体，在产业链分工、产业发展选择、重大基础设施等方面，共同建立合作新平台，实现利益共享，共同打造先行试验区。

1. 开放合作试验区是打造“优惠政策叠加”区域的现实选择

由于试验区是跨省合作的区域组织，涉及赣湘两省的政策协调，有必要在试验区的规划期间进行省级层面的沟通，先行出台一些优惠政策支持，并共享国家支持两省发展的各种优惠政策，实现“优惠政策叠加”的效果，促进优势产业和企业进驻试验区，推动产业协作发展。

力争试验区享受中部六省比照实施振兴东北地区等老工业基地和西部大

开发的有关政策、长株潭城市群及“两型社会”建设的政策、鄱阳湖生态经济区建设的政策，以及《赣闽粤原中央苏区振兴发展规划》的相关政策。

赣湘双方应尽快成立试验区协调领导小组，基于两省政策实施空间制定符合试验区的优惠政策，并联合进行试验区规划编制，积极争取国家相关部门的政策支持，同时，加快基础设施体系建设，为两地产业对接、加强产业合作创造良好的条件。

2. 产业集群发展与分工、园区建设、区域互动等是试验区开放合作发展的主要途径

萍乡市委、市政府应明确以湘东区、上栗县为建设主体，加强与醴陵、浏阳的合作，促进陶瓷产业、玻璃产业、花炮产业三大优势产业的集群发展，并在赣湘各自划定的先行试点区域间实现有效的区域分工与协作。

3. 确立主要合作领域与合作机制是试验区建设的重要内容

萍乡市、株洲市（醴陵市）、长沙市（浏阳市）应主要在产业链分工、产业发展选择、重大基础设施建设等合作领域做好充分的综合性调研和论证工作；建立省际层面的组织机构，创新区域管理模式，确立“园区先行、改革创新”的工作协调机制和利益共享机制，共同打造先行试验区。萍乡市以赣西经济发展转型战略为出发点，争取在体制机制方面适当取得江西省委、省政府的引导和支持，与醴陵市、浏阳市在主要合作领域取得实质性的进展，进而探索赣湘开放合作试验区的合作机制。

（二）组织协调机制

1. 组织机构与组织构架

在先行试点期间，萍乡市可考虑率先成立赣湘开放合作试验区（萍乡）工作领导小组，挂靠市发改委，计划在试点成熟后筹建为正处级的管委会。工作领导小组由市政府主要领导担任组长，由分管副市长担任副组长，成员包括国土、财政、交通、环保等相关部门和县市区政府主要领导，并在湘东片区、上栗片区设立推进先行试点工作办公室。

试点成熟后，一是正式组建赣湘开放合作试验区萍乡管委会，下设主要的日常经营管理机构，包括办公室、财政局、国土规划局、招商局、经济发展局等，建立相对独立的试验区管理体制，代表政府行使同一级综合管理权限和部分行政管理权限。

二是设立高层级组织构架，包括常设专门事务协调机构、非常设专门事务协调机构、试验区专门管理机构三个层次。常设专门事务协调机构，即赣湘开放合作试验区领导小组，由省级主要领导担任领导小组组长，小组成员包括长萍（或株萍、谭萍）两地分管发改部门的市领导、副秘书长和相关部门负责人。非常设专门事务协调机构，即赣湘开放合作试验区联席会议，由合作双方政府办公室及发改部门牵头，协调组织与区域合作相关的职能部门共同参与。联席会议协调并监督办理赣湘开放合作试验区领导小组做出的各项决策，就涉及合作双方的专门事项进行一般性协调；负责协调解决一体化发展工作中出现的重大问题。试验区专门管理机构，即赣湘开放合作试验区管理委员会，具体负责试验区建设及管理、招商引资，以及试验区内各产业园区或经济功能区的建设与运营管理等。同时，可考虑设立试验区投资建设总公司，与管委会合署办公，作为独立的法人实体，负责试验区的投融资与基础设施建设等相关事务。

2. 工作协调机制

赣湘合作开放试验区需要可操作性非常强、有利于省际利益共享的工作协调机制。根据试点先行区域建设总体目标，考虑建立三个层次的工作协调机制。

一是赣湘开放合作试验区的各参与方——长沙市、株洲市、萍乡市，在成立工作领导小组基础上，有针对性地分别成立东富－老关园区、金山－大瑶园区协同发展领导小组，建立定期的办公室工作碰头会制度。

二是发挥常设专门事务协调机构——赣湘开放合作试验区领导小组的作用，确立分管副市长协调会机制。主要负责战略合作重大事项的协调，包括区域合作的发展战略、政策与规程，重大基础设施建设、园区规划和环境治理重大事项，以及合作方政府利益分享和补偿机制等。

三是建立市长联席会。主要负责战略合作重大事项的决策，对某些领域的重大合作与产业分工提出议案，协调沟通，明确各市试验区的总体任务与建设走向，通过市长会议的形式明确年度合作项目计划。

3. 利益共享机制

萍乡市、株洲市（醴陵市）、长沙市（浏阳市）各方大胆尝试，形成利益共享机制，可以参照工作协调机制的层次推进，实施分步走的策略。

试点初期除重大合作与产业分工项目根据协议的约定实现利益共享外，其他项目或企业生产经营产生的税收和其他收益可根据属地原则，归属地所有。

试点进入成长期后，试验区各参与方将在某些具体产业的协作发展与分工方面达成共识，企业在进驻某省的试验区时，本省企业产生的税收和其他收益原则上归本省所有，进驻的外省企业产生的税收和其他收益原则上两省各以 50% 的比例分享，甚至可以考虑将试验区内该类产业新进企业生产经营所带来的税收和其他收益，由两省各以 50% 的比例分享。萍乡市、株洲市（醴陵市）、长沙市（浏阳市）可以借鉴比较成熟的省域范围内经济圈的合作机制，按同等比例出资成立投资开发公司，负责试验区具体运营，特别是在现代物流业及集散中心建设、花炮产业国家级集散区建设方面，共同探索试验区利益共享机制。一些重大合作项目的收益共享问题，可以以专题讨论的形式，确立利益分享比例。

五　赣湘开放合作试验区开放合作重点与阶段性目标

（一）开放合作重点

1. 产业发展

以试验区各参与方的产业基础为出发点，贯彻“优势产业集聚与产业链分工、创新发展与先行先试”“打造国家级花炮产业生产、集散与文化区”的基本思路，坚持“开放合作、创新发展、集群集聚、绿色发展”的产业发展原则，通过产业对接、创新推动、开放共融、政策引导、科学规划、统筹协调，在两大园区率先确立陶瓷产业、花炮产业、玻璃及深加工产业、现代物流业等产业的发展定位与协作分工机制，打造赣湘优势产业集群集聚发展的跨区域性园区。同时根据试验区“一区两园”的总体布局，两大园区在区域分工上各具特色。

2. 区域分工

（1）东富－老关园区

该园区构建以陶瓷、玻璃、现代物流三大产业集群为核心的产业协作发展示范性园区。在具体产业发展与选择方面，萍乡片区与醴陵片区各有侧重。

萍乡片区坚持“打造工业陶瓷基地，产业错位发展”的定位，依托科技创新提升品位，做优做强高端工业陶瓷，将陶瓷产业基地建设成世界最大、国内最强的工业陶瓷生产基地，吸引长株潭的企业发展新型陶瓷、电瓷电器和釉下五彩艺术瓷，实现陶瓷工业结构的多元化；紧密结合醴陵市东富工业园的产业发展规划，积极做好玻璃产业的下游产业及部分深加工项目的发展规划。

醴陵片区坚持“以玻璃为主、陶瓷产业发展并重”的思路与定位，突出核心和特色，加快玻璃产业及其深加工产业发展，打造中南地区最大的玻璃产业集群，形成一个高端玻璃产业基地；陶瓷产业做好以传统陶瓷产品为主向以新型陶瓷、电瓷电器和釉下五彩艺术瓷“三个主体”为主的转变。

东富－老关工业园区的现代物流业的发展，要同时结合湘东物流大市场的整体设计与赣西经济区物流发展规划，以陶瓷产业和玻璃产业商贸物流中心为发展目标，做好园区物流产业的长期规划，充分利用区域交通枢纽的地位和优势、园区内铁路专线建设项目，促使园区物流集散形成“一轴双核多点”的综合布局，在现代物流业发展规划方面率先探索跨省合作、建设、运营和管理的新模式与新体制，打造服务两省、辐射全球的现代智慧商贸物流服务平台。

（2）金山－大瑶园区

该园区构建以花炮产业、花炮物流与商贸业、花炮文化业三大产业集群为核心的产业协作发展示范性园区，建成花炮产品国家级集散区和世界级示范区。在功能区布局方面，上栗片区与大瑶片区各有侧重。

上栗片区主要侧重花炮产业生产地与商贸集散中心建设，积极发展为花炮产业服务的特色轻工设备制造业；整合金山镇的优势生产企业，以推广鞭炮制造一体机和制定行业标准为契机，吸引浏阳有实力的烟花生产企业在金山园投资设厂，促进烟花鞭炮产业的优化升级，发展壮大花炮产业规模，提升花炮产品商贸集散中心地位。此外，鼓励整合浏阳和上栗原辅材料、生产设备供应商到金山－大瑶园区建立烟花鞭炮原材料专业大市场，优化烟花鞭炮产业的配套环境。

大瑶片区主要侧重花炮产业基地、国际花炮交易展示中心建设，并积极打造花炮文化园区和花炮文化传承基地，围绕花炮特色产业、花炮文化推进两省花炮产业的合作与分工，建设集花炮生产、科研、产业旅游、原材料配送于一体的花炮产业城。

3. 重大基础设施建设

（1）区域交通系统

试验区各优势产业集群集聚发展、现代物流业的发展规划与区域交通系统建设密不可分。区域交通系统建设将是两省在重大基础设施建设合作方面率先探索跨省合作的首要思考。

赣湘开放合作试验区内交通体系采用一体化发展策略，以打造快速便捷、功能完善、互联互通的区域性立体交通网络为目标，促使园区物流集散形成“一轴双核多点”的综合布局特征。

在铁路交通系统建设方面，主要利用萍乡站、醴陵专用货场站，向东拓展至宜春，向西发挥株洲站铁路枢纽的优势，提高铁路物流集装箱运输能力和货场转运能力，并利用国家批复的园区内铁路专线建设项目，综合协调铁路物流中心、场站与货场对接等规划工作。

在公路交通系统建设方面，尽快完善边界开放合作试验区的高等级公路网络。一是发挥沪昆高速、G320 的主干作用，加快萍洪高速、昌栗高速等高速公路项目的建设，争取在 2015 年中期实现长浏高速与萍洪高速的对接；

二是加快推进 G320、G319、G106、S310、S312 等干线的改造，提高金山－大瑶园区的省际通道整体效率；三是考虑并论证一些前期重点项目计划，如两省共同向国家发改委申报昌栗高速向西南方向延伸至湖南醴陵境内的高速路网项目，实现与沪昆高速的连通，形成连通性好、通行效率高的区域性高速路网系统。

（2）其他合作方面

两省各参与方将统筹考虑试验区的给排水系统规划，以科学服务试验区生产生活服务为导向，合理设计给水、排水、中水和污水处理体系。

结合试验区产业园区空间布局，做好电力信息能源系统合作建设工作，统筹规划试验区的电力、信息、能源系统等空间建设方案，提供基础电力信息服务，推进两地骨干信息基础网络设施建设、无线宽带城市建设、“三网融合”等方面的合作，并为试验区的电力、信息、能源等优惠政策争取提供支持。

生态优先和绿色崛起是赣湘两省生态文明建设的具体要求。试验区各参与方应高度重视生态环境系统建设，完善环境保护管理制度，共同进行环境监管和行政执法，推动地区间横向生态补偿制度对接，并积极建立吸引社会资本投入生态环境保护的市场化机制。

4. 赣湘开放合作试验区政策支持体系设计

（1）产业政策

试验区重点发展的产业和基础设施项目，优先列入省国民经济和社会发展总体规划、省统筹推进的重大项目计划与专项规划、财政预算内投资项目年度投资计划和前期工作计划，优先申报借用国际金融组织、外国政府贷款的国家规划和中央预算内（国债）投资项目年度计划。对于纳入省统筹推进的物流业重大项目，电价、水价经报批后按普通工业使用价格给予支持。

力争试验区享受中部六省比照实施振兴东北等地区老工业基地和西部大开发的有关政策、长株潭城市群及“两型社会”建设综合配套改革试验的优惠政策、鄱阳湖生态经济区建设的政策和《赣闽粤原中央苏区振兴发展规划》的相关政策，争取纳入《关于依托长江建设中国经济新支撑带指导意见》政策区，以及享受循环经济示范试点、智慧城市试点、资源枯竭型城市转型、产业转移示范区等政策。针对试验区四大优势产业集群集聚发展，做好专门性的调研与论证工作，出台一些有利于跨区域创新合作发展的产业政策，将试验区打造成优势产业协作发展的政策洼地、省际区域合作政策创新的试验田。

（2）管理权限与审批政策

赣湘开放合作试验区设立合作机制和组织构架，需要从创新的意义上获得国家战略层面的支持，争取赣湘两省政府的特别管理权限，尤其是在尊重市场规律基础上的区域规划权、资源配置权、机构设置权、行政管理权，赋予试验区相应的行政审批权。行政审批主要包括：减少行政审批环节，推行行政审批互认，提高行政服务水平，放宽企业登记条件，下放行政审批权限。赋予试验区相当于国家级高新技术开发区的行政审批权限和省级政府投资主管部门的项目管理许可权；赋予试验区管委会工商、国土、环保、消防等行政审批事项的管理权限。此外，在土地开发利用政策、金融扶持政策、财政税收政策、人力资源政策、矿产资源政策及其他配套政策方面，要有具体的落实细则，以推进试验区试点改革工作。

（二）阶段分解与目标

1. 先行建设与发展阶段

以上栗金山镇为中心规划的 15 平方千米金山工业园是实验区先行试点区域。在完成工程建设、拆迁任务以及完善基础设施之后，按照进园标准，鼓励金山镇的优势烟花鞭炮企业向金山工业园集中。另外，采取优惠政策，吸引浏阳从事生产、经营及原辅材料供应的烟花生产企业入驻园区。这一阶段的特点是以金山工业园为主，以金山镇已有的烟花鞭炮产业发展优势集聚优势资源，并辅之以吸引浏阳的优势生产要素，形成湘赣烟花鞭炮企业在金山工业园初步协作发展的格局。

以老关工业园为建设主体，利用湘东区陶瓷工业园的已有产业优势，在集聚优势陶瓷生产企业入驻老关工业园的同时，采用优惠政策吸引来自长株潭的陶瓷生产企业落户，初步形成赣湘陶瓷生产企业空间集聚、纵向对接的格局。

2. 成长阶段

通过政策扶持和培育，金山工业园内湘赣鞭炮生产企业的数量越聚越多，规模也越来越大，产业集聚效应也越来越显著。在国家区域政策和赣湘两省上级领导的推动下，大瑶工业园和金山工业园实现了对接，双方在优惠政策制定、基础设施建设、管理机构设置等方面达成了共识，并完成了实际操作，形成了真正意义上的金山－大瑶工业园。双方的优势生产要素开始在园区集聚，企业之间通过纵向配套和横向竞争与合作形成的集聚效应开始放大，品牌效应开始凸显。

以老关工业园为主体建设的赣湘陶瓷企业形成集聚规模，从产品研发到生产、销售、物流、展示，形成了一定规模的产业链。在老关工业园陶瓷工业集聚效应的影响下和国家区域政策、赣湘省地市领导的推动下，东富工业园和老关工业园实现了产业对接和并园发展。通过两省优势生产要素的合理配置和优化，以及企业之间的专业化分工与合作，东富－老关工业园的陶瓷工业集聚效应开始显现。

3. 成熟阶段

金山－大瑶园区和东富－老关园区利用政策叠加的优势和原有的产业基础、行业优势不断集聚优势要素，合理配置资源，形成了规模较大、专业化水平较高、企业之间分工协作合理、在全国具有品牌效应和示范效应的园区发展格局。

在赣湘开放合作试验区孕育成熟以后，萍乡市、长沙市、株洲市进一步拓展赣湘开放合作试验区的空间范围，在三市的交界区域形成比较完整的带状区域，形成功能区划合理、产业分工明确的创新型省际开放合作试验区。

六　建设赣湘开放合作试验区的主要保障措施

（一）管理运作模式创新

赣湘开放合作试验区先行试点区域将朝着“共同管理”的区域管理模

式迈进，实行“一区多园”型管理运作模式。“一区”即赣湘开放合作试验区；“多园”是在赣湘开放合作试验区内，根据产业布局规划，形成的不同产业发展园区和经济功能区。

试验区的共同管理工作，初步考虑可分两步走。目前，在双方长远合作愿景的基础上，首先考虑萍乡、醴陵和浏阳分别筹建试验区管委会，在重大基础设施规划与建设方面先行一步，反复沟通，共同形成报告，向国家发改委及其他有关部委申请，以完善试验区内的路网和提高通行效率；在玻璃及深加工产业、陶瓷产业、花炮产业、现代物流业的综合协调发展与区域分工定位方面，形成一些专门性的调研报告，并展开一些必要的沟通与合作。

第二步，考虑分别组建东富－老关园区、金山－大瑶园区协同发展领导小组，进而由萍乡市分别与株洲市（醴陵市）、长沙市（浏阳市）政府或三市共同组建试验区管委会，并在省级层面做好顶层设计，成立赣湘开放合作试验区领导小组，建立市级协调会议制度。协同发展领导小组负责编制两大园区的建设规划和发展规划，引导企业按照规划的要求和目标入驻，具体的工作事项（如园区的建设开发和招商引资等）则交由园区自己负责。

江西省萍乡市可以考虑先行组建试验区管委会，在萍乡市辖区内先行开发建设赣湘合作试验区试点区域，负责日常行政管理事务。由市、县级政府投融资平台分别出资，注册成立投资开发公司，负责试验区试点区域开发、建设和运营等。鼓励长株潭三市和萍乡本地优势企业入驻投资，给予最大优惠政策，并与长株潭三市政府开展利益分配机制试点。

（二）体制机制保障

1. 适时编制赣湘开放合作试验区发展规划

萍乡市、株洲市（醴陵市）、长沙市（浏阳市）在湘赣战略合作框架协议指导下，首先取得两省政府发改委层面对建设赣湘合作开放试验区的原则性指导意见，进而三市在两省发改委的牵头下组织相关部门，制订试验区的总体规划，明确发展的总体目标、重点发展的产业以及产业的空间布局，从而加快产业集群与产业链分工建设，打造花炮特色产业国家级生产、集散与文化区。

萍乡市应尽快通过试验区先行试点方案议案，启动老关园区、金山园区总体发展规划，做好产业发展规划，并重视与土地发展规划、城镇发展规划的衔接。

2. 强化行政管理保障机制

赋予试验区一级行政组织的财政政策、封闭式管理政策、各类行政审批政策、土地政策、自主开发政策、自主招商政策权限。创新融资方式，一方面建立园区相对独立的财政体系，以实现基础设施建设的投资补偿和运用财政手段进行招商引资；另一方面积极通过市场运作，争取多渠道获得金融资本，同时鼓励和支持民间资本采取独资、合资、入股等方式参与园区建设。合理解决园区内土地权属关系问题，理顺园区内的土地审批权限。强化土地征管，使被征用土地尽快产生效益，防止闲置浪费。

3. 创新公共服务设施建设运营模式

以试验区规划为先导，先期由萍乡的市、县级政府投融资打造开放合作产业平台试点。试点成熟后，由两省政府按协商确定的比例共同投融资，推进教育、文化、医疗卫生等方面的公共基础设施建设。在试验区运作进入成熟阶段以后，交由管委会根据财政收支状况逐步完善各项社会配套服务设施。

4. 加强政策扶持和引导

在萍乡市主动探索融入长株潭城市群、积极推动试验区先行试点的阶段，江西省委、省政府应充分给予萍乡市先行先试的管理权限和相应的土地、投资、财政、税收等优惠政策，加强对萍乡市主动寻求赣西经济转型新途径的政策扶持力度和省级协作方面的引导，促进萍乡市借助长株潭城市群融入长江经济带发展战略。同时，湖南省应主动考虑将萍乡市作为长株潭城市群的拓展空间与经济腹地，引导并推进长沙市、株洲市与萍乡市的开放合作，共同促进赣湘合作开放试验区的功能形成、产业发展与分工，形成共同管理、利益共享的省际合作先行区和示范区。

B.17

潜江“小龙虾”推动就近城镇化

秦尊文　马德富*

摘　要：“虾稻共作”是潜江市广大农民群众在实践中探索的一种集约高效农业模式，它在促进三次产业联动、产城融合、区域融合发展和农民就近城镇化方面取得了初步成效，表现了较大的潜力。本报告对潜江市“虾稻共作”高效农业模式推动就近城镇化的做法及效果进行了总结分析，以推动长江中游城市群产业一体化和传统水稻主产区农民就近城镇化。

关键词：潜江市　虾稻共作　就近城镇化

2015年4月28～29日、5月5～6日，湖北省委书记李鸿忠、省长王国生率团先后赴湖南、江西两省，与两省签署了《长江中游城市群战略合作协议》。在湘赣两省考察交流期间，李鸿忠同志提出倡议，鄂湘赣三省作为国家实施《长江中游城市群发展规划》的战略主体，都是国家水稻主产区，合作推行“虾稻共作、四化同步——循环农业友好模式”具有广阔空间。这是李鸿忠书记在湘赣两省访问交流期间，唯一提到的区域特色产业共建项目。作为“虾稻共作”集约、高效、安全、持续农业模式的创造者，潜江市的长期实践探索表明：在长江中游城市群总结、复制推广

---

* 秦尊文，湖北省社会科学院副院长，长江中游城市群研究中心主任，研究员，博士生导师，研究方向为区域经济、城市经济、生态经济；马德富，湖北省社会科学院社会学研究所副研究员，研究方向为农村经济与社会发展。

“虾稻共作”模式，有助于到2020年解决我国城镇化“三个1亿人”问题，尤其有助于“加快中西部地区城镇化进程”，引导农民自愿就近城镇化。

一 “虾稻共作”模式的产生及其推动就近城镇化的作用

“虾稻共作”是潜江市广大农民群众在实践中探索的一种集约高效农业模式，它在促进三次产业、产城、区域融合发展和农民就近城镇化方面取得了初步成效，表现了较大的潜力。

第一，“虾稻共作”高效生态农业模式的高效生态特点，凝聚了广大农民参与的积极性。目前，全市“虾稻共作”面积已接近30万亩，年产小龙虾约10万吨、优质大米18万吨，形成了集良种选育、虾苗供应、虾稻共作、餐饮、节会、虾稻加工及出口等于一体的完整产业链，显著提高了传统农业经营效益和农民参与的积极性。2013年，潜江市经过对赵脑村整村1.2万亩土地的整体流转，对其中7550亩耕地进行土地整理后，有效耕地面积达10942亩，新增3390亩。除育秧工厂用地、虾苗繁育用地等外，“稻虾共作”的面积可达9300亩，原亩平均纯收入由600元提升至6000元以上。赵脑村开展的规模化、标准化、高收益“万亩虾稻共作基地”改革引领示范，激发了农民主动参与、农业产业化龙头企业踊跃参加的农村土地制度改革的积极性，在推动农村土地改革中产生了“耕地不减反增、粮食产量不减反增、农民收入不减反增”的“三个不减反增”成效。

第二，“虾稻共作”高效生态农业模式引起的产城、产业融合发展成效初显。熊口镇通过土地流转和土地整理，整村推扩赵脑村的“虾稻共作”模式。赵脑村在土地流转过程中腾出的宅基地和集体建设用地660亩中划出160亩，在熊口镇集镇建设农民公寓新社区，全村585户、2200多人整体迁入。新社区与生产基地仅相距7千米，并且道路通畅，直接实现了宜业宜居就近城镇化。在产业融合发展方面，目前，以“三个一”（“一只虾”“一粒米”“一颗氨糖”）为核心的完整产业链迅速影响全国，出现了龙虾养殖、龙虾加工、龙虾出口、龙虾餐饮、龙虾生物、龙虾医药、龙虾物流、龙虾文化、龙虾就业、龙虾节会、龙虾国际交流的三次产业融合发展趋势。其中，将废弃虾壳、虾头进行加工，造就了“世界甲壳素之都”，一道正宗“潜江油焖大虾”掀起了“中国餐饮文化的红色风暴”，其社会公众参与率之高、产城融合度之高及品牌影响力之强全国罕见。据统计，目前潜江从事“虾稻共作”、加工出口、餐饮物流、中介运输、电子商务的人数为 10 万余人，综合产值接近 200 亿元。

第三，“虾稻共作”高效生态农业模式创新了农民生活方式，提高了农民就地就业和就近城镇化的积极性。在推广这一模式过程中，通过对农民承包地、宅基地与星座式坟地及荒坡缓旧地等一次性同期流转给龙头企业，龙头企业负责土地平整、标准化建设，然后将标准化田块实行“反租倒包”给种田能手，耕种的农民成为企业完整生产链条的一环，得到了获得高效农业收益的机会。将土地流转出去的农民除了获得每亩 800 元的土地租金外，还获得了就近到企业务工的打工收入。此外，由于实行土地整理，农民的实际耕地面积普遍提高，获得要素收入的能力进一步增强；同时，村集体经济因为经营性土地增加和参与企业发展，实力也得到增强，农民作为村级集体经济所有者又相应增加了收入。生产方式改变和收入增加，改变了农民的生活方式，提高了农民城镇化的能力和愿望。目前，全市 3 万余人因此就地实现了城镇化。

第四，“虾稻共作”高效生态农业模式使舌尖上的安全有可能控制在土地源头。以赵脑村为代表，由于全程采用专业化、标准化、规模化生产，农产品质量安全保障水平得到提高，企业加工产品品质也得到显著提升。如潜江市华山水产食品有限公司是目前国内鱼虾产品出口获得国际质量体系认证最全面的供应商，获得 ISO 9001 - 2000 认证、美国 FDA 现场审核认证、美国 HACCP 认证与美国“通关绿卡”、欧盟 EEC 认证、英国 BRC 认证、俄罗斯和韩国卫生注册，是英国玛莎百货（世界 500 强）中国区域唯一供应商、国内唯一获得欧盟甲壳素系列产品注册的企业。其主导产品免检出口美、英、德、韩及俄罗斯等。“世界小龙虾看潜江”“世界甲壳素之都”等声誉得到进一步提升。

目前，潜江“虾稻共作”高效生态农业模式已具备一定推广复制的基础：潜江市内万亩“虾稻共作”试验基地周边的3镇9村1农场的水稻主产区农民强烈要求全部加入该模式的连片共建；湖北省内江汉平原6县市水稻主产区和湖南、江西及安徽等省水稻主产区，也提出要求复制、推广、共建“虾稻共作”模式。

二 “虾稻共作”模式及面临的问题

潜江“虾稻共作”模式虽然取得了较大成效，但是其目前投入和基地规模、生产组织方式、产业发展层次及融合发展机制等，与中央对农村土地流转经营的新要求，中小城市进一步提高资源要素集聚能力、人口吸纳能力和综合承载能力的要求，以及市场需求和广大农民的发展呼声不相适应，正成为制约潜江小龙虾产业跨越发展的瓶颈。

一是养殖规模远不能满足市场需求。潜江在全球掀起的小龙虾养殖、餐饮和深加工的“红色风暴”，使得全球小龙虾市场需求连年快速增长，出现了国内国际市场两旺的可喜局面。2014 年，潜江市华山水产食品有限公司出口欧美即食整虾 8000 吨，尽管 2015 年订单需求远远超出这个数量，但公司最终只敢接下 4000 吨的订单，原因在于国内餐饮市场需求快速增长。据统计，仅武汉市每天在餐桌上吃掉的小龙虾就达 12 万斤，几年前，一盘油焖小龙虾 70 元，现在一盘小龙虾的价格已经涨为 200 元左右，一只小龙虾在餐桌上可卖到 5 元左右。“吃虾热”引发北上广等全国大中城市来抢湖北小龙虾，2015 年 5 月，武汉白沙洲农副产品大市场小龙虾一天交易量达 30 万斤，交易量比 2014 年同期增加了一两成，尽管湖北小龙虾年产量增加 20% 左右，但供需矛盾仍然突出。

二是发展速度远不能满足广大农民的需求。为了适应市场需求，复制推广“虾稻共作”生态高效种养模式，2013 年熊口镇以潜江市华山水产食品有限公司为投入主体，率先在湖北省开展规模化、标准化基地建设。但是，由于目前是以企业为投入主体，在建设标准化基地过程中，每亩一次性的综合投入为6000 元左右。此外，在土地整理过程中，还涉及大规模的迁村腾地和退坟入园等投入，往往投入比基地建设还大得多，虽然项目发展前景好、预期收益有保证，但缺乏多元投入机制，以及土地增减挂钩指标出让难、收益低等，使得当地政府和企业开展以类项目难以为继。投入瓶颈使得发展速度与广大农民积极参与形成了极大的反差。

三是标准化基地规模远不能满足企业原料需求。潜江市莱克集团、华山水产等是从事小龙虾深加工、出口的企业，由于欧美市场对进口农产品品质要求非常高，这些企业，迫切需要建立与其加工能力相适应的标准化基地，但目前标准化基地生产规模与企业高质量原料需求的缺口非常大。就目前深加工能力看，华山水产可以带动 40 万亩“虾稻共作”标准化基地，莱克集团至少也可带动 10 万亩“虾稻共作”标准化基地，但目前与华山水产配套的只有赵脑村的 1 万亩。

四是产业层次远不能满足三次产业、产城和区域融合发展的需要。从目前发展看，潜江小龙虾已经成功从田里地头爬上了全国大中城市的餐桌，实现了第一产业与第三产业的成功结合，甲壳素等深加工产品也成功走出国门，进入医药等更高层次的领域。但是，随着越来越多的农民参与这种生态高效农业种养模式，其获得的要素和权能收入越来越多，对就地就近就业和城镇化、追求美好生活的愿望越来越强烈，对产城融合发展也提出了更高的要求。此外，潜江市内外广大水稻主产区政府和群众复制、推广和合作共建“虾稻共作”的愿望越来越强烈，但目前的“虾稻共作”模式形成的产业链条、产业高度还远不能支撑这种发展需求。例如，如何满足城市居民从在城市吃小龙虾到去养殖区看小龙虾开展休闲旅游的需求，如何让一只小龙虾从田间地头“爬”上网络，如何让小龙虾快速“爬”到大江南北，如何让养小龙虾的农民就地就近就业和城镇化，等等，都是需要迅速从生产关系、生产方式、生活方式进行综合改革探索的。

三　完善“虾稻共作”模式的建议

应围绕破除“虾稻共作”集约高效农业发展的土地瓶颈，以及建立多方共赢，三次产业、产城融合发展和社会资本涉农风险防范的体制机制等，为农民就近城镇化创造条件，增强农民就近城镇化的能力。

（一）探索“三权分置”的土地有序流转机制

坚持农村土地集体所有，按照“三权分置”原则，改革农村生产经营关系，引导土地经营权在企业与农户之间实现“二次流转”，发展更加有效的“统分结合”适度规模经营形式，巩固和完善农村基本经营制度。

1. 依法开展土地分类

按照分类流转的原则，根据土地权属、利用现状，将农村土地分为农户承包地、农民宅基地、坟地、村集体经营性土地和未利用荒坡缓旧地等。农村宅基地与还建房安置挂钩；农户承包地与土地租金挂钩；农民宅基地和坟地分别通过迁村腾地、迁坟入公墓进行土地整治，纳入有效耕地面积，也与农户土地租金挂钩；村集体经营性土地和未利用荒坡缓旧地，经统一整治后，整体租赁给农业龙头企业，租金纳入村集体经济收入。

2. 依法实施土地确权到村、到户

根据《土地法》，将农村集体土地所有权确权到村，确保集体土地所有权不受侵犯。依法将土地承包经营权确权到户，加快推进确权登记颁证工作，彻底解决农户承包地地块面积不准、四至不清等问题，强化土地承包经营权物权保护，确保土地流转过程中无一个失地农民。在尊重农民意愿前提下，以村组为单位，探索建立确权确股不确地的土地确权登记制度，创新农民土地承包经营权的有效实现形式。

3. 有序开展土地承包经营权流转到企业

依照农民自愿原则，将整村或连片土地经营权有偿租赁给农业产业化龙头企业，企业对整村或连片土地集中实施规模化整治，以 40 亩为单元建设

高产高效“虾稻共作”标准化种养基地。政府督办，“村支两委”协助，企业每年定期支付土地流转费用。土地流转始终做到“三个坚持”：坚持维护流转双方当事人的合法权益，遵循平等协商、依法、自愿、有偿的原则进行土地流转；坚持不改变承包土地的农业用途，不损害村民和村集体经济组织的合法权益；坚持土地承包经营权流转收益归村民和村集体所有，任何个人和组织都不得侵占、截留和扣缴。

4. 创新“反租倒包”农业生产经营机制

细化将标准化基地“反租倒包”到农户的各项工作。以土地租入价格为标准，企业等价将建成的规模化、标准化“虾稻共作”基地“反租倒包”给自愿经营的农户，按照“公司 + 合作社 + 农户”的统一模式进行经营。承包的养殖池由田埂、虾沟、稻田三部分组成，三部分按照同一标准交纳租金。应考虑多方权益，“反租倒包”期确定为 5 年。农户作为土地流转中的二级经营主体和现代家庭农场主，在公司技术员的指导下从事龙虾养殖和水稻种植。

5. 构建流转服务平台

建立土地流转平台、土地指标交易平台、农民再就业平台，推动土地、资本和劳动力要素优化配置。一是建立土地承包经营权流转市场，完善市场准入、筛选、竞价、鉴证、监督等关键环节，规范和推动土地流转。二是完善土地流转合同管理审查机制，健全档案管理制度。三是探索建立土地资源流转信息平台，建立信息共享机制。

（二）探索“四方共赢”的土地持续经营机制

以企业为投入主体，以土地流转、土地整治为抓手，以搞活土地经营权为重点，探索耕地面积、农产品产量、农业经营效益同步增加的“四方共赢”（农户、村集体、企业和政府共赢）土地持续经营机制。

1. 破解“三大难题”，筑牢“共赢”基石

农村耕地碎片化、宅基地占地面积大且闲置率高、坟地星座式布局是农村土地制度改革面临的“三大难题”。探索以农业龙头企业为主体，通过土

地流转、宅基地异地置换、迁坟入公墓和土地整治，破解“三大难题”，完善政府、企业、村集体和农户“四方共赢”的机制。

一是建立碎片化耕地流转动力机制。坚持土地集体所有权性质不改变、农业用途不改变、农民利益不受损和土地有偿使用原则，把整村连片土地租赁给企业。鼓励农民参与“虾稻共作”统一经营，获得土地高效经营效益。拓宽就业渠道，为“离土不离乡”农户创造更多的就近就业机会，完善转出土地农民的社会保障制度等，消除土地流转的后顾之忧。

二是建立宅基地异地换房和有偿使用机制。按照农民自愿原则，以企业为主体，引入市场机制，树立“宅基地向农田资本转变”的土地利用意识，推进宅基地异地置换（农民进社区）和复垦，复垦的有效耕地可等同既有耕地租赁给企业。

三是建立农村坟地退地入公墓激励机制。以增加农村有效耕地、发展集约高效农业和建设美丽乡村为目的，加大宣传力度，引导农户将分散布局的坟地统一迁入由政府或企业建设的农村文明公墓。按照民主决策要求，广泛征集群众意见，逐步形成农村文明丧葬新习俗。建立迁坟入公墓成本费用由农户、企业和政府共同分担的机制。根据“谁退出、谁受益”原则，及时对迁坟腾退土地进行确权。

2. 保障农民有更多的选择和获得更多的收益

在土地流转和“虾稻共作”过程中，逐渐形成土地承包经营权流转租金收入、“虾稻共作”标准化基地经营收益、农村宅基地复垦高效利用收益、房屋用益物权置换的资金收益、身份转变为工人的工资性收益、村集体经济股份收益“六资化”的农民多元收入格局。

一是参与“反租倒包”统一经营，获得高效农业经营收入。作为企业统一经营下的二级经营主体，农户通过规模农业、高效农业，获得土地规模经营收益，以及企业统一经营中让渡给农户的产业化增值收益。

二是创造各种条件，为农民提供更加多元的选择。种田能手“反租倒包”经营“虾稻共作”集约高效农业基地，成为新型家庭农场主。在“虾稻共作”产业链建设过程中，农技部门、劳动服务中心和企业免费对转移农村劳动力开展培训，帮助其转变为产业工人；在“虾稻共作”产业集群发展中，通过建设专业市场、创业园区等，为有经营头脑、有资金、有技术的农民提供自主创业平台，发展各种生产性或生活性服务业。推动农民就地实现“三转一变”，即种田能手转变为家庭农场主、青壮劳动力转变为产业工人、有经济实力的农民转变为私营业主，把农民变市民，实现农民宜居宜业的就近就地城镇化。

三是在土地流转中，增加农民土地要素和权能收入。村民原有耕地实际丈量面积高于承包权证标准面积的部分，以及宅基地异地置换和迁坟入公墓产生的新增耕地面积，一律在确权登记时计入农民承包经营土地面积，保障农民土地要素收入只增不减。对已有的集体经营性资产、土地整治过程中新增的集体有效耕地经营收入，以及村集体合作社经营收入等集体经济收入，通过确权确股方式部分分配给农民，赋予农民对集体资产股份的占有、收益、有偿退出及抵押、担保、继承权。赋予农民对承包地占有、使用、收益、流转及承包经营权的抵押、担保权能，并努力拓宽权能实现的有效途径。在完成农村土地确权登记颁证的基础上，探索农村土地承包经营权抵押贷款、担保试点，慎重稳妥地推进农民住房财产权抵押、担保、转让，扩展宅基地使用权权能，使宅基地使用权具备充分的物权权能，推动农户房产进入社会财产增值体系、信用体系、流动体系。

五是保障农民在集体经济组织中的主体性地位，让农民成为集体经济的主人。探索建立“三会四权”（股东会、董事会、监事会，以及所有权、决策权、经营权、监督权）的制衡机制，使农民成为集体经济的投资主体、决策主体和受益主体。建立健全集体经济组织成员登记备案机制，依法保障集体经济组织成员享有的“三权”（土地承包经营权、宅基地使用权、集体收益分配权）。按照“归属清晰、权责明确、保护严格、流转顺畅”的现代产权制度要求，探索发展土地股份合作形式，推动农村集体产权股份合作制改革。

3. 拓宽增强集体经济实力的途径

流转、整治农村未利用地以及农户承包地之间的田埂等增加的有效耕地纳入集体资产范畴，由村委会租赁给企业，获得土地租赁收入，或以入股形式直接参与经营获得收入，所得收益一部分留存集体作为积累，另一部分按股分配到户。以村为单位，配合“虾稻共作”集约高效农业建设，组建“虾稻共作”农资合作社、农机合作社等，从提供服务中获得稳定的经营收入。村集体收入的积累部分，可集中用于改善农业基础设施条件及农民生活环境，以及用作部分老弱病残村民生活、养老开支，以增强村级组织凝聚力。

4. 确保企业的合法权益

作为投资主体，企业可通过多种途径获得相应收益：一是通过“一权两指标”获得出让（出租、出售）收入。在农村集体建设用地整治复垦项目中，企业所得的增减挂钩指标，扣除迁村腾地农民集中居住区建设所需指标外，按照全省或全市土地利用总体规划，分别在省级、市级土地交易市场挂牌出让，出让收益按项目建设合同约定归企业，或其中部分归企业；在企业投资整治农用地和未利用地过程中新增的耕地，作为占补平衡指标，政府按照5万~10万元/亩的阶梯价回购；两指标所对应的新增有效耕地按照项目合同约定，由企业租赁进行统一经营。二是通过“土地流转、土地整治、反租倒包、统一经营”四个步骤，企业为自己建立规模化、标准化的“虾稻共作”基地，保障产品及深加工原料来源和产品质量。根据测算，企业每年从每亩基地可稳定获得精品小龙虾400斤、生态大米1100斤，通过土地流转转移出来的劳动力可在参加培训后成为企业的熟练工人。

5. 政府获得社会、生态综合效益

政府全程参与、指导、监督综合改革试点各项工作，借此获得社会、生态综合效益。一是提高保障国家粮食安全的能力。通过土地整治，预计“虾稻共作”标准化基地项目村可增加20%左右的有效耕地面积（耕地占补平衡指标），变被动守耕地红线为主动增加有效耕地面积，提高保障国家粮食安全的能力。二是拓宽工业化、城镇化用地空间。按照国务院《关于严格规范城乡建设用地增减挂钩试点切实做好农村土地整治工作的通知》，通过农村宅基地整治复垦，得到土地增减挂钩指标，一部分用于在集镇建设农村新社区，安置腾退宅基地的农户，另一部分进行土地收储，用于集镇基础设施建设、融资发展工业和异地出让交易，走一条自我挖潜的工业化、城镇化发展道路。三是通过延长“虾稻共作”产业链，为农户提供更多的就业岗位，增加政府税收，改善城镇基础设施条件，为群众提供更好的公共服务。

（三）探索“接二连三”的产业融合发展机制

围绕延长“虾稻共作”产业融合发展链条、集聚融合发展的要素、推进产业跨区域融合发展和提高融合发展的质量等，探索三次产业融合发展机制。

1. 打造“接二连三”的产业链条

探索由单纯的“虾稻共作”农业种养向上游的农业科研、育种和下游的产品深加工、商贸物流、餐饮等方向发展，形成农作物生产与农产品加工、流通及休闲服务等行业的交融发展，打造根植第一产业、支撑第二产业、繁荣第三产业的三次产业融合发展机制，推动以小龙虾为龙头的产业链迅猛崛起，力争形成城乡居民就龙虾业、吃龙虾饭、发龙虾财、享龙虾乐的可喜局面，从而探索一条根植“三农”的“虾稻共作、三产融合”发展道路。

2. 加快三次产业发展要素的聚集

充分挖掘“虾稻共作”模式的生态高效潜力，凝聚不同生产要素，推动社会资本、科技、信息与农村土地、劳动力的有效对接，形成“1 +1 +1 >3”的聚合发展格局，进而探索在不牺牲粮食、不牺牲环境的前提下，通过土地流转激活土地资源，带动社会资本和新技术向农业流动、人口向城镇集中，提高“虾稻共作”全产业链（集群）的资源集聚能力、人口吸纳能力和综合承载能力。

3. 推动产业跨区域融合发展

以鄂湘、鄂赣《长江中游城市群战略合作协议》签署为契机，推动“虾稻共作”农业模式在长江中游城市群的复制、推广。依托莱克水产、华山水产等龙头企业的资本、技术优势，发挥产业链的利益联结作用，辐射带动长江中游城市群“虾稻共作”集约高效农业发展，推进商贸物流、电子商务、金融等行业的跨区域融合。

4. 用循环经济理念提升产业融合发展水平

以种养基地、虾稻产品加工园区及社区为载体，依靠企业主动、产业推动，引导全民参与，带动生产、流通、消费各个环节的循环经济发展，实现三次产业和企业、园区、社会全覆盖，推动“虾稻共作、四化同步”循环经济体系建设，将潜江市逐渐建设成资源节约型、环境友好型城市。

（四）探索农民市民化能力提升和成本分担机制

1. 探索“六益”保障进城机制

为确保农户进城“搬得起、住得下”，有效地推进农民市民化，潜江探索农户携带“六益”进城：一是农民土地承包权流转的租金收益，二是经营40亩一个单元的“虾稻共作”经营收益，三是农村宅基地复垦利用年收益，四是农房用益物权置换的资金收益，五是农民转变为工人的就业工资性收益，六是村集体财力增加后的村集体公益性收益。同时，保护农民依法拥有的其他农业用益物权、房地财产权，丰富“带资进城、六益保障”内容；创新推广“带资进城”的城镇化模式，引导农民进城，实现农民宜商即商、宜农即农（从事机械化农业）、宜工即工（产业化技能就业）的意愿。

2. 明确成本分摊主体和支出责任

政府承担公共基础设施、基本公共服务和保障性住房等方面的公共成本投入。企业严格落实PPP模式下的新兴综合社区建设任务，并严格按照《劳动法》等相关法律要求，为职工缴纳社保费用，落实同工统筹制度，并增大职工技能培训投入。村集体承担部分农业转移人口的养老保障责任，为农村60岁以上的老人承担部分生活补贴，承担部分农民合作医疗个人支付部分的费用。农业转移人口充分利用农村各种资源，将其转化为资产，实现“带资进城”，主动参加职业培训，提升就业能力。

3. 建立成本分摊能力提升机制

全面提升政府、企业和个人在农业转移人口市民化过程中的成本分担能力。以市城投公司为融资主体，积极拓展业务领域，搭建城建等领域的二级融资平台；推进股份制改造，整合吸纳乡镇资源和优势资产作价入股，使其成为一个综合性融资主体。研究出台鼓励社会购买公共服务和公私合作项目运作的政策措施，推进各类市场化主体通过 PPP 等商业模式，参与城市基础设施建设和运营。积极争取上级对农业转移人口市民化的支付政策，同时，不断加大本级对基础设施和基本公共服务的投入力度，建立地方财政公共服务投入稳定增长机制。

（五）探索“六统一”的质量安全源头控制机制

遵循服务专业化、运行市场化原则，由企业和合作社为生产者提供生产全程标准化服务，逐步完善“虾稻共作”的产前、产中、产后配套服务机制。

1. 合作社按照“六统一”的标准提供全程标准化服务

以村为单位组建的农机、农技和农资合作社，为“虾稻共作”经营农户提供“统一机械施工、统一种养标准、统一供应农资与种子、统一服务与管理、统一收购产品、统一产品品牌”的“六统一”的产前、产中、产后全过程标准化服务，从源头保障农产品质量。

2. 用合同规范生产经营过程中相关各方的行为

建立企业、合作社与农户之间的规范契约关系，规范各方生产经营行为。引导农户按照“六统一”的要求开展生产经营活动，公司和合作社按照“六统一”标准为农户提供全程生产性服务；合作社要负责对养殖户进行技术培训和现场指导，对养殖户所有生产环节进行监督管理；公司负责按照不低于市场价的价格收购小龙虾、大米及双方约定的绿化树苗等产品。

3. 强化“六统一”服务供给主体与农户的利益共同体关系

农业龙头企业或村级合作社发挥统购统销的竞价谈判优势，在保证所购生产资料质量的同时，降低各类生产资料的购入价，一方面保证以较低的售价卖给生产经营者，降低生产成本；另一方面从源头保证企业获得符合加工和出口质量要求的原料，稳定原料收购价格。通过建立全程统一的生产服务体系，把企业、村集体和农户变成一个产业链上的利益共同体。

（六）探索工商资本准入、监管和风险防范机制

1. 建立严格的涉农工商资本准入制度

加强涉农工商资本农业经营能力审查，包括工商企业的主体资格、信用、农业生产经营能力、生产计划、流转期限和面积、风险防范措施等，不符合条件者不允许租赁农地。涉农工商资本在开展土地流转时，要按照政府统一土地流转程序进行，所有合同文件在乡镇（街道）土地流转服务中心登记，并报市农村土地流转中心备案。

2. 建立涉农工商资本动态监督制度

强化工商资本租赁农地动态监管，定期对租赁农地经营、项目实施、风险防范等情况开展监督检查，防范可能出现的耕地“非粮化”“非农化”倾向，确保不损害农民权益、不改变土地用途、不破坏农业综合生产能力和农业生态环境。加强政府和村集体对流转土地的使用情况和土地流转资金拨付情况的监管，对撂荒耕地的，停发粮食直接补贴、良种补贴、农资综合补贴；对违反潜江产业发展规划的，停止享受相关农业生产扶持政策；对破坏或污染农地、随意改变农地用途的，收回社会资本经营者的土地经营权，并根据情况要求补偿。

3. 提高工商资本涉农经营风险防范能力

签订土地流转合同后，工商资本要按规定缴纳信用保证金，建立农村土地流转风险基金，用于防范因各种原因造成业主不能履约带来的经济损失。通过购买政策性保险、商业保险和运用期货等市场手段，有效规避工商资本流转土地经营风险。规范土地整治过程中“两指标”收益用途，严格要求工商资本将全部收益用于指标产生地的“三农”发展，巩固企业标准化基地建设，借此探索增减挂钩指标跨区域出让收入反哺“三农”的长效机制。

支持企业提高产业链创新能力，不断延伸产业链，提高企业抵御市场风险的能力。

四　在长江中游城市群推广“虾稻共作”模式

产业一体化既是长江中游城市群的重点，也是难点。“虾稻共作”模式产生于南方水稻产区，因此非常适宜在长江中游地区推广。

（一）通过土地流转和土地整治推进标准化基地建设

抢抓长江中游城市群鄂、湘、赣三省推进区域特色产业共建项目的机遇，借力潜江市多家虾仁出口企业到湖南、江西水稻主产区投资建设“虾稻共生”配套基地，带动发展湖南、江西水稻主产区“虾稻共作”生态高效农业。在长江中游城市群选择水稻产区连片、行政区域邻近、群众积极性高的区域，有序开展土地流转和实施土地整治工程，推动标准化基地建设。通过统一的耕地流转、迁村腾地、迁坟入公墓等，将碎片化的耕地、低效化利用的宅基地、星状布局的坟地和荒坡缓旧地等进行集中流转与土地整治，以40亩为单元，建成标准化“虾稻共作”基地。力争到“十三五”末，湖南、江西两省新增100万亩标准化“虾稻共作”基地。

（二）推进“虾稻共作”创新工程建设

推动“虾稻共作”大数据建设，探索“互联网+”发展模式。夯实以农业大数据物联网、云计算技术为核心的农业信息化基础设施建设，提高虾稻产业链建设的信息化水平。对虾稻生产过程中采集的大量数据进行分析处理，提供“精准化”的农资配方、“智慧化”的管理决策和设施控制；对土壤、大气、水质、气象、污染、灾害等环境影响因子实现全面监测、精准化管理；对虾稻产品质量安全监管信息进行分析处理，实现食品安全风险的预测预警及质量安全突发事件的应急管理。探索虾稻基因图谱、大规模测序、农业基因组数据、大分子与药物设计等数据库建设，不断提升虾稻种源品质。积极探索多层次、广覆盖、可持续的农村金融体系新格局，为“虾稻共作”发展提供多元化、高层次、综合性、跨区域的金融服务产品。探索建立民营资本交易平台，吸引社会资本参与“虾稻共作”产业链建设。积极发展互联网生态金融等，支持“虾稻共作”生态高效农业模式复制、推广，推进产业、产城融合发展。

（三）推进“虾稻共作”基地农民宜居宜业就近城镇化

尊重农民意愿，对于愿意到乡镇集镇居住的，统一修建农民公寓，实行社区化管理；对于愿意继续留在村组居住的，则统一按照美丽乡村建设的要求，改善其居住环境，提高城乡统筹发展水平。以自然村为单元，开展美丽乡村建设。结合农业综合配套开发、农田水利建设、土地整治等项目，推进田、水、路、渠综合配套建设，进一步改善村庄基础设施条件和农业生产环境；以“三清”“四修”“五化”为抓手，大力开展绿色家园示范建设活动，探索一套符合本地实际、行之有效的美丽乡村建设常态化监管机制和引导体制。

B.18

基于津澧融城背景下的澧县东部新区发展研究

谢谦　朱翔*

摘　要：随着长江经济带、洞庭湖生态经济区等国家发展战略的实施，常德市澧县、津市的战略地位显著提升。为了积极配合并落实国家发展战略，澧县、津市大力推进融城建设，共建湘西北增长极——澧州市，这已成为两地社会经济发展的必然趋势。澧县东部新区位于澧县东部，紧靠津市，是津澧融城的枢纽地带，也是今后澧州市经济社会发展的核心区域。本报告通过对澧县东部新区的现状分析，明确了新区未来发展的定位与目标，并从空间结构、工业发展、交通设施、商贸物流、生态环境等多方面入手，提出东部新区的发展对策，力求以澧县东部新区建设为支撑，推动津澧融城发展，打造湘鄂边界地区中心城市、湖南省西北部增长极、常德市次中心城市。

关键词：长江经济带　洞庭湖生态经济区　津澧融城　澧县东部新区

国家提出从综合交通、产业转型、新型城镇化、对外开放、生态廊道和协调机制六个方面振兴长江经济带。国家发改委强调，依靠长三角、长江中

* 谢谦，湖南师范大学资源与环境科学学院博士研究生；朱翔，湖南省委改革督办专员，湖南省人民政府参事，湖南师范大学教授，博士生导师。

游和成渝三大城市群，做强上海、武汉、重庆三大航运中心，推进腹地开发，促进上海、云南两头开放。长江经济带的建设，把洞庭湖区的开发提高到国家级战略层面，突出了湖南省常德、岳阳两市的战略地位，促使长株潭城市群向北拓展，提高了湖南的对外开放水平。

湖南、湖北两省共建的洞庭湖生态经济区，以生态文明建设引领农业现代化、新型工业化、新型城镇化，统筹推进生态系统、产业体系、民生保障和基础设施建设，将洞庭湖区建设成全国大湖流域生态文明建设示范区、保障粮食安全的现代农业基地、“两型”引领的三化协调推进先行区、江湖一体的现代物流集散区、低碳发展的国际合作试验区。

基于长江经济带和洞庭湖生态经济区建设的背景，加速洞庭湖区西北部的开放开发，通过津澧融城构建常德次中心城市，开辟澧县－津市与湖北荆州的省际通道，即洞庭湖区连接长江的西部通道，显然具有重要的现实意义。

一　津澧融城现状分析

近期，常德市明确提出，以常德市区（武陵区、鼎城区及德山开发区）为中心，以澧县、津市为副中心，以长张高速和G207为发展轴，辐射带动全市加速发展。澧县、津市位于湘西北、洞庭湖西岸，地处澧水下游的澧阳平原，彼此相距很近，可共同建设湘鄂边界的中心城市。

澧县古称澧州，长期以来是澧水流域的商贸物流中心。全县土地面积2075平方千米，2013年人口为91.03万人。澧县北接荆州，南靠常德，具备依托长江黄金水道开放开发的地缘优势。澧县文化底蕴深厚，名胜古迹甚多，拥有城头山、彭头山、八十垱、余家牌坊4处国家级文物保护单位。在城头山古文化遗址，人们发现了距今6000年的古城址、古祭坛和古稻田。2013年，全县地区生产总值为226.2亿元，财政收入为11.5亿元，三次产业结构为21.6∶39.9∶38.5。澧县盛产稻米、生猪、棉花、水果和水产。工业以食品、建材、医药、化工为支柱产业，较大企业有重庆国人、盈成油脂、福润食品、天源纺织、洞庭春米业等。澧县经济技术开发区为省级开发区，基本形成了“两区三园”的空间布局。澧县东部新区位于老城区东侧，地域范围达22平方千米，是集行政、商务、金融、购物、文化、娱乐、餐饮、休闲于一体的综合型新城区。

津市是常德市下属的县级市，土地面积558平方千米，2013年人口为27.01万人。津市物产丰富，食盐产量居湖南首位。2013年津市地区生产总值为97.0亿元，完成财政收入51616万元，三次产业结构为17.9∶47.8∶34.3。津市基本形成了以汽配、盐化工、纺织、造纸、食品五大传统工业和新型建材、生物医药两大新兴产业为主体的产业体系。

津澧两地同根同源，津市人赞同“津澧同根生”，澧县人认为“津澧不分家”。从地理环境、经济发展、历史人文等方面来看，两地都有着密不可分的联系。澧县、津市同属常德市，地处湘鄂边，在空间上紧密相连。两地旧时同属澧州，尽管行政区划多次变更，但历史文化渊源甚为深厚。常德市、澧县与津市曾提出过“实现津澧合并，组建湖南第二个北大门”的建议，但由于多种原因，该建议未能付诸实施。

二　澧县东部新区发展概况

澧县东部新区位于老城区东部，澧县城区和津市城区的接合部，主要是指澧浦路以东、二广高速以西22平方千米的区域。该区域范围内涉及澧澹乡10个村85个组5803户居民，人口19304人，共有耕地8780亩。推进津澧融城，将使得东部新区的区位优势彰显、战略地位显著上升，东部新区有望成为连接澧县与津市的经济枢纽地带。澧县城区与津市城区的空间距离不足8千米，东部新区位于其间。通过东部新区的建设，优化津澧新城的功能分区，有助于将两个城区自然而然地连为一体：西部是澧县老城区，侧重发展现代服务业；中部是东部新区，作为津澧新城的开发区主体，侧重发展先进制造业、高新科技产业和现代服务业；东部是津市老城区，侧重发展汽车零部件产业和特色加工制造业、第三产业。

（一）澧县东部新区用地现状

目前，东部新区可划分为南北两块：北部板块为澧州大道以北、澧浦北路以东、绕城东路以西、绕城北线以南地区。在该地区范围内，澧州大道以北、二广高速以西、澹水以南的绝大部分地区已转变为建设用地，重点项目建设已经逐步启动，澧县体育中心已完成主体工程建设，湘鄂边贸批发市场、澧县大象城置业等项目已完成规划设计、用地报批等前期工作。南部板块为澧州大道以南、澧水大堤以北、二广高速以西、绕城东线以东地区。该区域的建设尚处于起步阶段，澧州大道以南、X058以北、二广高速以西的地域已有近五成土地转换成建设用地，其他地区仍多为农业用地。随着东部新区建设的加快，南部板块将以新澧津公路、绕城东线、绕城南线和客运中心、澧浦学校、文化中心、物流中心建设为中心，构建“三线四点”的发展格局。

（二）澧县东部新区道路现状

东部新区内已有若干条区域道路和城市道路。澧州大道已完成了津澧两地的互通建设；联系澧县与津市的东西交通轴——澧州东路，亟待通过进一步改造，升级为城市主要干道；南北向连接津澧的二广高速也将通车；澧水沿岸的滨河环城路正在进一步修建，并将逐步对接津市；涔阳古道等其他一些较低等级的现有道路的改造建设也在稳步推进。

（三）澧县东部新区水体现状

东部新区范围内的现有水体丰富且形式多样。新区南邻澧水的丰富湿地空间，具有优良的生态价值。新区内主要水体是襄阳河，滨水生态环境较好，全程为自然驳岸，且有丰富的植被覆盖，但由于本地居民利用一些坡地空间来种植农作物，其生物多样性较弱。新区内分布着大量的小面积水体，另外还有三条沿现有道路布局的农业输水渠，这些水体尚不具有区域联系性，且由于现有村落的生活污水处理尚不到位，有些小型水体受到了污染。

（四）澧县东部新区生态适宜性现状

东部新区整体生态适宜性较高，澧水、栗河、襄阳河、澹水以及大面水体的沿岸地区多为五级适宜区；湿地覆盖区、绿地和面积较小的水体覆盖区主要为四级适宜区；农业用地覆盖区和呈散点分布的小面积绿地多为二级和三级适宜区；建筑和硬质覆盖区为一级适宜区。其中，四级、五级适宜区以生态建设为主；一至三级适宜区以城市建设为主。

（五）澧县东部新区村落现状

新区内村落星罗棋布，自然原生。绝大部分村落依水而建，呈有机形态布局。新区南部的十几个小村落，极具澧县地方特色，建筑古朴大方，具有一定的文化和旅游发展价值。

三　澧县东部新区发展的优势与劣势评价

（一）优势条件分析

澧县位于长江中游和澧水下游，湖南省西北部，洞庭湖西岸，与长江直线距离为80多千米，北邻湖北荆州，是焦柳铁路、二广高速、G207跨越长江进入湖南的第一县。澧县自古就有“九澧门户”之称，是澧水流域和湖南省参与长江开放开发的战略要地。东部新区地处澧县城区东部，位于澧浦路以东、二广高速以西，东距津市不足5千米，规划面积22平方千米。

澧县地处洞庭湖区，气候适宜，水热充足，土壤肥沃，水面广大，农业生产条件优越。全县土地面积2075平方千米，其中宜林山地64万亩，可放养水面21.5万亩，耕地面积100万亩。东部新区地形平坦，河流环绕，湖泊众多，主要河流有澧水、涔水、栗河、澹水、黄泥岗河。

枝柳铁路纵贯县境15千米，设澧县金罗客货运站。二广高速穿越县境，大幅度加强了澧县与荆州、常德两市的交通联系。安乡至慈利的高速公路，东接安乡乃至岳阳，西接石门与慈利。G207、G353、S302、S304穿越县境，与县乡公路构成相对完整的路网体系。东部新区地处澧县、津市交通枢纽位置，并连接G207和S302。G353澧县段于2014年开工建设。澧水航道的疏浚、洋湖口码头的建设、黄沙湾码头的改造，有利于东部新区发展水运。

澧县素有“稻油丰稔甲湖广、麻桑夙著震九州”的美誉，正常年景每年至少可向市场提供15万吨粮食、2万吨棉花、1.5万吨油料、20万头生猪、1万吨水产品。除粮、棉、油、猪、鱼五大农业支柱产品外，禽蛋、水果、茶叶、蚕茧、食用菌等都具备较大生产规模。

2013年，澧县人口为91.03万人，完成地区生产总值226.2亿元，完成财政收入11.5亿元。澧县初步形成了化工、食品、医药、纺织、建材、电子六大支柱产业，规模以上工业企业达96家。澧县经济开发区现已形成食品加工、精细化工、新型建材、机械电子等产业集群，建成了啤酒、食用油、陶瓷生产基地，以及昊天盐化工基地。2013年，全县完成工业产值225.9亿元，实现增加值72亿元，近年来先后建成专业批发市场和集贸市场20多个，其中成交额过亿元的专业市场6个；先后发展了30多家餐饮龙头企业、大型综合超市企业和休闲娱乐企业。同年房地产销售面积40.8万平方米，销售收入达17.4亿元。东部新区发展态势良好，新区所在的羊湖口、大巷口地段水路便捷，经济较为活跃，工业基础较好，可作为中小微企业孵化成长的重要平台。

（二）劣势条件分析

澧县东部新区的劣势主要表现在以下几方面：东部新区位于湘西北边陲，距离珠三角、长三角都很远，距离长株潭城市群和武汉市也比较远，对外开放和接受辐射都很有限；枝柳铁路虽从澧县穿过，但火车站设在金罗镇，距离县城较远，澧水航运条件甚差，必须进行大力疏浚；澧县、津市相距较近，但行政分割造成重复建设、恶性竞争和投资效益低下；东部新区建设用地指标紧缺，经济投入明显不足，征地拆迁也面临很大困难；澧县、津市都属于县级建制，行政级别低，不利于招商引资和对外竞争。

四　澧县东部新区发展目标体系分析

（一）总体目标定位

（1）经济快速健康发展。积极推进区域经济发展方式的转型和提升，促进经济总量、人均量、运行质量同步提升，力争在规划期内，新区 GDP 年均增长率在 12% 以上，全社会固定资产投资年均增长率超过 35%，财政一般预算收入年均增长 25% 以上，高于全县平均增长率。

（2）产业结构逐步优化。积极发展战略性新兴产业和现代服务业，巩固提升传统优势产业，打造一批地域优势品牌和特色产业，到 2020 年，三次产业结构调整为 11∶44∶45。

（3）城市品质明显提升。加快区域提质步伐，积极完善相关基础设施和公共服务设施，实现产城融合，带动全县发展水平的提升，并创造大量就业机会，有效带动农村剩余劳动力转移，力争在规划期内，全县城镇登记失业率控制在 4% 以内，城镇化率达 70%。

（4）生态环境更加优化。切实保护当地的山体、水体和森林植被，全面整治生产生活污染源，努力削减 COD、氨氮、二氧化硫等的排放量，确保到 2020 年污水集中处理率和生活垃圾无害化处理率都达 100%。

（5）社会建设全面推进。城乡医疗保险和基本养老保险实现全覆盖；国民平均受教育年限超过 12 年，人口自然增长率控制在 5‰以内。

（6）辐射能力明显增长。津澧融城的桥头堡作用充分发挥，推动津市、澧县融合发展。边贸、物流、旅游产业发展效益大幅度提升，成为湘鄂边界重要的边贸物流中心和区域经济增长极。

（二）阶段目标分析

近期目标（2014～2015 年）：积极推进东部新区建设，力争到 2015 年成为澧县主要的增长极，区域规划建设管理水平有较大幅度的提升；产业结构明显优化，传统产业效益有较大幅度的提升，新兴产业具备较大发展规模；基础设施和公共服务设施建设进展顺利，区域承载功能得到较大幅度的提升；"两型社会"建设取得显著进步，城市景观风貌得到明显提升，人居环境大幅度改善。

中期目标（2016～2017 年）：全面推进东部新区建设，力争到 2017 年，全区城乡规划建设管理水平得到较大幅度的提升，城镇化发展体制机制建设取得全面进步，城乡分割壁垒基本消除，农村富余劳动力得到有效转移；基础设施和公共服务设施建设取得较大进展，区域承载和辐射功能明显提升；区域产业结构进一步优化，"两型"、低碳特色明显的区域产业体系基本形成；区域生态环境得到明显好转，资源节约利用水平大幅度提升，"两型社会"建设取得实质性成效，生态宜居的区域环境体系基本形成，"两型"集约、产城互动、生态宜居、和谐幸福的新区发展格局基本形成。

远期目标（2018～2020 年）：纵深推进东部新区建设，到 2020 年，全区规划建设管理水平得到显著提升，建立适宜区域发展要求的体制机制；基础设施和公共服务设施建设成效显著，全面形成高效便捷的区域基础设施和公共服务体系；以区域优势工业、特色产业、战略性新兴产业和现代服务业为主体的区域产业体系全面建立，成为新区发展的重要支撑；"两型社会"建设成效得到进一步提升，形成资源集约节约利用、生态环境宜居优美、人与自然和谐共处的区域资源环境发展格局，以及"两型"集约、产城互动、生态宜居、和谐幸福的东部新区发展格局。

（三）目标体系制定

依据东部新区建设的重点，其发展目标涵盖经济高效、社会和谐、环境友好、功能完善、管理科学几个方面，其目标体系可从上述方面建立，每方面又包含若干因子和指标，共同构成东部新区发展目标体系（见表 1）。

表1　澧县东部新区发展目标体系

目标	指标	2015 年	2017 年	2020 年
经济高效	GDP 年均增长率(%)	15	13	12
	人均 GDP 年均增长率(%)	15	13	12
	财政一般预算收入年均增长率(%)	≥15	≥15	≥15
	全社会固定资产投资年均增长率(%)	30	28	25
	第三产业比重(%)	40	43	45
	城镇居民人均可支配收入增长率(%)	16	16	15
	农村居民人均纯收入增长率(%)	13	14	14
社会和谐	城镇登记失业率(%)	4.5	4.5≤	4≤
	城乡基本养老保险覆盖率(%)	100	100	100
	城乡基本医疗保险覆盖率(%)	98	100	100
	人口自然增长率(‰)	6	5.5	5
	城市化率(%)	60	65	70
	人均受教育年限(年)	12	12	12
环境友好	单位 GDP 能耗(吨标准煤/万元)	1	0.86	0.7
	污水集中处理率(%)	95	98	100
	生活垃圾无害化处理率(%)	100	100	100
	建成区绿化覆盖率(%)	45	47	50
	人均公共绿地面积(平方米)	10	11	12
功能完善	公交站点覆盖率(%)	75	80	85
	用水普及率(%)	80	90	100
	用气普及率(%)	70	80	90
	互联网普及率(%)	50	70	80
管理科学	数字化城市管理水平	较好	较好	好
	城市管理执法情况	较好	好	好
	区域环境综合整治情况	较好	好	好
	规划编制与执行情况	较好	好	好

五　澧县东部新区发展建设研究

澧县东部新区发展将以产业、交通、环境、文化、基础设施和公共服务设施等诸多领域建设为重点，着力提升新区发展的产业支撑、生态环境、基础设施、公共服务水平，实现产业与城镇互动发展，持续提升新区建设品质，将其打造成津澧融城的桥头堡和湘西北地区“两型”集约、产城互动、生态宜居、和谐幸福的区域经济增长极。

（一）澧县东部新区空间布局优化研究

澧县东部新区位于澧县与津市之间，内有二广高速通过，在澧县、津市城区边缘设有互通路口，向北20多千米进入湖北省，向北不足100千米经荆州港连接长江黄金水道。东部新区濒临澧水，地形平坦，基岩稳固，适宜建设高水平的开发区或新城区。

在津澧融城的大背景下，基于东部新区优越的地理区位和良好的开发条件，可以把东部新区建设成连接澧县与津市的经济枢纽地带。

以东部新区为核心，形成“一区多园”的发展格局。“一区”是指东部新城区，位于老城区以东，重点发展现代金融、商贸物流、文化体育、行政服务和生态休闲等行业；“多园”是指结合园区产业性质，在新区内分设机械电子产业园、小微企业创业园、食品药品产业园、综合服务中心、服装制造产业园等多个各具特色的产业园区（中心）。

东部新区以澧州大道为发展轴，以澹水风光带、澧水风光带、兰江风光带为景观分隔带，规划为澧县县城新城区、津澧融城的主要空间载体，重点发展现代商贸服务、高端金融、文化创意、体育娱乐、生态观光、休闲度假等第三产业。东部新区的规划建设应该高标准、高起点，以澧县未来的行政中心、商贸金融服务中心、高新科技孵化中心为新区定位，在城市基础设施建设、城市景观布局、城市产业发展上进行顶层设计，引进一些层次较高、效益较好的企业来此设立总部和研发中心。

东部新区主要开发轴线包括：澧州大道主轴线；澹水风光带次轴线；澧水风光带次轴线。区域节点包括：新澧县行政中心、奥体中心、澧州文化公园、襄阳文化商业中心、澧州交通枢纽和玉皇次中心。

为了保持澧县东部新区的高效、生态发展，彰显资源节约、环境友好的“两型”特色，必须对各类用地的容积率、建筑密度、建筑限高、绿地率等因素进行控制。在统筹考虑生态承载力和澧县东部新区发展需求的情况下，制定用地控制导则。

（二）澧县东部新区工业发展对策研究

东部新区的产业选择，应抢抓长江产业带和洞庭湖生态经济区建设的机遇，结合澧县产业发展现状，突出自身优势，在与澧县经开区、老城区错位发展的基础上实现产业对接，打造高效益的产业链和产业集群，积极承接档次较高的产业转移，着力培育高品质的名牌产品，从根本上提高和促进县域工业产业发展水平和工业产业升级。将机械、农产品深加工、建材、医药作为东部新区重点发展的工业部门，抓紧打造汽车零部件产业链和农产品加工产业链，构建建材产业集群、医药产业集群和工业物流配送产业集群。

应从一体化、专业化角度，整体提升东部新区机械、汽车零部件产业。以规范产业发展环境、整合行业资源、推进区际合作为导向，与北汽福田汽车股份有限公司长沙汽车厂、江南汽车制造有限公司、湖南永州长丰汽车制造股份有限公司等龙头企业进行对接，促进津市和澧县相关企业的整合，共同做大做强机械、汽车零部件企业，实现“省内创名牌、省外争市场”的目标。

根据澧县资源特征和农业产业发展现状，将发展农产品精深加工作为战略重点。大力发展澧县具有优势的稻谷深加工、“双低”油菜精深加工、畜禽产品精深加工、淡水产品深加工等。采取引进现代高新加工技术和装备与自主创新相结合的方式，研发一批精深加工产品，实现农产品多次增值。通过发展农产品精深加工提升农产品加工业的整体竞争力和农业综合效益，提高农产品加工企业在推进全县农业产业化进程中的带动能力。

东部新区电子信息产业的发展，应立足全县，以电子信息产品制造业、软件和信息服务业为重点，与澧县第三产业发展相衔接，围绕“扩大规模、改善结构、提高素质、加速集聚、融合发展”的思路，大力引进战略投资者，积极承接产业转移，力争形成产业集聚度高、创新能力强、产业规模大、行业特色明显的电子信息产业链。

推动建筑陶瓷产业从以资源消耗为主向以创新驱动为主转变，促进建筑陶瓷产业走创新型、集约型、高效型、生态型发展模式。充分利用澧县能源和陶瓷原料资源，依托建筑陶瓷生产优势，积极发展日用陶瓷、工业陶瓷及功能陶瓷。日用陶瓷逐步增加煤系高岭土高透明瓷、骨质瓷、镁质瓷等高档瓷种的生产。建筑陶瓷要逐步过度到生产大尺寸、无瑕疵、艺术化的高档产品，产品质量达到国内先进水平。

东部新区在承接产业转移的进程中，应依托当地的资源和劳动力优势，推动重点产业承接发展，加快调整产业结构，培育产业发展新优势，构建现代产业体系。可重点承接的优势产业包括：机械加工与再制造、农产品深加工、高新技术产业、加工贸易。

（三）澧县东部新区服务业发展对策研究

基于津澧融城、长江经济带建设的背景，在澧县东部新区加速发展第三产业，尤其是现代服务业新型业态，将其作为优化产业结构、提升发展层次、增强综合实力、扩大对外开放的重要手段。

东部新城地处津澧融城核心地带，承担着产业基地、交通枢纽、商贸流通、现代物流等功能，是澧县和津市两地发展现代服务业的枢纽地域。东部新区拟组建现代核心商圈，在此布局标志性建筑物，比如五星级酒店、高端写字楼、大型购物中心和商业步行街区，围绕吃、购、游、娱进行规划布局，鼓励发展专卖店、连锁店、特色街区，限制发展低端商业业态。

建设要点包括：建设大型物流基地，既服务于东部新区，又汇聚澧县、津市及周边地区的物流；立足津澧融城背景，打造常德市现代商务商业副中心；构建多功能的现代城市商业综合体；依托体育中心和拟建的文化艺术展览中心，大力开发文化产业；与湖北荆州扩大对接范围，积极融入长江经济带。

东部新区力主先行先试，推进金融创新，积极引进外资银行、国际财团、股份制商业银行，成立贷款担保公司，引进和自办村镇银行，推动本地龙头企业上市。鼓励企业组建担保公司，提高担保能力，健全担保体系，争取列入全省中小企业贷款担保机构再担保体系。

重点发展电子政务、电子商务，促进企业信息化，促进电信网络、电视网络、互联网“三网”融合，把握信息服务的新技术、新业态，重点解决网络资源的整合与共享、网络安全与市场开放等问题，发展壮大信息服务业，打造“数字澧县”。

完善信息基础设施，实现光纤网络全覆盖。构筑各类信息服务系统，重点提高现代农业、旅游服务、文化娱乐科技教育、医疗卫生、劳动保障等方面的信息服务水平。加快完成对主要公共服务领域业务的信息化整合，提升服务水平。

力争培育 5 家营业额在 5 亿元以上、10 家营业额过亿元的物流企业，形成以第三方物流为主体、具高附加值物流服务提供能力的现代物流业态。构建工业品、日用消费品和农副产品三大物流体系，建设一批专业性较强的综合物流园，打造湘鄂边境物流中心。

侧重引进大润发、沃尔玛、丹尼斯、量贩超市等知名商贸企业，加快培育复合型现代生活服务企业，重点扶持综合实力较强的旅游交通、大型商贸、休闲疗养、文化娱乐等骨干企业，提升东部新区服务业发展品质。

构建以现代金融服务、物流服务、科技信息服务为支撑的生产性服务体系，不贪大求全，围绕“精、高”做文章，做到服务品种多、服务触角广、服务有力、精致高效。

为了提高东部新区的整体档次，增强发展特色和区域吸引力，规划建设一个高档的多功能度假休闲中心，配置高端休闲、娱乐、服务功能，以吸引大量的人流商流。在此还可举办各类交易会、商品展示会。

加强信息网络基础设施建设，建立高效率的区域宽带信息网络。加大信息资源的开发力度，促进信息资源共享，加快专业性、综合性数据库的建设。全面实施电子商务工程，探索新经济形式和渠道。加快信息咨询业的社会化、商业化步伐，鼓励社会组织和相关咨询机构为政府决策和企业经营提供及时、准确、高效的信息咨询服务。

（四）澧县东部新区交通运输与商贸物流发展对策研究

随着东部新区与经济开发区的建设，澧县将形成以县城老区和东部新区为主体的中心城区，以及澧县开发区三大部分。东部新区将发展成津澧融城的核心区域。

东部新区的道路系统，应结合新区“一轴三带五中心”的功能结构以及道路现状，做进一步的优化调整，构建“五横四纵”的路网。加强对外交通运输联系，尤其是加强与津市、石门、临澧、安乡、公安等周边地区的交通运输联系，增强与常德、岳阳、荆州、张家界四个中心城市的经济商贸交流。在津澧融城的背景下，澧县需要加速推进公路网络、水运码头、铁路站点和汽车客货运站场的建设，全面提升澧县综合交通运输的保障能力和服务水平。

依托长江经济带、洞庭湖生态经济区和津澧融城发展等宏观背景，充分发挥澧县独特的区位优势、交通优势和资源优势，坚持发展大商贸、大物流的战略构想，整合区内商贸物流资源，发展提升商贸物流产业，建设高水平的综合商业中心，构建现代化和高效率的物流网络，将澧县东区打造成常德市重要的商贸副中心和湘鄂边境重要的现代物流中心。

依托东部新区紧靠二广高速、位于澧县城区与津市城区之间的交通区位优势，以澧浦路以东、纬5路以南、经16路以西、纬11路以东、行政中心西北侧围合的1.5平方千米区域为核心，打造新区商圈。积极对接津市商贸业的发展，推动金融广场、步行街、销品茂、商业综合体等新型项目的集聚；配备必要的商务会展、旅游休闲、酒店餐饮等项目，丰富新区服务功能，打造功能齐全、品牌聚集、引领消费的新型综合商业区。

（五）澧县东部新区环境保护与生态建设对策研究

侧重搞好工业废水、工业废气、工业固废物的污染防治，合理处理各种生活垃圾。建立饮用水水源保护区，加强对工业园废水的收集处理，强化对重点污染企业的管理；严格控制工业污水排放，杜绝重大污染事故的发生。

水环境的综合整治，要把治污作为整治的根本措施和途径。与城市景观建设紧密结合，把景观建设作为整治的重点和亮点；与城市防洪工程紧密结合，把城市防洪作为整治的首要任务；与城市总体规划紧密结合，把城市总体规划作为整治依据；与水利血防工程结合，加大血防防治力度，建设安全水环境。

推行低碳、循环、绿色的生产方式。推行低碳生产方式，主要是大力发展绿色能源产业；转变经营模式，发展低碳农业和低碳工业；转变生活理念，倡导低碳生活；推进循环的生产方式，建设循环农业、循环工业、社会循环体系和循环型社区；倡导绿色的生产方式，包括推动绿色生产模式、推动绿色消费模式、推动绿色生活模式。

对澧县东部新区产业承载力的分析，主要从新区基础设施与生态环境的建设、澧县经济环境的营造以及澧县对新区发展的政策支持等方面进行分析。为控制澧县生态环境阈值、提高澧县生态环境容量，需要对土地、人口、产业进行适当调控，对水环境等进行保护。

在东部新区建设三条风光带：南边澧水风光带，开发生态公园，打造沿澧水大道的休闲农家乐一条街；城中心兰江风光带，兰江在城区蜿蜒东流，曲折迂回，使城区具有水乡神韵；北面澹水风光带，澹水河作为澧水的第九条支流，拱卫新城，两岸夹堤，环境优美。

依托彭山、关山、澧水、澹水构成的天然山水框架，以及澧州古城，通过连通原有水系、贯通各大生态板块之间的生态廊道，修复绿地、湿地等生态栖息地，采用点、线、面有机结合的景观体系布局方式，创建“城景相融、绿水相通”的滨水型生态花园新区。

挖掘现有的景观元素和历史遗迹，打造高品质的新区城市地标节点，如城市公园、城市广场及交通枢纽、商业中心等，与线和面共同构成融入城市各个角落的高质量景观体系。

在新区内建设串联各点和面的生态廊道、道路廊道及一般绿色脉络。生态廊道主要包括澧水、澹水、兰江风光带及澧澹都市农业生态廊道等；道路廊道主要有网络式绿化街道和景观大道等。

六　展望

随着津澧融城的进一步推进，澧县东部新区作为澧州市的核心区域，将有力地支撑拟建的澧州市的发展，加强澧州市与湖北荆州的联系，有助于澧州市借长江黄金水道出海，使其发展成湘鄂边界地区中心城市、湖南省西北部增长极、常德市次中心城市。

抓紧实施津澧融城，以澧县东部新区为核心，带动两地多方面的一体化建设，将津澧新城培育成湘西北增长极。澧县、津市北距长江 80 多千米，依托二广高速对接湖北荆州的良港，加强常德市乃至大湘西与长江的发展联系，打造湘西北地区对接长江的桥头堡。以津澧新城为龙头，带动慈利、石门、临澧、安乡、汉寿等地的发展，形成澧水中下游产业走廊，打造洞庭湖区北部产业带。依托津澧新城，整合产业资源，侧重发展食品、纺织、汽车零部件、医药、建材、电子、电器等部门，共建现代化的工业园区，培育强有力的产业集群和高效益的产业基地。强化中心城区对周边农村发展的辐射作用，工业园带动相邻乡镇开发，完善交通运输网络，构建城乡统筹的融城发展模式。通过津澧融城，构建高品质的内涵丰富的旅游路线。澧县、津市自然风光秀美，文化底蕴深厚，旅游资源丰富，立足澧津融城，提升城头山、彭头山、八十垱、西毛里湖、嘉山等旅游景点，做大做强湘西北旅游圈。

参考文献

白晶：《金融创新对金融业的正面影响》，《金融视线》2009 年第 14 期。

汪本强、黄德春：《区域产业转移问题研究述评》，《经济纵横》2013 年第 10 期。

王敏：《我国城市智慧化发展现状、问题与对策》，《科技进步与对策》2013 年第 19 期。

王小鹤、于淼、鲁明：《我国农产品加工业的发展制约因素及趋势》，《农业科技与装备》2013 年第 8 期。

吴纪宁：《关于建设洞庭湖生态经济区的战略思考》，《武陵学刊》2012 年第 2 期。

夏堃堡：《发展低碳经济，实现城市可持续发展》，《环境保护》2008 年第 3 期。

朱磊：《和谐发展视域下加强商贸物流的思考》，《中国市场》2013 年第 34 期。

左静艳：《现代城市经济发展中环境保护工作的重要性》，《民营科技》2012 年第 2 期。

Abstract

Urban agglomeration is the advanced form of urbanization. In March 2014, the CPC Central Committee and the State Council issued the "National New Urbanization Planning (2014 - 2020)"; in March 2015, the State Council approved the "Urban Agglomeration Development Plan in the Middle Reach of Yangtze River". In the Beijing Tianjin Hebei region, the Yangtze River Delta, Pearl River Delta, the middle reaches of the Yangtze River, Chengdu Chongqing five national urban agglomeration, the middle reaches of the Yangtze River city group took the lead with the approval of the State Council issued planning and took the lead from the cross regional level to implement the "National New Urbanization Planning (2014 - 2020)". "Urban Agglomeration Development Plan in the Middle Reach of Yangtze River" formally defined the range of the urban agglomeration in the middle reach of Yangtze river, involving 31 cities: Wuhan, Huangshi, Ezhou, Huanggang, Xiaogan, Xianning, Xiantao, Qianjiang, Tianmen and Xiangyang, Yichang, Jingzhou, Jingmen, a total of 13 cities in Hubei; Changsha, Zhuzhou, Xiangtan and Hengyang, Loudi, Yueyang, Changde, Yiyang, a total of 8 cities in Hunan; Nanchang, Jiujiang, Jingdezhen, Yingtan, Xinyu, Yichun, Pingxiang, Shangrao and Fuzhou, part of the county (district) of Ji'an in Jiangxi. This book with that range gathers new urbanization, the authors of this book are also from Hubei, Hunan and Jiangxi Academy of Social Sciences, universities and research institutions.

The book is composed of three parts, general report, special reports and reports on cities. The general report combs the development basis and characteristics of the new urbanization of urban agglomeration in the middle reaches of the Yangtze River, puts forward development orientation, development target and strategy with problem analysis, points out the implementation of the new urbanization in the middle reaches of the Yangtze River.

The special reports are divided into two categories: one is respectively several sub-regions of the urban agglomeration in the middle reach of Yangtze river, including Wuhan city circle, Changsha – Zhuzhou – Xiangtan urban agglomeration, Poyang Lake Urban Agglomeration, Dongting Lake Ecological Economic Zone as the object, analyzes the development situation, existing problems, development trend and prospect of the town, puts forward some countermeasures and suggestions; the other is to study the "enclave economy", ecological civilization, water resources protection and utilization, the airport economic zone development and other issues from the whole, closely related to the urbanization of urban agglomeration in the middle reaches of the Yangtze River, which is consistent with the essential requirement of new urbanization of "people-oriented, four modernizations synchronization, optimize the layout, ecological civilization, cultural heritage" put forward by country.

The reports on cities respectively introduce the successful experience and the development prospect of new urbanization in Xiangyang, Yichang, Jingmen, Huanggang, Yueyang, Hengyang, Pingxiang and so on, and especially introduces the valuable exploration in Qianjiang through the development of crayfish industry to promote new urbanization nearby and its exemplary role of urban agglomeration in the middle reach of Yangtze River, the last article studies the Li County east new district, which has some reference and enlightenment significance to the study of regional integration under the background of small city urbanization development. Urban agglomeration in the middle reach of Yangtze River is made up of more than 30 cities, personalized exploration for each city, as well as the adjacent interactive development between cities merges into the magnificent new urbanization tide of urban agglomeration in the middle reach of Yangtze River.

Urban agglomeration in the middle reach of Yangtze river on the basis of the already obtained achievement will further play to the advantages, reveal features and strive to build the national "two type" social experiment zone, the "four modernizations synchronization" demonstration zone, the Midwest "urbanization nearby" leading area, buid new growth pole of the national economy and the main battlefield of the national new urbanization.

Contents

𝔹 I General Report

Abstract: " The development planning of Changjiang Middle Reaches Urban Agglomeration" is the first urban agglomeration Planning of China which after "National New-type Urbanization Plan" . New-type urbanization is one of the important themes in the construction of Changjiang Middle Reaches Urban Agglomeration. This paper summarize the current status and characteristics of new-type urbanization about Changjiang Middle Reaches Urban Agglomeration from five aspects, which include regional situation, space, urban, industry and development mode. Then, Based on the analysis of the problem, We put forward the development orientation, goals and strategic focus. At last, We proposed the implementation path of new-type urbanization from seven aspects.

Keywords: Changjiang Middle Reaches Megalopolis; New-type Urbanization

𝔹 II Special Reports

Abstract: 2007, Wuhan City Circle was approved as an experimental zone for comprehensive supporting reform on building a resource-saving and environment-friendly society. Since then, it achieved obvious results in the reform, construction and urbanization, and played a leading role in China's urbanization under the background of ecological civilization. During the "new normal" state, the New-type Urbanization needs new idea, new thinking and new breakthrough, Wuhan City Circle should explore the road of coordinated development of large, middle and small cities.

Keywords: Wuhan City Circle; New-type Urbanization; Nearby Urbanization

B.3 The Advancement Path and Strategy Research of a New Type of Urbanization in Ring of Changsha-Zhuzhou-Xiangtan Urban Agglomeration

Abstract: The ring of changsha-zhuzhou-xiangtan urban agglomeration have some problems which are population urbanization lags behind the land urbanization, a larger gap between economic output and per capita, obvious regional differences of urbanization level, bigger gap between county urbanization development and municipal districts development by analysis of the present situation of a new type of urbanization. Therefore, we put forward a advancement path of a new type of urbanization in Ring of changsha-zhuzhou-xiangtan urban agglomeration from people-centered, city interaction, innovation-driven, ecological civilization, cultural support, and a strategy choice from perfecting the construction of infrastructure, optimizing the spatial pattern and urban functions, etc..

Keywords: Ring of Changsha – Zhuzhou – Xiangtan Urban Agglomeration; A New Type of Urbanization

Abstract: The major strategic plan of the central government to promote urbanization, especially the introduction of "urban agglomeration development plan in the middle reaches of Yangtze river", will bring historic opportunity for new urbanization development of Poyang Lake Urban Agglomeration. Jiangxi Provincial Government has always attached great importance to the Poyang Lake Urban Agglomeration, where new urbanization is an important starting point and support, and achieves remarkable results, but there are many problems, the need to strengthen planning guidance and speeding up the institution innovation will improve new urbanization development qualityof Poy ang Lake Urban Agglomeration.

Keywords: Poyang Lake Urban Agglomeration; New Urbanization

Abstract: The Dongting Lake area belongs to ecological economic zone of Changjiang Middle Reaches Megalopolis and it is the superposition of the two national strategy. Actively participating in the construction of Changjiang Middle Reaches Megalopolis not only is conducive to the formation of Changjiang Middle Reaches Megalopolis, which will become urban agglomeration of certain international influence, but also conducive to Dongting Lake area which will become more beautiful and fertile region of the Great Lakes economy. The general idea is to put right to the position in the Construction of Changjiang Middle Reaches Megalopolis, weaken the negative effects of "administrative region economy". The countermeasures include integrating into the integration construction of Changjiang Middle Reaches Megalopolis, building smart Dongting Lake area, developing ecological economy and smart economy, establishing ecological compensation system, building a large Yueyang, developing inter provincial border towns and innovative administration.

Keywords: Dongting Lake Area; Changjiang Middle Reaches Megalopolis; Thoughts and Countermeasures

Abstract: Currently, the intermediate cam urban agglomeration has taken various kinds of strategies and measures developing the development zone and industrial zone. On one hand, the core cities, like Wuhan, Changsha etc. , strive to develop the flying-out enclave economy to solve the shortage of land resource and the problem of industrial transformation and upgrading, etc. . On the other hand, other cities such as Nanchang, Yichang etc. choose the flying-in enclave economy to accelerate the growth of the development zone. These measures have made some progress. However, comparing to the development of Suzhou – Chuzhou, Jiangyin –Jingjiang in Yangtze River delta region, there remains a gap. According to the Yangtze River delta region's development's experience, we should develop the enclave economy to create the cross-regional industrial collaboration platform and promote the industrial cooperation and transformation upgrading of intermediate cam urban agglomeration.

Keywords: Industrial Collaboration; Enclave Economy

B. 7 Report on System Construction of Ecological Civilization in Changjiang Middle Reaches Megalopolis

Chen Liyuan / 117

Abstract: In order to achieve the sustainable development of new-type urbanization, Idea of ecological civilization should be carried out in urbanization. The construction of ecological civilization needs the system construction, as an important safeguard, Changjiang Middle Reaches Megalopolis as the ecological civilization demonstration area, need to strengthen the decision-making mechanism, evaluation mechanism, market and incentive mechanism, and participation mechanism and other system construction.

Keywords: Changjiang Middle Reaches Megalopolis; Ecological Civilization; System Construction

B. 8 Research on Water Resources Protection and Utilization of Changjiang Middle Reaches Megalopolis

Liu Tao / 131

Abstract: The construction of Changjiang Middle Reaches Megalopolis is inseparable from the sustainable water resources security, in order to strengthen the water resources protection and sustainable utilization in the middle reaches of the Yangtze River, the city along the river and the lake should be in strengthen the rivers' ecological protection and the lake's water environment governance as well as conduct rational development and utilization of water resources. This paper evaluated on the whole the natural conditions and the use of water resources in the region and the water environment quality, and analyzed the problems existed in the protection and utilization of water resources. At the same time, it deeply analyzed the new situation of the water resources protection and utilization in the middle reaches of the Yangtze River was, combined with the current situation of economic and social development in China, and put forward the relevant countermeasures and suggestions.

Keywords: Changjiang Middle Reaches Megalopolis; Water Resources

Abstract: Airport economic zone is becoming an important mode in the Changjiang Middle Reaches Urban Agglomeration to promote the development of new urbanization. In this paper, through the review of development process and analysis of the present situation and problems of Wuhan, Changsha, Nanchang airport economic zone, it puts forward the basic strategy for the healthy development of the three airport economic zones in the future.

Keywords: Changjiang Middle Reaches Megalopolis; Airport Economic Zone

B Ⅲ Reports on Cities

Abstract: Xiangyang city is located in the middle reaches of the Yangtze River tributary Hanjiang River, an important city in adjacent regions of Hubei, Henan, Chongqing, Shaanxi, as one of the Hubei Province region Deputy Center. In 2015, "urban agglomeration development plan in the middle reaches of Yangtze river" is approved and becomes the first cross regional urban agglomeration planning, including Xiangyang. Xiangyang into Changjiang Middle Reaches Megalopolis, is to build the central city of the Han River basin, drive dynamic regional development and becomes the node city of Changjiang Middle Reaches Megalopolis. This paper focuses on how to build the central city of the Han River Basin in Xiangyang, summarizes the historical status and realistic basis, the development opportunities and adjustment, the development vision and promotion measures, etc, and provides theoretical support and practical measures for the construction of the central city of the Han River basin and integrating into Changjiang Middle Reaches Megalopolis

Keywords: Xiangyang; Hanjiang River Basin; Central City

Abstract: town's spatial distribution characteristics of Yichang City, such as location along rivers, dense in east and sparse in west, are based on its geographic environment. Recently, this City has taken its advantage of location, made great progress in urbanization. However, challenges will be more under the new norm of China's economy. Based on analysing factors related in economic development and urbanization, this paper put forward some suggestions.

Keywords: Changjiang Middle Reaches Megalopolis; Systems and Mechanisms

Abstract: This paper analyzes the present situation and problems of the urbanization in Jingmen. And then, on the basis of a clear development ideas and goals, the paper try to give some suggestions for new-tpye urbanization in Jingmen. such as optimizing the layout and the form of urbanization, strengthening the support of transportation system, enhancing the efficiency of land comprehensive utilization and improving the public services level and so on.

Keywords: New-type Urbanization; Jingmen

B. 13 The Development Situation and Prospect of New Urbanization in Huanggang

Lu Qing / 214

Abstract: The urbanization development of Huang gang had the characteristics of speedy, quality improvement, the improvement of urban and rural areas face, with the improved the city's first degree, urban system perfected, the four cities near the Yangtze river development in full swing, the later comers mountain areas surpassed the formers. As national, provincial planning of new urbanization coming on, Huang gang determines the direction of the new urbanization strategy, and proposed the following development path: to optimize the urban space layout and form, strengthen the traffic support function, strengthen urban regional cooperation, gradually improve the systems and mechanisms about population management, land, investment and financing, housing security, etc. .

Keywords: The New Type of Urbanization; Current Situation of the Development; Space Layout; Regional Cooperation

B. 14 Study on the Strategy of Constructing the Famous River and Lake City of Yueyang Guided by the Principle of One Pole and Three Appropriates

Ma Jun / 231

Abstract: The strategy of constructing the famous river and lake city of Yueyang guided by the principle of One Pole & Three Appropriates proposed by

Yueyang City is a local practice of implementing the strategy of " the Four Comprehensives" of the central government, and is also in line with the positioning of the Hunan provincial Party committee and the Provincial Government of Yueyang. It is not only the overall conclusion and reflection on the development of Yueyang, but also the fundamental guide to the current and future development of social economy in Yueyang. In order to achieve this strategic mission, Yueyang should seize the opportunity to act immediately, especially on the following six fields: harbor economy developing, basic facilities guiding, industry transforming and upgrading, county economy strengthening, urban expansion and enhancement, national innovation and employment. Therefore, Yueyang City can be built as the new growth pole in the provincial development of Hunan, as well as an ideal city for inhabiting, starting up business and touring.

Keywords: Yueyang; One Pole and Three Appropriates; Famous River and Lake City

B. 15 The Development Status, Problems and Countermeasures of New Urbanization in Hengyang

Abstract: Urbanization is an important strategy for the long-term development of economic society, the party's eighteen, from the central economic work conference to the central rural land for the meeting, the new central leadership has repeatedly stressed that the new urbanization theme to open a new round of reform. It has achieved many achievements on promoting new urbanization in recent years in Hengyang, such as a new type of urbanization, urban carrying capacity significantly improved, new demonstration zone construction highlights, the development of low-carbon cities and towns, urban construction and improvement of living. However, there are still the problems of urbanization level, regional differences, urban agglomeration capacity is not high, supporting facilities and other issues. Finally, the paper puts forward the suggestions of promoting the development of new urbanization in Hengyang from the aspects of urban planning, urban and rural industrial development, urban space layout optimization, and institutional innovation.

Keywords: New Urbanization; Hengyang

Abstract: Although Pingxiang has made outstanding achievements in the new urbanization construction, the large proportion of traditional industry in the industry mix, the primary industry specialization and the marginalization of regional policy are major obstacles to the in-depth development of new urbanization construction. Experimental area of Jiangxi – Hunan opening and cooperation will be a new impetus to promote the construction of new urbanization in Pingxiang.

Keywords: Experimental Area of Jiangxi – Hunan Opening; New Urbanization; Pingxiang

Abstract: "Crayfish-rice Cooperation" is an intensive and efficient agricultural model explored by the farmers in Qianjiang through practices. It has made preliminary achievements in accelerating the industrial linkage of primary industry, secondary industry, and tertiary industry, the industry-city merging, the area-fusion development, and the farmers' nearly urbanization, as well as showing great potentials. This paper makes an analysis of summarizing the practice and the effect of the nearly urbanization promoted by the efficient agricultural model, " Crayfish-rice Cooperation " in Qianjiang. It aims to propel the industrial integration development in the city cluster on the middle reaches of Changjiang River and the farmers' nearby urbanization in the traditional rice production areas.

Keywords: Qiangjiang; "Crayfish-rice Cooperation"; Nearby Urbanization

Abstract: With the implement of national strategies, such as Economy of the Yangtse River, Ecological Economical district of Dongting Lake, Lixian and Jinshi in Changde have owned a higher strategic position. To coincide with the national strategies, Lixian and Jinshi have to spare no effort to build Lizhou city together, which has already been the inexorable trend. The new area in the east of Lixian is close to Jinshi. It is the hub of cities' integration in Lixian and Jinshi, and the core area of the social and economic development in Lizhou. This paper make the location and target of regional development clear, through the analysis of present situation in the East New District. Then, the article has advanced the countermeasures of development in the East New District, such as space, industry, traffic, trade and so on. Through these measures, the East New District can promote the integration of Lixian and Jinshi. LIzhou will become the central city in the border of Hubei and Hunan, the growth pole in the northwest of Hunan, and the subcenter city in Changde.

Keywords: Economy of the Yangtse River; Ecological Economical District of Dongting Lake; The Integration of Lixian and Jishi; The East New District in Lixian